II CONGRESSO
DO CENTRO DE ARBITRAGEM
DA CÂMARA DE COMÉRCIO
E INDÚSTRIA PORTUGUESA
(CENTRO DE ARBITRAGEM COMERCIAL)

CENTRO DE ARBITRAGEM COMERCIAL

II CONGRESSO DO CENTRO DE ARBITRAGEM DA CÂMARA DE COMÉRCIO E INDÚSTRIA PORTUGUESA
(CENTRO DE ARBITRAGEM COMERCIAL)

INTERVENÇÕES

II CONGRESSO DO CENTRO DE ARBITRAGEM
DA CÂMARA DE COMÉRCIO E INDÚSTRIA PORTUGUESA

COORDENADOR
ANTÓNIO VIEIRA DA SILVA

EDITOR
EDIÇÕES ALMEDINA, SA
Av. Fernão Magalhães, n.º 584, 5.º Andar
3000-174 Coimbra
Tel.: 239 851 904
Fax: 239 851 901
www.almedina.net
editora@almedina.net

PRÉ-IMPRESSÃO | IMPRESSÃO | ACABAMENTO
G.C. GRÁFICA DE COIMBRA, LDA.
Palheira – Assafarge
3001-453 Coimbra
producao@graficadecoimbra.pt

Junho, 2009

DEPÓSITO LEGAL
295936/09

Os dados e as opiniões inseridos na presente publicação
são da exclusiva responsabilidade do(s) seu(s) autor(es).

Toda a reprodução desta obra, por fotocópia ou outro qualquer
processo, sem prévia autorização escrita do Editor, é ilícita
e passível de procedimento judicial contra o infractor.

Biblioteca Nacional de Portugal – Catalogação na Publicação

CONGRESSO DO CENTRO DE ARBITRAGEM DA CÂMARA
DE COMÉRCIO E INDÚSTRIA PORTUGUESA, 2, Lisboa, 2008

II Congresso do Centro de Arbitragem da Câmara de Comércio
e Industria Portuguesa (Centro de Arbitragem Comercial) : intervenções / [org.] Centro de Arbitragem Comercial da Associação
Comercial de Lisboa
ISBN 978-972-40-3904-6

I – ASSOCIAÇÃO COMERCIAL DE LISBOA. Centro de
Arbitragem
Comercial

CDU   346
        061

II CONGRESSO DO CENTRO DE ARBITRAGEM DA CÂMARA DE COMÉRCIO E INDÚSTRIA PORTUGUESA
(CENTRO DE ARBITRAGEM COMERCIAL)
(3 e 4 de Julho de 2008 – Salão Nobre da Associação Comercial de Lisboa)

1º Dia – 3 de Julho de 2008

Abertura

Dr. Bruno Bobone – Presidente da Associação Comercial de Lisboa

Dr. Rui Chancerelle de Machete – Presidente do Centro de Arbitragem Comercial

1º Painel – Moderador: **Conselheiro Manuel Fernando dos Santos Serra**
Presidente do Supremo Tribunal Administrativo

- **A arbitragem voluntária em Angola: quadro normativo e perspectivas**
Orador: **Dr. José Semedo**
Professor de Direito do Comércio Internacional
Advogado, Angola

- **A arbitragem voluntária no Brasil: quadro normativo e perspectivas**
Orador: **Dr. José Emílio Nunes Pinto**
Advogado, Brasil

- **A arbitragem voluntária em Moçambique: quadro normativo e perspectivas**
Orador: **Dr. Jorge Graça**
Advogado, Moçambique
Vice-Presidente do Centro de Arbitragem, Mediação e Conciliação de Moçambique

2º Dia – 4 de Julho de 2008

2º Painel – Moderador: **Rui Chancerelle de Machete**
Advogado, Portugal
Presidente do Centro de Arbitragem Comercial

- **Admissibilidade e limites da arbitragem voluntária nos contratos públicos e nos actos administrativos**
Orador: **Prof. Doutor Paulo Otero**
Professor Catedrático da Faculdade de Direito de Lisboa

- **A arbitragem voluntária no âmbito do Código da Propriedade Industrial**
Orador: **Dr. César Bessa Monteiro**
Advogado, Portugal

- **Apresentação do novo Regulamento de Arbitragem do Centro de Arbitragem Comercial**
Orador: **Prof. Doutor João Calvão da Silva**
Professor Catedrático da Faculdade de Direito de Coimbra
Vice-Presidente do Centro de Arbitragem Comercial

3º Painel – Moderador: **Bastonário António Pires de Lima**
Advogado, Portugal

- **A constituição do tribunal arbitral: características, perfis e poderes dos árbitros**
Orador: **Bastonário José Miguel Júdice**
Advogado, Portugal

- **A prova em arbitragem: perspectiva de direito comparado**
Orador: **Dr. Filipe Alfaiate**
Advogado, Londres

- **Decisões interlocutórias e parciais no processo arbitral; possível natureza e objecto**
Orador: **Dr. António Sampaio Caramelo**
Advogado, Portugal

NOTA INTRODUTÓRIA

A presente obra, prosseguindo o objectivo com que o Centro de Arbitragem da Câmara de Comércio e Indústria Portuguesa (Centro de Arbitragem Comercial) definiu para a realização anual de um Congresso, dá a conhecer as comunicações que tiveram lugar no II Congresso, que teve lugar nos dias 3 e 4 de Julho de 2008.

Neste II Congresso, para além da abordagem de diversos temas interessando ao estudo e implementação do instituto da arbitragem, a cargo de reputados especialistas, foi também possível a participação de distintos juristas de Angola, Brasil e Moçambique, os quais abordaram o actual panorama da resolução extrajudicial dos conflitos nos respectivos países.

Por último, uma palavra de agradecimento à Editora Almedina sem a participação da qual não teria sido possível a edição e comercialização das obras com as comunicações dos dois Congressos já realizados.

RUI CHANCERELLE DE MACHETE

1º Painel

CONSELHEIRO MANUEL FERNANDO DOS SANTOS SERRA

A arbitragem voluntária em Angola: quadro normativo e perspectivas
DR. JOSÉ SEMEDO

A arbitragem voluntária no Brasil: quadro normativo e perspectivas
DR. JOSÉ EMÍLIO NUNES PINTO

**A arbitragem voluntária em Moçambique: quadro normativo
e perspectivas**
DR. JORGE GRAÇA

A ARBITRAGEM VOLUNTÁRIA EM ANGOLA: QUADRO NORMATIVO E PRESPECTIVAS

José António Lopes Semedo[*]

LEI N.º 16/03, DE 25 DE JULHO, SOBRE A ARBITRAGEM VOLUNTÁRIA
(Apresentação sumária)

INTRODUÇÃO

1. A Arbitragem voluntária integra, com a Negociação, a Mediação e a Conciliação, os Métodos Extrajudiciais de Resolução de Conflitos (MERC) que, na expressão americana, são designados por "Alternative Dispute Resolution (ADR)" e noutros quadrantes por "meios adequados de solução de conflitos" e, ainda, "por meios adequados para a pacificação social", por oposição ao Método Judicial, ou seja, a Justiça Estatal.[1]

Sem pretender abraçar aqui a polémica dobre a expressão mais adequada, diga-se que os métodos acima referidos, compõem, no seu conjunto, o sistema extrajudicial de resolução contenciosa de litígios

---

[*] Licenciado em Direito pela Universidade Agostinho Neto – Angola.
Mestre em Direito Internacional pela Universidade de S. Paulo – Brasil.
Doutorando pela Universidade do Minho – Portugal.
Advogado.
Professor de Direito do Comércio Internacional e de Arbitragem Comercial Internacional.

[1] Calmon, Petrônio, pág. 89-90.

entre pessoas privadas ou públicas, singulares ou colectivas, por árbitros (juízes) que, nomeados livremente pelas partes litigantes, actuam com base nos poderes que lhes são conferidas por estas.

Como, de resto, é consabido, da história da evolução do género humano e das instituições judiciárias, esses métodos alternativos e os respectivos protagonistas (Negociador, Mediador, Conciliador e Árbitro) sempre conviveram ao longo dos tempos como modos de solução de controvérsias, embora distintos quanto à natureza e aos procedimentos.

Na verdade, apesar de institutos muito próximos, "cada um no entanto possui suas características que os distinguem um dos outros".[2]

Assim, a Arbitragem voluntária distingue-se dos demais métodos alternativos – a Negociação, a Mediação e a Conciliação – pois, ao passo que estes inserem-se nos métodos autocompositivos não impositivos (são as próprias partes que, mesmo auxiliados por terceiros, buscam a solução do conflito), aquela, insere-se nos métodos heterocompositivos impositivos (é um terceiro que dita a solução do conflito).

Para **René David** (um dos mais renomados juristas de direito comparado) "A arbitragem é a técnica que visa a dar solução de questão interessando às relações entre duas ou várias pessoas, por uma ou mais pessoas – o árbitro ou os árbitros – as quais têm poderes resultantes de convenção privada e estatuem, na base dessa convenção, sem estarem investidos dessa missão pelo Estado".[3]

Jean Robert define a arbitragem como "instituições de justiça privada, graças à qual os litígios são subtraídos das jurisdições de Direito comum para ser resolvidos por indivíduos revestidos, pela circunstância, da missão de julgar".[4]

Já para **Irineu Strenger**, meu saudoso Mestre de Direito de Arbitragem Comercial Internacional, trata-se de uma "Instância jurisdicional, praticada em função de regime contratualmente estabelecido, para dirimir controvérsias entre pessoas de direito privado e/ou público, com procedimentos próprios e força executória perante tribunais estatais" [5].

Finalmente, para diversos autores, trata-se de uma Instituição pela qual as partes confiam aos árbitros, livremente designados, a missão de resolver os seus litígios.

---

[2] Morais Sales, Lília Maia de, pág. 16.
[3] Strenger, Irineu, pág. 213.
[4] Strenger, Irineu, pág 214.
[5] Strenger, Irineu, pág. 214.

Fruto de uma interpretação dos vários conceitos oferecidos pelos insignes juristas acima referidos, poderemos extrair as seguintes notas características básicas da Arbitragem:

> ➤ Trata-se de uma forma de solução de litígios entre pessoas privadas e/ou públicas, criada à margem do poder e do sistema judicial estatal;
> ➤ Trata-se de uma instância jurisdicional, com procedimentos próprios e específicos;
> ➤ Os Árbitros são nomeados pelas partes envolvidas no litígio, de quem recebem poderes específicos e delimitados de julgar e decidir;
> ➤ Possui um carácter híbrido ou *sui generis*: privado pela sua base contratual e público pela sua função jurisdicional (*juris dictio*).

Em jeito de síntese, poderemos, com base nessas características básicas extraídos, formular a seguinte definição: **A ARBITRAGEM CONSTITUI UM SISTEMA EXTRAJUDICIAL DE RESOLUÇÃO CONTENCIOSA DE LITÍGIOS ENTRE PESSOAS PRIVADAS E/OU PÚBLICAS POR JUÍZES PRIVADOS COM BASE NOS PODERES QUE LHE SÃO CONFERIDOS PELAS PARTES LITIGANTES TENDO A SUA DECISÃO FORÇA DE CASO JULGADO.**

Parece-nos importante, contudo, dilucidar, que, em se tratando de um método heterocompositivo impositivo – o método Judicial também o é – a Arbitragem apresenta determinadas semelhanças e diferenças relativamente à justiça estatal.

Desde logo, em termos de semelhança, constata-se o seguinte:

> ➤ Presença de terceiro à quem se conferem poderes para aplicar o direito e solucionar o litígio;
> ➤ A solução que é dada pelo terceiro é, em princípio, aceite com base nos poderes de representação;
> ➤ Em ambos os casos há um fenómeno jurídico de representação das partes em litígio.

Em termos de diferença, constata-se o seguinte:

> ➤ Enquanto o Juiz é investido pela vontade impessoal da lei, independentemente da vontade particular dos litigantes, o Árbitro é investido pela vontade pessoalíssima das partes, de maneira completamente dependente da vontade das partes;

> Enquanto o Juiz é investido pelo poder estatal de quem recebe o poder de julgar (tem jus imperii) e é inamovível, o Árbitro é investido pelo poder particular das partes (não tem jus imperii) e termina a sua missão após a decisão proferida.

2. A Arbitragem tem sido utilizada para a resolução de qualquer tipo de litígio, sendo tão antigo quanto a solução judicial, discutindo-se na doutrina quem terá surgido primeiro. "Mal se sabe, na génese da racionalidade em direcção à solução dos conflitos, o que nasceu primeiro: a solução judiciária ou a solução arbitral".[6]

Mas, tem sido no domínio comercial e, muito em particular, no do comércio internacional onde a Arbitragem tem conhecido o maior e mais dinâmico desenvolvimento, sendo um marco incontornável, o período seguinte à II Guerra Mundial, no Século passado, na sequência do inusitado incremento das relações comerciais internacionais que marcaram esse período, podendo afirmar-se, sem hesitação, que nos últimos tempos tem conhecido um desenvolvimento ímpar na sua história e é, actualmente, o meio mais utilizado para a solução de litígios suscitados no âmbito da interpretação e aplicação de contratos internacionais.

As razões determinantes do recurso cada vez maior à arbitragem comercial residem numa multiplicidade de factores que vão desde as insuficiências ou lacunas dos sistemas jurídicos estatais, à crescente descrença nas soluções judiciais e na sua morosidade e à própria psicologia dos operadores do comércio internacional que querem ver resolvidos os seus litígios por pessoas de sua confiança e nomeadas por si, sem menosprezo das características intrínsecas à própria arbitragem que lhe conferem maiores vantagens, designadamente, a nomeação dos árbitros pelas próprias partes, a confiança quanto à competência técnico-profissional especializada dos mesmos sobre a matéria controvertida, o seu carácter confidencial, a ausência de excesso de formalismos processuais, a celeridade e o clima propício à transacção, dentre outras.

3. Em Angola, apesar de a arbitragem ter sido sempre permitida pela ordem jurídica, através do Código de Processo Civil – Título I do Livro IV (Tribunal Arbitral Voluntáro), actualmente revogado pela Lei em apreço – ela não foi, na prática, muito utilizada, devido a toda uma

---

[6] SOARES, Guido, pág. 2.

série de razões, *maxime* o sistema políticio-económico então vigente, em que as transacções comerciais, particularmente as de carácter internacional, onde a arbitragem encontra o seu terreno de eleição, constituíam monopólio do Estado e, naturalmente, o seu desconhecimento. Diga-se em abono da verdade que, mesmo nos dias de hoje, apesar da aprovação da Lei n.º 16/03 de 25 de Julho sobre a Arbitragem Voluntária pela Assembleia Nacional, ela continua pouco conhecida e utilizada.

Ocorre, no entanto, que, devido às relevantes mudanças político--económicas e de mercado que se vêm operando em Angola e à sua abertura ao mercado internacional, desde 1992, por um lado, e por outro, ao surgimento de novos operadores do comércio internacional, quer públicos, quer privados, e a consequente multiplicação de contratos internacionais, a arbitragem comercial internacional vem ganhando, naturalmente, cada vez maior expressão e utilidade.

Confirmam esta asserção *prima facie* o facto de, regra geral, todos os contratos tanto internos quanto internacionais conterem a cláusula arbitral, numa expressa e inequívoca opção pela arbitragem, em detrimento do sistema judicial no que tange à resolução dos litígios que eventualmente venham a emergir da relação contratual.

Sem desmérito pelas características e vantagens da arbitragem, parece-nos que contribuem sobremaneira para que o Arbitragem encontre um terreno fértil ao seu sucesso, as críticas que, quase universalmente, são dirigidas aos tribunais judiciais, mormente, a lentidão do seu processualismo, a crescente descrença nas suas soluções e, acima de tudo, nos contratos internacionais, à ausência de legitimidade exclusiva de nenhum tribunal estatal para a solução dos litígios deles oriundos.

Por outro lado, apesar de toda a influência das teorias neo-liberais que pugnam por uma maior redução da presença do Estado na economia, a participação do Estado como operador do comércio internacional passou a ser uma constante nas relações comerciais internacionais, fundamentalmente, entre as empresas transnacionais estrangeiras e os Estados subdesenvolvidos, derivado da celebração de contratos internacionais de empréstimos financeiros, de construção de infra-estruturas, de transferências de tecnologia e de *know how,* etc., etc., ensejando o surgimento da doutrina do conceito de Contrato com o Estado (*state contract*)[7] e, naturalmente, a figura do Estado-comerciante.

---

[7] HUCK, Hermes Marcelo. Pág. 11.

18 *II Congresso do Centro de Arbitragem da Câmara de Comércio e Indústria*

Uma vez mais, perante esses casos, a Arbitragem ganha a oportunidade para se afirmar como um dos meios adequados à solução de eventuais conflitos, visto que, se por um lado, a desconfiança das entidades privadas quanto aos tribunais e aos juízes do Estado-contratante é tão natural quão compreensível e aceitável, para os Estados, coloca-se uma questão de extrema importância, não só doutrinária mas sobretudo prática que diz respeito à imunidade de jurisdição pelo que, não será conveniente deixar a sua soberania ao sabor dos interesses de uma entidade privada.

É nesta perspectiva que, sendo Angola um país subdesenvolvido que, nos últimos tempos, após ter conquistado a Paz definitiva após mais de 40 anos de guerra, se encontra num amplo e dinâmico processo de reconstrução e desenvolvimento das suas forças produtivas e tem sido, por conseguinte, receptor de múltiplos e diferenciados investimentos externos, a importância e a pertinência de uma abordagem da Lei de Arbitragem Voluntária – ainda que de forma sumária – se apresenta necessária e útil.

4. Assim, apresentamos, em seguida, uma análise sintética da Lei N.º 16/03 de 25 de Julho, sobre a ARBITRAGEM VOLUNTÁRIA, contendo as principais opções consagradas pelo legislador angolano, sem considerações de ordem doutrinária, com o compromisso de apresentarmos, brevemente, um trabalho mais desenvolvido sobre a matéria.

I – Razão de ser e objectivos da Lei N.º 16/03 de 25 de Julho

Como foi referido acima, a Arbitragem voluntária sempre foi admitida em Angola, através do Código do Processo Civil. Contudo, dada a sua idade – foi aprovado em 28.12.1961 – o mesmo demonstrava-se já ultrapassado, no tempo e no espaço, e incapaz de responder, eficazmente, às necessidades da vida empresarial e económica moderna, nacional e internacional, seja pelas evidentes lacunas que continha, seja pelas inadequadas soluções que apresentava.

Actualmente, é aceite, pacificamente que a questão da Arbitragem voluntária, enquanto meio de solução extrajudicial de conflitos, ocupa um papel de relevância jurídica cada vez maior, a nível das relações económicas internacionais, no âmbito dos esforços em termos de reformas legislativas que, sob a égide das Nações Unidas, através da UNCITRAL/ /CNUDCI, vários países têm realizado no sentido de lograrem se não tanto uma unificação internacional, pelos menos uma harmonização ao nível da legislação atinente à arbitragem voluntária, com vista a responderem satisfatoriamente às exigências e necessidades do sector económico e empresarial internacional.

Ora, Angola é membro efectivo das Nações Unidas e, nessa qualidade, acompanha de modo participativo e activo esse processo, por um lado.

Por outro lado e, em particular – como foi referido no ponto 3 supra – devido à sua grande abertura ao mercado internacional e à consequente multiplicação e diversificação de investimentos e de operadores externos, Angola não poderia, pois, deixar-se à margem desse vasto esforço em termos de reformas legislativas nesse domínio.

Nesse sentido, o Governo de Angola criou uma Comissão de Trabalho, coordenada pelo Ministério da Justiça do Governo de Angola, encarregue da elaboração do Projecto de Lei em referência – a qual tivemos a oportunidade e o privilégio de integrar – que, na sua missão, teve em conta não só as mais modernas correntes doutrinárias nacionais e internacionais, como os principais diplomas legislativos da actualidade sobre a matéria, fundamentalmente, a Lei-Modelo da UNCITRAL/ /CNUDCI, as principais Convenções Internacionais sobre a matéria, a legislação dos países de expressão portuguesa e de alguns países europeus e diversos Regulamentos de Arbitragem de Centros e Câmaras de Arbitragem, com vista a adequar a nossa legislação às tendências mais recentes em termos de arbitragem voluntária.

De resto, é a própria Lei N.º 16/03, de 25 de Julho que o afirma quando se refere no Preâmbulo que visa, neste domínio, dotar o nosso País e o seu sistema jurídico, de uma "legislação pertinente, mais moderna e adequada à dinâmica e às transformações do mundo actual".

II – Fontes, estrutura e questões fundamentais

1. A nível das fontes internas, a Lei N.º 16/03 de 25 de Julho sobre a Arbitragem Voluntária assenta, desde logo e fundamentalmente, numa premissa constitucional, mais concretamente, no Art.º 125.º, n.º 3 da Lei n.º 23/92 de 16 de Setembro (Lei Constitucional de Angola), onde se lê:

20   II Congresso do Centro de Arbitragem da Câmara de Comércio e Indústria

"Nos termos da lei podem ser criados tribunais militares, administrativos, de contas, fiscais, tribunais marítimos e <u>arbitrais</u>" (o sublinhado é nosso).[8]

A nível das fontes internacionais, como ficou já dito, a Lei A Lei N.º 16/03 fundou as soluções nela contidas em diversas Convenções Internacionais sobre a matéria, designadamente, a Convenção sobre o Reconhecimento e Execução de Sentenças Arbitrais Estrangeiras (Nova York, 1958), a Convenção para a Resolução de Diferendos Relativos a Investimentos entre Estados e Nacionais de Outros Estados (Washington, 1965) e a Lei-Modelo da CNUDCI sobre a Arbitragem Comercial Internacional, para além de, no domínio específico da arbitragem comercial internacional, ter tido, como fonte, igualmente, os usos e costumes internacionais.

2. A presente Lei N.º 16/03, para equacionar e responder às questões fundamentais a que se propõe, encontra-se estruturada em 8 Capítulos, a saber:

Capítulo I – Da Convenção de Arbitragem (Art.º 1.º a Art.º 5.º).

Regula questões relativas à Convenção de Arbitragem nos seus diferentes aspectos, tais sejam, quem pode celebrá-la (Art.º 1.º), as modalidades que pode assumir (Art.º 2.º), os seus requisitos (Art.º 3.º), a sua nulidade (Art.º 4.º) e a sua caducidade (Art.º 5.º), salientando-se o seguinte:

1. Todos os que dispuserem de capacidade contratual podem recorrer à arbitragem, desde que sejam litígios relativos aos direitos disponíveis desde que por lei especial não estejam exclusivamente submetidos a Tribunal Judicial ou à arbitragem necessária (Art.º 1.º n.º 1), com duas limitações: aos menores, interditos ou inabilitados que não podem celebrar convenções de arbitragem, ainda que por intermédio dos seus representantes legais, embora, em caso de sucessão, os litígios em que estejam interessados possam ser dirimidos pelo Tribunal Arbitral ao abrigo e nos termos da Convenção de Arbitragem celebrada por aqueles a quem tiverem sucedido (n.º 2); ao Estado e, em geral, às pessoas

---

[8] Lei n.º 23/92 de 16 de Setembro – Lei Constitucional.

colectivas de direito público que só podem, relativamente às relações de direito privado, aos contratos administrativos e nos casos estabelecidos por lei (n.º 3);

2. Consagração de duas modalidades de Convenção de Arbitragem: a cláusula compromissória e o compromisso arbitral, conferindo às Partes a faculdade de incluir no objecto da Convenção outras questões relacionadas com o litígio, nomeadamente, o poder ao árbitro de precisar, completar, actualizar e rever os contratos ou as relações jurídicas subjacentes à ela (Art.º 2);

3. Basta que seja escrita, a menos que a lei especial exija forma mais solene, podendo as partes, por escrito, igualmente, revogar a Convenção de Arbitragem até à decisão final (Art.º 3.º);

4. As causas de nulidade, constam do Art.º 4.º n.º 1, e o princípio de autonomia da Convenção de Arbitragem no n.º 2: "a nulidade do contrato não implica a nulidade da Convenção de Arbitragem, salvo mostrando-se que aquele não teria sido celebrado sem a referida convenção";

5. A morte de qualquer das partes ou a extinção, sendo pessoa colectiva, não implica a caducidade da Convenção nem a extinção da instância arbitral (Art.º 5. n.º 2).

Capítulo II – Do Tribunal (Art.º 6.º a Art.º 15.º).

Regula questões relativas à composição do Tribunal (Art.º 6.º), ao processo de designação dos árbitros (Art.º 7.º) aos requisitos para ser árbitro (Art.º 8.º), à liberdade de aceitação (Art.º 9.º), à recusa (Art.º 10.º), à substituição de árbitros (Art.º 11.º), à constituição e à presidência do Tribunal (Art.ºs 13.º e 12.º), à nomeação e à deontologia dos árbitros (Art.ºs 14. º e 15.º), salientando-se o seguinte:

1. O Tribunal Arbitral pode ser composto por um único árbitro ou por vários mas sempre em número ímpar, sendo que, na ausência de fixação pelas partes, "o tribunal é composto por três árbitros" (Art.º 6.º);

2. Responsabilidade civil do árbitro pelos danos a que der causa, se após a aceitação do cargo se escusar injustificadamente (Art.º 9.º n.º 3);

3. Competência do Presidente do Tribunal Provincial do lugar da arbitragem, do domicílio do requerente ou do Tribunal Provincial

de Luanda para a nomeação de árbitro sempre que: se verifique a sua não designação pelas partes ou pelos árbitros ou por terceiros; as partes não tiverem, por acordo escrito, designado outra autoridade ou entidade para a nomeação; a autoridade ou entidade nomeadora não proceder à nomeação do árbitro (Art.º 14.º, n.º 1 e n.º 4 in fine);

4. Independência e imparcialidade dos árbitros, que não podem representar nem agir no interesse das partes (Art.º 15.º).

Capítulo III – Do Procedimento Arbitral (Art.º 16.º a Art.º 23.º).

Regula questões relativas às regras de processo (Art.º 16.º), ao lugar da arbitragem (Art.º 17.º), aos princípios processuais (Art.º 18.º), à representação das partes (Art.º 19.º), à definição do início e termo da instância arbitral (Art.º 20.º), à produção de provas (Art.º 21), à tomada de medidas provisórias (Art.º 22.º) e aos honorários (Art.º 23.º), salientando-se o seguinte:

1. A liberdade das partes acordarem sobre as regras de processo arbitral (Art.º 16.º n.º1), escolhendo ou as regras de arbitragem de um órgão arbitral institucional ou simplesmente esse órgão para proceder à arbitragem (n.º 3), sendo que no omisso competirá aos árbitros a definição das regras a observar (n.º 2);

2. A absoluta igualdade das partes, a garantia do contraditório e a obrigatoriedade de as partes serem ouvidas, oralmente ou por escrito, antes da decisão final (Art.º 18.º);

3. A data da notificação da arbitragem ao demandado é a do início da instância arbitral, embora esta só se desenrole perante o tribunal a partir da notificação às partes da nomeação de todos os árbitros (Art.º 20.º n.º 1). A desistência do pedido, embora seja livre em qualquer fase do processo (n.º 3), somente é eficaz se a ela não se opuser a parte contrária (n.º 4);

4. Intervenção do Tribunal Judicial em dois casos: quanto à produção das provas em caso de recusa de uma parte ou de terceiro (Art.º 21.º n.º 2) e quanto à adopção de procedimentos previstos no processo civil julgados adequados para previnir ou acautelar a lesão de direitos (Art.º 22. º, n.º 2);

5. "A remuneração dos árbitros e dos outros intervenientes no processo, bem como a sua repartição entre as partes, deve ser objecto de acordo entre as partes e os árbitros a menos que resultem de regulamentos de arbitragem escolhidos" (Art.º 23.º).

Capítulo IV – Do Julgamento (Art.º 24.º a Art.º 33.º).

Regula questões relativas ao Direito aplicável (Art.º 24.º), ao Prazo para decisão (Art.º 25.º), à Deliberação (Art.º 26.º), aos Elementos da decisão arbitral (Art.º 27.º), à Transação e decisão homologatória (Art.º 28.º), à Desistência e sentença homologatória (Art.º 29.º), à Notificação e depósito (Art.º 30.º), à Decisão sobre a competência do Tribunal (Art.º 31.º), à Extinção do poder jurisdicional (Art.º 32.º) e aos Efeitos da sentença arbitral (Art.º 33.º), salientando-se o seguinte:

1. As partes podem atribuir aos árbitros o poder de julgar "segundo a equidade ou segundo determinados usos e costumes, quer internos quer internacionais" (Art.º 24.º n.º 1), sendo que, neste último caso, "o Tribunal Arbitral é obrigado a respeitar os princípios de ordem pública do direito positivo angolano" (n.º 3);

2. As partes são livres de fixar um prazo para a tomada de decisão pelo Tribunal e, no omisso, o prazo é de "seis meses a contar da data da aceitação do último árbitro designado" (Art.º 25.º n.º 1), podendo as partes, por acordo escrito, prorrogar, seja o prazo fixado por elas, seja o prazo fixado por lei (n.º 2) e responsabilizar os árbitros pelos prejuízos causados, caso, sem fundamento justo, impedirem que a decisão seja tomada dentro do prazo fixado (n.º 3);

3. A sentença não necessita de ser fundamentada em três situações: quando assim tiver sido convencionado pelas partes; quando cheguem a acordo quanto à decisão do litígio e em caso de desistência (Art.º 27.º n.º 2), sendo que na decisão proferida com base na equidade, basta a declaração dos factos dados como provados (n.º 3);

4. A homologação da transacção e da desistência deve ser requerido com reconhecimento presencial ou subscrito por mandatário forense com poderes para o acto (Art.ºs 28.º e 29.º, respectivamente);

24   *II Congresso do Centro de Arbitragem da Câmara de Comércio e Indústria*

5. Competência do Tribunal Arbitral para pronunciar-se sobre a sua própria competência (conhecido como princípio da competência da competência) (Art.º 31.º n.º1), fixando-se o prazo para a sua arguição bem como para a irregularidade na constituição do tribunal até à apresentação da defesa quanto ao fundo da causa ou juntamente com esta ou na primeira oportunidade após o conhecimento do facto superveniente que dê causa ao vício (n.º 2) e a apreciação da decisão do Tribunal Arbitral pelo Tribunal Judicial para somente depois de proferida a decisão, em sede de impugnação ou por via de oposição à execução (n.º 3);

6. Extinção do poder jurisdicional do Tribunal Arbitral com o trânsito em julgado da decisão arbitral, da decisão de correcção ou de aclaração e da decisão homologatória da desistência da instância arbitral (Art.º 32);

7. "A decisão arbitral produz entre as partes os mesmos efeitos das sentenças judiciais e sendo condenatória, tem força executiva" (Art.º 33.º).

Capítulo V – Da Impugnação da Decisão (Art.º 34.º a Art.º 36.º).

Regula questões relativas à anulação da decisão (Art.º 34.º), à sua tramitação (Art.º 35.º) e aos recursos (Art.º 36.º), salientando-se o seguinte:

1. "A decisão arbitral pode ser anulada pelo Tribunal Judicial" com base em determinados fundamentos, designadamente, ser inarbitrável o objecto de litígio, ser o tribunal incompetente ou ter sido irregularmente constituído, caducidade da convenção arbitral, ausência de fundamentação e ofensa à ordem pública do foro (Art.º 34.º, n.º 1), sendo que "o direito de requerer a anulação da decisão arbitral é irrenunciável" (n.º 6);

2. Compete ao Tribunal Supremo a apreciação do pedido de anulação bem como o de recurso (Art.º 35.º e 36.º), considerando-se como renúncia aos recursos quando as partes atribuem ao Tribunal Arbitral a faculdade de julgar de acordo com a equidade (Art.º 36.º n.º 3).

A Arbitragem Voluntária em Angola: Quadro Normativo e Perspectivas 25

Capítulo VI – Da Execução da Decisão (Art.º 37.º a Art.º 39.º).

Regula questões relativas à execução (Art.º 37.º), ao processo (Art.º 38.º) e à oposição à execução (Art.º 39.º), salientando-se o seguinte:

1. O dever de as partes executarem voluntariamente e decisão nos seus precisos termos (Art.º 37.º n.º 1), o direito da parte interessada requerer a execução forçada perante o Tribunal Provincial competente, caso a outra parte não cumprir voluntariamente a decisão (n.º 2), sendo o processo sumário, independentemente do valor da causa, a forma a seguir (Art.º 38.º n.º 1) e, ainda, o direito da outra parte se opor à execução forçada com base nos fundamentos previstos no Código de Processo Civil (Art.º 39.º);

2. Irrecurribilidade da decisão judicial recaída sobre a oposição à execução.

Capítulo VII – Da Arbitragem Internacional (Art.º 40.º a Art.º 44.º).

Regula questões relativas ao conceito de arbitragem internacional (Art.º 44.º), ao regime supletivo da presente lei (Art.º 41.º), à língua (Art.º 42.º), ao direito aplicável (Art.º 43.º) e aos recursos (Art.º 44.º), salientando-se o seguinte:

1. A arbitragem internacional é "a que põe em jogo interesses do comércio internacional", destacando-se para a definição destes, a localização dos estabelecimentos das partes em Estados diferentes, o lugar de arbitragem e da execução de uma parte substancial das obrigações de correntes da relação jurídica controvertida (Art.º 40.º n.º 1);

2. A aplicabilidade da presente lei, somente no silêncio das partes e, ainda assim, com as necessárias adaptações, embora sem prejuízo do estabelecido no presente Capítulo (Art.º 41.º);

3. Faculdade das partes de escolherem a língua ou línguas a serem utilizadas e, na falta de acordo, a competência do tribunal sobre a matéria (Art.º 42.º);

4. A faculdade das partes na escolha da lei aplicável ao fundo da causa, sendo que, salvo indicação expressa em contrário das partes, essa escolha recai exclusivamente sobre as regras materiais, não abrangendo, por conseguinte, as regras de conflito de

leis do Estado cuja lei foi escolhida, (Art.º 43.º, n.ºs 1 e 2) e, caso as partes não usem essa faculdade, a competência do tribunal para aplicar o direito resultante da aplicação da regra de conflitos de leis que julgue aplicável na espécie (n.º 3);

5. A proibição ao tribunal de julgar de acordo com a equidade ou proceder a uma composição amigável, quando, para tal, não tiver sido autorizado expressamente pelas partes (n.º 4), embora se recomende ao tribunal que tome "em conta os usos e costumes do comércio internacional aplicável ao objecto da Convenção de Arbitragem" (n.º 5).

Capítulo VIII – Das Disposições Finais e Transitórias (Art.º 45.º a Art.º 52.º).

Regula questões relativas ao regime de outorga de competência à determinadas pessoas jurídicas para realizarem arbitragem voluntária institucionalizada (Art.º 45.º) e outros aspectos correlatos bem como às consequentes alterações e revogações do Código de Processo Civil sobre a matéria (Art.º 46.º a Art.º 48.º), às custas judiciais (Art.º 49.º), à resolução de dúvidas e omissões, e finalmente, à sua própria regulamentação e entrada em vigor (Art.º 50.º a Art.º 52.º).

III – CONCLUSÕES E PERSPECTIVAS

Como facilmente se poderá inferir, os princípios em que assenta a Lei N.º 16/03 e as soluções que adopta, designadamente, a autonomia privada como fundamento da arbitragem e o carácter executório do laudo arbitral nos mesmos termos que a sentença judicial, correspondem ao que de mais moderno e consensual existe a nível internacional sobre esta matéria e acompanham o esforço das Nações Unidas, através da UNCITRAL/CNUDCI, no sentido de se obter, se não tanto uma unificação internacional, pelos menos uma harmonização ao nível da arbitragem comercial internacional, enquanto factor importante para o desenvolvimento das relações económicas e comerciais internacionais.

Parece-nos muito importante, por outro lado, referir e registar que, tendo como premissa fundamental, uma norma constitucional – o Art.º 125.º, n.º 3 da Lei Constitucional de Angola – ficou definitivamente

A *Arbitragem Voluntária em Angola: Quadro Normativo e Perspectivas*   27

afastada toda e qualquer dúvida quanto à constitucionalidade dos Tribunais Arbitrais e, subsequentemente, das suas decisões, bem como ao interesse do Govêrno de Angola em acompanhar as exigências da modernidade em termos legislativos e não só, como provam, por um lado, o Decreto n.º 4/06 de 27 de Fevereiro, através do qual o Conselho de Ministros autoriza a criação de Centros de Arbitragem por pessoas jurídicas interessadas em realizar arbitragem voluntária institucionalizada e, por outro, a Resolução n.º 34/06 de 15 de Maio, através da qual o Conselho de Ministros aprova o "engajamento do Governo na Arbitragem como meio de solução de litígios sobre os direitos disponíveis".

Estamos conscientes, contudo, que não se encontra concluído, ainda, o trabalho iniciado neste domínio, designadamente, a efectiva criação dos Centros de Arbitragem Voluntária institucionalizada e a adesão de Angola às principais e pertinentes Convenções Internacionais, com particular realce para a Convenção sobre o Reconhecimento e Execução das Sentenças Arbitrais Estrangeiras (Nova York, 1958).

Trata-se de um processo, cujos passos essenciais foram já dados de maneira firme e decisiva. A combinação da actividade e dos interesses dos sujeitos das relações económicas e do papel regulador do Estado determinará as soluções e a cadência das mudanças legislativas nessa matéria.

BIBLIOGRAFIA BÁSICA

1. LEI n.º 23/92 de 16 de Setembro da Assembleia do Povo (Lei Constitucional de Angola);
2. LEI n.º 16/03 de 25 de Julho da Assembleia Nacional – sobre a Arbitragem Voluntária;
3. ALMEIDA, Ricardo Ramalho & Outros, *Arbitragem Interna e Internacional – Questões de Doutrina e da Práctica*, Ed. Renovar, Rio de Janeiro, São Paulo, 2003;
4. BAPTISTA, Luiz Olavo e & Outros, *Direito e Comércio Internacional – Tendências e Perspectivas,* Ed. LTR, São Paulo, 1994;
5. BAPTISTA, Luiz Olavo, *A Vida dos Contratos Internacionais*, Print Quick Gráfica e Editora, São Paulo, 1992;
6. CALMON, Petrônio, *Fundamentos da Mediação e da Conciliação*, Editora Forense, Rio de Janeiro, 2007;

7. Casella, Paulo Borba & Outros, *Arbitragem, Lei Brasileira e Praxe Internacional*, Ed. LTR, São Paulo, 1999;
8. Colaiácovo, Juan Luís e Colaiácovo, Cynthia Alexandra, *Negociação, Mediação e Arbitragem, Teoria e prática*, Editora Forense, Rio de Janeiro, 1999;
9. Corruble, Philippe & Outros, *Droit Européen des Affaires*, Ed. Dunod, Paris, 1998;
10. David, René, *Le Droit du Commerce International – Réflexions d'un Comparatiste sur le Droit International Privé*, Ed. Económica, Paris, 1987 ;
11. Gozaíne, Osvaldo A., *Formas alternativas para la resolución de conflictos*, Depalma, Buenos Aires, 1995;
12. Huck, Hermes Marcelo, *Contratos com o Estado-Aspectos de Directo Internacional,* Gráfica Editora Aquarela s.a., S. Paulo-Brasil;
13. Júnior, Joel Dias Figueira, *Arbitragem, Jurisdição e Execução*, Ed. Revista dos Tribunais, São Paulo, 1997;
14. Loussouarn, Yvon & Bredin, Jean-Denis, *Droit du Commerce Intenacional*, Livraria dos Advogados Editora Ltda, Paris, 1969;
15. Lucílio, Nilson Roberto, *Negociação, mediação e arbitragem*;
16. Machie, Miles e Marsh, "Commercial dispute resolution", in *ADR practice guide*, London, 1995;
17. Martins, Pedro A. Batista & Garcez, José Maria Rossani, *Reflexões Sobre Arbitragem*, Ed. LTR, São Paulo, 2002;
18. Morais Sales, Lília Maria de. *Justiça e Mediação de Conflitos* – Del Rey, Belo Horizonte, 2004;
19. Oliveira, Ângela e outros, *Mediação – métodos de resolução de controvérsias*, LTR, São Paulo, 1999;
20. Pinheiro, Luís de Lima, *Direito Comercial Internacional*, Edições Almedina, Coimbra, 2005;
21. Soares, Guido F.S., *Arbitragens Comerciais Internacionais no Brasil: Vicissitudes. No Prelo, 1989;*
22. Stern, Brigitte, *Contencioso dos Investimentos Internacionais*, Ed. Manole Ltda, São Paulo, 2003;
23. Strenger, Irineu, *Contratos Internacionais do Comércio*, 2.ª Edição, revista e ampliada, Editora Revista dos Tribunais, São Paulo, 1992.

"A CLÁUSULA COMPROMISSÓRIA À LUZ DO CÓDIGO CIVIL[1]"

José Emilio Nunes Pinto[*]

INTRODUÇÃO

A entrada em vigor do Código Civil, em janeiro de 2003, produziu uma enorme revolução no tratamento legal dispensado às obrigações e contratos. Pode-se afirmar, sem maiores dúvidas, de que esta é a área do Código Civil que contém as inovações de maior impacto, inovações essas capazes de exigir de todos nós, advogados, juizes e árbitros, uma nova postura quanto à interpretação e aplicação das diversas disposições.

O Código Civil positivou, em nosso direito, princípios como o da boa fé e o da função social do contrato e institutos como o da onerosidade excessiva e do enriquecimento sem causa, além de dar tratamento especial à lesão e ao estado de perigo. Há, portanto, um novo marco legal aplicável às obrigações e contratos com impacto importante no dia a dia dos cidadãos e das empresas.

Como o direito não cria fatos sociais, mas se limita a regulá-los, a inserção no Código Civil das denominadas cláusulas gerais ou abertas, em que se incluem a boa fé e a função social do contrato, tem por objetivo evitar que a legislação codificada se torne obsoleta e venha a exigir alterações sucessivas. No entanto, a limitação da liberdade

---

[1] Este Artigo foi publicado na Revista de Arbitragem e Mediação, Ano 2 – n.º 4, janeiro-março de 2005, págs. 34/47, Editora Revista dos Tribunais, São Paulo.

[*] Advogado em São Paulo
jpinto@jenp.com.br

30 II Congresso do Centro de Arbitragem da Câmara de Comércio e Indústria

contratual por essas cláusulas gerais faz com que se altere substancialmente o comportamento das partes em suas relações no âmbito contratual e destas em relação a terceiros, podendo-se afirmar que a nova legislação colocou as partes em colaboração ao invés de estarem elas em oposição. Por outro lado, em razão do princípio da função social, os interesses das partes devem estar alinhados com os da coletividade, não se admitindo como válidos os contratos que se destinem a satisfazer exclusivamente os interesses das partes em detrimento do interesse coletivo.

Em suma, pode-se afirmar, sem constrangimento, que o novo marco legal trazido pelo Código Civil está a exigir que se avalie o impacto decorrente das profundas transformações por que passa o direito das obrigações sobre institutos sólidos e cristalizados.

O PRINCÍPIO DA BOA FÉ E A OBRIGAÇÃO

O princípio da boa fé chega ao direito positivo brasileiro inspirado pelo § 242 do Código Civil Alemão (Bürgerliches Gesetzbuch) – o BGB, e está refletido nos artigos 113 e 422 do Código Civil.

Em primeiro lugar, é importante que se insista no fato de nos referirmos, neste caso, à boa fé objetiva, esta naturalmente em oposição à boa fé subjetiva. A boa fé objetiva é *"modelo de conduta social, arquétipo ou standard jurídico, segundo o qual cada pessoa deve ajustar a própria conduta a esse arquétipo, obrando como obraria um homem reto: com honestidade, lealdade e probidade."*[2] É, portanto, muito importante que se tenha sempre em mente que a boa fé objetiva, na medida em que se constitui em regra de conduta, traz em seu bojo um elemento fundamental que se manifesta na consideração de uma parte em relação aos interesses da outra que se integra no conjunto obrigacional e que a doutrina, em geral, denomina da consideração pelo *alter*. Assim sendo, não seria descabido se dizer que a conduta de uma das partes gera expectativas não só para aquela que com ela integra a relação obrigacional bilateral e que com ela contratou, mas, ainda, para com

---

[2] Judith Martins-Costa, *in* A Boa-Fé no Direito Privado – Sistema e Tópica no Processo Obrigacional, pág. 411, 1ª edição, Editora Revista dos Tribunais, São Paulo, 1999.

terceiros. Ademais, como contido no texto do artigo 422, a conduta determinada pelo princípio da boa fé deverá estar presente durante a fase de negociação do contrato e de sua execução, fazendo com que se projete esse dever sobre ambos os polos da relação obrigacional – credor e devedor.[3] Dessa forma, o princípio da boa fé exerce uma limitação ao exercício dos direitos subjetivos, o que é muito bem explicado por Karl Larenz ao afirmar que *"é inadmissível todo o exercício de um direito subjetivo que viole em cada caso concreto as considerações que, dentro da relação jurídica, cada parte está obrigada a adotar em relação à outra."*[4]

A moderna doutrina civilista encara a obrigação como um processo que contempla *"os aspectos dinâmicos que o conceito de dever revela, examinando-se a relação obrigacional como algo que se encadeia e se desdobra em direção ao adimplemento, à satisfação dos interesses do credor."*[5] Por outro lado, *"a relação obrigacional tem sido visualizada, modernamente, sob o ângulo da totalidade. O exame do vínculo como um todo não se opõe, entretanto, à sua compreensão como processo, mas antes, o complementa."*[6]

Em razão dessa nova concepção de ser vista a obrigação como processo e sob o ângulo da totalidade, necessário será que definamos e enunciemos o novo paradigma do direito obrigacional, fundado que estará não mais, apenas e tão somente, na plena autonomia da vontade

---

[3] Luis Díez-Picazo, no prólogo da tradução espanhola da obra de Franz Wieacker, "El Principio general de la Buena Fé", pág. 12, Cuadernos Civitas, Editorial Civitas, S.A., Madrid, 1982, ensina que: *"...Aquí la buena fe no es ya un puro elemento de un supuesto de hecho normativo, sino que engendra una norma jurídica completa, que, además, se eleva a la categoría o al rango de un principio general del derecho: todas las personas, todos los miembros de una comunidad jurídica deben comportarse de buena fe en sus recíprocas relaciones. Lo que significa varias cosas: que deben adoptar un comportamiento leal en toda la fase previa a la constitución de tales relaciones (diligencia in contraendo); y que deben también comportarse lealmente en el desenvolvimiento de las relaciones jurídicas ya constituidas entre ellos. Este deber de comportarse según la buena fe se proyecta a su vez en las dos direcciones en que se diversifican todas las relaciones jurídicas: derechos y deberes. Los derechos deben ejercitarse de buena fe; las obligaciones tienen que cumplirse de buena fe.*

[4] Karl Larenz apud Luis Díez-Picazo, in op. cit.

[5] Clovis Couto e Silva, *in* "A Obrigação como Processo", pág. 5, José Bushatsky, Editor, São Paulo, 1976.

[6] Clovis Couto e Silva, *in* op. cit., pág. 5.

das partes contratantes e integrantes da relação obrigacional. *"A concepção da obrigação como um processo e como uma totalidade concreta põe em causa o paradigma tradicional do direito das obrigações, fundado na valorização jurídica da vontade humana, e inaugura um novo paradigma para o direito obrigacional, não mais baseado exclusivamente no dogma da vontade (individual, privada ou legislativa), mas na boa fé objetiva."*[7]

Portanto, dada a feição própria desse novo paradigma e tomada a relação obrigacional como um processo e em sua totalidade, iremos nos defrontar fatalmente com deveres impostos a ambas as partes e que não decorrem nem da declaração de vontade, nem de disposição legal, mas que surgem de circunstâncias independentes da vontade destas e decorrentes de padrões e *standards* de conduta que se tornam viáveis por aplicação do princípio da boa fé. Esses deveres impostos a ambas as partes de uma relação obrigacional têm por efeito nortear o exercício de direitos subjetivos, mas sempre alinhado com os interesses do *alter*.

O artigo 422 do Código Civil contém um comando impositivo dirigido a ambas as partes contratantes e revela em seu bojo uma complexidade intraobrigacional. *"A complexidade intra-obrigacional traduz a idéia de que o vínculo obrigacional abriga, no seu seio, não um simples dever de prestar, simétrico a uma pretensão creditícia, mas antes vários elementos jurídicos dotados de autonomia bastante para, de um conteúdo unitário, fazerem uma realidade composta."*[8]

Dentre os deveres que integram a relação obrigacional, cabe aqui mencionar os deveres laterais ou instrumentais, e que podem ser sintetizados em três categorias, muito embora passíveis de desdobramentos: os deveres acessórios de proteção, os de esclarecimento e os de lealdade.

Os deveres laterais ou instrumentais, também conhecidos como deveres acessórios, estão intimamente vinculados à complexidade intra-obrigacional a que nos referimos anteriormente. *"A simples contemplação de uma obrigação dá, pela interpretação de sua fonte, um esquema de prestação a efectivar. Mas isso é possível com danos para o credor ou com sacrifício desmesurado para o devedor. O Direito não admite tais ocorrências; comina deveres – e, como se adivinha, poderão ser*

---

[7] Judith Martins-Costa, *in* op. cit., pág. 394.

[8] Antonio Manuel da Rocha e Menezes Cordeiro, *in* "Da Boa Fé no Direito Civil", pág. 586, Colecção Teses, Livraria Almedina, Coimbra, 2001.

muitos e variados – destinados a que, na realização da prestação, tudo se passe de modo considerado devido. São os deveres acessórios, baseados na boa fé."[9]

Os deveres laterais ou acessórios, decorrentes que são do princípio da boa fé, e que *"caracterizam-se por uma função auxiliar da realização positiva do fim contratual e de proteção à pessoa e aos bens da outra parte contra os riscos de danos concomitantes"[10]*, se dirigem igualmente ao credor e ao devedor, ou seja, às duas partes na relação obrigacional.

Segundo os *deveres laterais de proteção*, as partes estão comprometidas, durante todo o período de vigência do contrato, a evitar que venham elas a sofrer danos às suas pessoas ou a seus patrimônios. Por seu turno, os *deveres laterais de esclarecimento* implicam que as partes, ao longo do período contratual, devem manter-se plenamente informadas de todas as circunstâncias relativas ao contrato, às obrigações nele previstas e de tudo o mais que com ele tenha relação. Por fim, os *deveres laterais de lealdade* visam a evitar que comportamentos adotados afetem o objeto contratual e sua finalidade ou que se veja rompida a equação de equilíbrio do mesmo.

Não pretendemos esgotar neste tópico toda a complexidade trazida pela inserção, em nosso Código Civil, do artigo 422, ou melhor, da positivação do princípio da boa fé em nosso sistema legal. Isso seria impossível e escaparia ao escopo deste trabalho. Pretendemos sim mostrar, de forma sucinta, as profundas modificações introduzidas no direito obrigacional e alertar os operadores do direito para esses conceitos que se manifestam como deveres para ambas as partes.

Por fim, é importante que se diga que a determinação do conteúdo dos deveres laterais ou acessórios irá sempre depender do caso concreto sob exame e de todas as circunstâncias a ele relativas. Que fique para nós todos esta lição fundamental, segundo a qual *"evidentemente, não é possível nem tipificar, exaustivamente, o conteúdo destes deveres, nem determinar, abstrata e aprioristicamente, nem a situação em que os mesmos se revelam, nem a medida de sua intensidade, que variará, por exemplo, quer se trate de uma relação em que as partes são fundamentalmente desiguais, quer se trate de uma relação substancialmente paritária. Não*

---

[9] Antonio Manuel da Rocha e Menezes Cordeiro, *in* op. cit., pág. 592.
[10] Judith Martins-Costa, *in* op. cit. pág. 440.

é preciso supor, evidentemente, que estes deveres derivem da declaração negocial, ou da regra legal específica. A sua existência se atrela à incidência dos mencionados princípios e standards, em outras palavras, de exigências do tráfico jurídicosocial viabilizadas pela boa fé objetiva. É, portanto, através do princípio da boa fé – notadamente se inserido em cláusula geral – que o efetivo conteúdo destes deveres poderá, em cada relação concreta, ser densificado."[11]

A CLÁUSULA COMPROMISSÓRIA

Durante muitos anos, a cláusula compromissória foi entendida como sendo um pré-contrato segundo o qual as partes signatárias se comprometiam a celebrar o compromisso para que se pudesse validamente instituir a arbitragem. No entanto, seguindo a técnica vigente no passado, muito embora o compromisso fosse essencial, não previa a legislação os meios adequados para que forçasse a parte recalcitrante a celebrar o compromisso. A isso denominava-se a ausência de execução específica da cláusula compromissória.

Com a edição da Lei de Arbitragem, o quadro se modificou de forma substancial. Além de outorgar à cláusula compromissória execução específica (art. 7.º), atribui-se a ela, desde que se possa interpretá-la como cláusula completa ou, ainda, na terminologia arbitral, "cláusula cheia", o condão de ser suficiente e bastante para instituir a arbitragem. Por essa razão e nessas circunstâncias, o compromisso passa a desempenhar um papel secundário, já que, por força do art. 5.º da Lei, proceder-se-á da forma prevista nas regras escolhidas. Portanto, em face do art. 5.º e desde que aceita a designação pelo(s) árbitro(s), a arbitragem poderá ser instituída independentemente da celebração do compromisso.

Nesse sentido, a lei espanhola de arbitragem de 2003, a mais moderna de todas em vigor, repetindo o avanço que já havia sido consagrado pela Lei n.º 36, de 1988, opta por adotar a expressão "convenção arbitral", sem fazer qualquer distinção entre a cláusula compromissória e o compromisso, como é o caso da lei brasileira. Vale aqui uma referência especial ao critério adotado pela nossa lei. É importante que tenhamos em mente que a mesma foi elaborada no início da década de

---

[11] Judith Martins-Costa, *in* op. cit., pág. 395.

A *Cláusula Compromissória à Luz do Código Civil* 35

90 e surgia num cenário legislativo tradicional onde prevalecia a noção da cláusula compromissória e do compromisso. Outorgar a execução específica à cláusula compromissória já era uma ousadia. Ousadia essa que veio a ser objeto de discussão quanto à sua constitucionalidade pelo Supremo Tribunal Federal. Que se pudesse ousar a ponto de adotar um tratamento similar ao da legislação espanhola de 1988 e 2003, isso seria inimaginável, muito embora os autores do anteprojeto tenham sido tentados pela idéia. Optou-se, portanto, por uma posição mais ortodoxa e compatível com o estágio de desenvolvimento, àquela época, do instituto da arbitragem no Brasil. Não podemos perder de vista duas circunstâncias bastante relevantes para analisar nossa lei: (i) o cenário legislativo existente à época da edição da nova Lei e (ii) a perspectiva do analista deverá necessariamente coincidir com o tempo em que a lei foi elaborada e editada. Quanto ao último caso, seria injusto criticarmos a metodologia adotada pela lei com as experiências que acumulamos nestes oito anos, com a ótica de hoje sobre um texto de 1996.

No entanto, em face do teor do art. 5.º, vimos insistindo em dois pontos fundamentais para a consolidação da arbitragem no Brasil, a saber: (i) que a cláusula compromissória seja redigida com o cuidado que ela merece de maneira a torná-la uma cláusula completa ("cláusula cheia") a permitir a instituição da arbitragem e (ii) que se adote, nesta fase de consolidação do instituto no Brasil, a arbitragem institucional, fundada esta em regras claras e bem definidas, evitando-se o uso da arbitragem "ad hoc", com a criação de regras desenhadas pelas partes.

A razão é bastante simples. Devemos evitar, a qualquer custo, que venhamos a incidir na criação de "cláusulas vazias" ou "cláusulas patológicas" que, além de frustrarem o interesse e expectativa das partes signatárias, levam à instauração de um "contencioso parasita", ao amparo do art. 7.º da Lei. Não se diga que a afirmação precedente representa uma negação da importância da inovação trazida pelo art. 7.º. Muito pelo contrário, pois a restauração e revitalização do instituto da arbitragem, no Brasil, encontram sua sede nesse dispositivo legal. Foi em função desse dispositivo que a arbitragem foi capaz de vencer a sua fase de infância. Foi ele que trouxe novamente credibilidade ao instituto da arbitragem. Sem ele, o texto legal careceria de mecanismo que permitisse atender à expectativa das partes signatárias.

No entanto, o art. 7.º se destina a regular a instituição da arbitragem que se funde em "cláusula vazia" ou em "cláusula patológica"; mas esse

36   *II Congresso do Centro de Arbitragem da Câmara de Comércio e Indústria*

dispositivo foi criado para regular situações excepcionais ou anômalas, sendo dever dos operadores do direito zelar para que a incidência de cláusulas dessa natureza seja cada vez menor. Isso significa que precisão e clareza são elementos fundamentais na elaboração de cláusulas compromissórias. Dessa forma, e somente dessa forma, estaremos assegurando que a expectativa das partes se materialize efetivamente. Vale a pena registrar, quanto a essa materialização de expectativas, a importância do dever acessório de proteção, este decorrente do princípio da boa fé objetiva, desdobrando-se na confiança que deve estar presente na relação obrigacional e expressão da lealdade que deve presidir as relações negociais, ou seja, a confiança de se ver materializado aquilo que se previu na etapa contratual como adequado e desejável para a solução de controvérsias. Nessa mesma linha de idéias, não se pode esquecer a excepcionalidade outorgada ao recurso ao contencioso previsto no art. 7.º, já que se espera que as partes, diante de uma cláusula vazia ou patológica, colaborem mutuamente no sentido de suprir as deficiências existentes na cláusula compromissória, viabilizando a instituição da arbitragem e respondendo efetivamente à expectativa que determinou a escolha de ambas quando da celebração do contrato e da respectiva convenção.

Vale lembrar, ainda, que a cláusula compromissória não pode ser vista, única e exclusivamente, como o estabelecimento de um meio extra-judicial para a solução de controvérsias decorrentes das relações contratuais entre as partes. Este é apenas um de seus aspectos. No entanto, a opção pela arbitragem tem uma dimensão mais ampla e um conteúdo econômico. Defendemos a tese de que a opção pela arbitragem é um dos elementos que integram a equação de equilíbrio econômico da relação contratual. Portanto, esse traço de economicidade é fatalmente afetado diante da recalcitrância de uma das partes em proceder de acordo com o ajustado contratualmente. A decisão pelo estabelecimento da relação contratual em causa passa necessariamente por se valorar e aferir o impacto econômico da adoção de um mecanismo de solução de controvérsias eficiente em caso de surgimento dessas.

A BOA FÉ E A CLÁUSULA COMPROMISSÓRIA

A positivação do princípio da boa fé no Código Civil afeta todas as relações contratuais. Dada a sua natureza contratual, a cláusula compromissória será igualmente afetada pelo princípio da boa fé. No entanto, em que extensão? Em que circunstâncias? E quais as conseqüências práticas daí advindas? Este é o objetivo precípuo deste Artigo – analisar a cláusula compromissória à luz das disposições inovadoras do Código Civil.

O art. 4.º da Lei de Arbitragem define a cláusula compromissória como sendo *"a convenção através da qual as partes em um contrato comprometem-se a submeter à arbitragem os litígios que possam vir a surgir, relativamente a tal contrato."*

Diz-se, e com muita precisão, que, em função da aplicação do princípio da boa fé, a posição das partes numa relação contratual se modificou de forma substancial. Em razão dos deveres laterais da boa fé objetiva a que as partes estão vinculadas, em especial os de proteção, colaboração e o de informação, dificilmente se poderá falar em partes em oposição, mas sim de partes em colaboração mútua, podendo-se afirmar que *"há, no contrato, o dever bilateral de proteção, que impede que uma das partes cause à outra algum dano, em razão de sua atividade. Existem, assim, deveres do credor, que não são deveres para consigo mesmo, mas sim deveres jurídicos. Muitos deles consistem em conduta determinada, em comunicar algo, em indicar alguma circunstância, em fornecer informações, cuja omissão pode causar dano ao outro figurante"*.[12] Isso decorre, sobretudo, de outra alteração substancial do Código Civil, onde se prestigia e prioriza o adimplemento das obrigações assumidas, punindo-se severamente o inadimplemento, sendo certo que *"o adimplemento atrai e polariza a obrigação. É o seu fim."*[13] Dessa maneira, a relação obrigacional passa a ter como pólo o adimplemento, que atrai para si a colaboração mútua entre as partes. Esse posicionamento legal está influenciado pelo princípio da função social do contrato, limitador que é da liberdade contratual das partes.

A posição das partes ao celebrarem a cláusula compromissória é de partes em colaboração. O que ambas buscam, nesse momento, é criar um mecanismo que seja aplicável à solução de suas controvérsias, se e quando estas venham a surgir. Portanto, do ponto de vista da conclusão da cláusula compromissória, estariam as partes alinhadas com o princípio da boa fé objetiva. Há inerente na conclusão da cláusula compromissória o traço da colaboração entre as partes signatárias, da identidade

---

[12] Clovis Couto e Silva, *in* op. cit., pág. 39.
[13] Clovis Couto e Silva, *in* op. cit., pág. 5.

de propósitos, qual seja, o de utilizarem-se da arbitragem quando venham a surgir suas controvérsias, sem mencionar a sua integração na equação de equilíbrio econômico do contrato.

Ocorre que o campo de aplicação do art. 422 do Código Civil é bem mais amplo do que a negociação de cláusulas contratuais. Aludido artigo impõe às partes contratantes o dever de guardar o princípio da boa fé na execução de suas obrigações. Vamos além e entendemos que essa disposição se estende ao cumprimento de obrigações que remanescem durante a fase pós-contratual, sendo bom exemplo aquelas relativas a segredo de negócio e direitos de propriedade intelectual. No campo arbitral, diríamos que o sigilo sobre o procedimento arbitral, dados e informações trazidos à discussão, e o teor mesmo da sentença arbitral é manifestação inequívoca de alinhamento com o princípio da boa fé, expresso na confiança que deve prevalecer na relação entre as partes e fundada no dever lateral de proteção.

A confiança que deve existir entre as partes está intimamente ligada ao princípio da boa fé objetiva. Portanto, confiança, colaboração e informação têm sua gênese na boa fé objetiva e dela são manifestações como deveres laterais e visam, de forma simples, evitar que se criem danos para as partes e seus patrimônios.

Já enfatizamos que, a nosso ver, o compromisso será de menor importância sempre e quando a cláusula compromissória seja tida como "cláusula cheia". Neste caso, seguem-se as regras estabelecidas e instaura-se a arbitragem independentemente de compromisso. Se bem que não tenhamos adotado a técnica da legislação espanhola, certamente adotamos uma sistemática que nos permite, em se tratando de cláusulas cheias, obter resultados similares.

Em se tratando de "cláusula vazia" ou "cláusula patológica" a situação é bastante distinta. A norma contida no art. 6.º da Lei determina a liturgia a ser adotada. O parágrafo único desse art. 6.º regula as exceções possíveis, ou seja, a recalcitrância da parte em comparecer, mantendo-se revel ou, ainda, embora comparecendo, recuse-se a instaurar a arbitragem. Para essas hipóteses, a Lei prescreve, no art. 7.º, a demanda judicial adequada, ou seja, consagra a execução específica da cláusula compromissória.

Se, do ponto de vista arbitral, com ônus e sacrifício, pode-se resolver a questão da resistência da parte em instituir a arbitragem, muito embora esse contencioso possa se arrastar por longo tempo, situação

A regra do art. 6.º é uma oportunidade que a Lei propicia às partes para que estas venham a sanar as irregularidades perpetradas na elaboração da cláusula compromissória e que, surgida a controvérsia, impedem a sua instituição. Por essa razão, entendemos que o contencioso previsto no art. 7.º tem efetivamente, na estrutura da Lei, natureza de excepcionalidade. Esse contencioso não foi criado para ser utilizado como a regra geral. Esta, sem dúvida, é a esperada colaboração das partes em suprir as deficiências constatadas fundada na confiança mútua, removendo-se os obstáculos que impeçam a instauração da arbitragem. O art. 6.º é, pois, o estágio intermediário de depuração da patologia. Nessa perspectiva, conclui-se que a própria Lei de Arbitragem, em especial, o art. 6.º se funda no princípio da boa fé objetiva, àquela época ainda não positivado, ao abrir a oportunidade para que as partes exerçam efetivamente a colaboração que delas se espera e atuem em linha com a confiança depositada mutuamente ao celebrarem a cláusula compromissória. Pode-se constatar, portanto, o perfeito alinhamento da estrutura da Lei com as cláusulas gerais do Código Civil.

A intervenção judicial prevista no art. 7.º visa a assegurar o efeito vinculativo da cláusula compromissória. Busca-se resgatar, na cláusula vazia ou na cláusula patológica, a verdadeira intenção das partes ao celebrar a cláusula compromissória, ainda que isso seja difícil e a tarefa por demais complexa. A despeito disso, como tratar os ônus advindos da revelia ou recusa da outra parte para aquela que requereu a instauração da arbitragem?

Somos de opinião que, sendo a cláusula compromissória, de natureza contratual, o art. 422 do Código Civil se aplica integralmente. Se, ao concluírem a cláusula compromissória, as partes se alinham com o princípio da boa fé, certo é que este se aplicará, da mesma maneira, à fase de cumprimento das obrigações assumidas. Portanto, surgindo a controvérsia, o que se pode esperar das partes é que ajam de acordo com o que convencionaram e tomem todas as providências necessárias para instaurar o procedimento arbitral destinado a solucioná-la, seja na forma do art. 5.º da lei, sendo a cláusula cheia, ou na do art. 6.º, sendo ela vazia ou patológica. Assim, somente os comportamentos determinados por esses dois dispositivos estarão alinhados com o princípio da boa fé e com os deveres laterais de proteção, informação e colaboração, manifestação prática da confiança. Afinal, prevalecerá nesses casos a confiança entre as partes ao celebrar a cláusula compromissória. Além disso, nunca é demais lembrar que a escolha pela arbitragem como meio de solução de controvérsias é um elemento integrante da equação econômica do negócio jurídico, devendo-se, portanto, prestigiá-la sob pena de se alterar essa equação.

Sob essa ótica, a revelia ou a recusa, a que se refere o parágrafo único do art. 6.º da Lei, comportamentos da parte que se distanciam dos *standards* da boa fé objetiva e do cumprimento dos respectivos deveres laterais, são fatores que afetam o equilíbrio da equação econômica, acarretando prejuízos para a parte que requereu a instauração da arbitragem e que deseja ver a controvérsia solucionada.

Por essa razão, entendemos que, em face das novas disposições legais introduzidas pelo Código Civil, a revelia da parte ou, ainda, a recusa em instaurar a arbitragem caracteriza a prática de um ato ilícito, na forma preconizada pelo art. 186 do Código Civil. Certo é que a ação ou omissão voluntária estará caracterizada, respectivamente, na recusa ou na revelia. Dano surgirá fatalmente para a parte que requereu a instauração da arbitragem, na medida em que terá visto frustrada a sua intenção de ter a controvérsia solucionada definitivamente por meio desse mecanismo, sem mencionar que terá visto afetado um dos elementos integrantes da equação econômica do negócio jurídico, desequilibrando-a. Caracterizado o ato ilícito, na forma prevista no art. 186 antes mencionado, surgirá para essa parte revel ou que se recusou a instaurar a arbitragem, na forma convencionada, a obrigação de indenizar por perdas e danos.

Nunca é demais lembrar, entretanto, que *"a iliciedade da conduta está no procedimento contrário a um dever preexistente. Sempre que alguém falta ao dever a que é adstrito, comete um ilícito, e como os deveres, qualquer que seja a sua causa imediata, na realidade são sempre impostos pelos preceitos jurídicos, o ato ilícito importa na violação do ordenamento jurídico."*[14]

---

[14] Caio Mario da Silva Pereira, *in* Instituições de Direito Civil, Vol. I, pág. 416, 19ª edição, Editora Forense, Rio de Janeiro, 2001.

Muito embora a parte que requereu a instauração da arbitragem venha a ter a sua intenção materializada quando da decisão do contencioso de que trata o art. 7.º da Lei, certo é que, do ponto de vista da legislação civil codificada, o comportamento da outra parte já terá caracterizado a prática de um ato ilícito, assistindo à parte afetada o direito de ver apuradas as perdas e danos a serem indenizados, seguindo--se os preceitos dos arts. 402 e seguintes do Código Civil.

Aliás, não é outro o tratamento no Direito português para os casos de violação do direito lateral de proteção, como ocorre na hipótese de prática de ato ilícito decorrente de revelia ou recusa de instauração de arbitragem vinculada a uma cláusula compromissória que acabou se revelando "vazia" ou "patológica", onde caberia às partes evitar que se impusessem danos às suas pessoas e patrimônios. Estaremos, nesse caso, diante da violação de um dispositivo legal de caráter imperativo e não da violação de uma obrigação contratual, já que para esta a Lei de Arbitragem criou uma liturgia própria. O que nos chama a atenção em razão da positivação do princípio da boa fé é que há deveres que decorrem de lei e que são impostos a ambas as partes. Por outro lado, a violação desses deveres legais é sancionada como prática de um ato ilícito. Nessa mesma linha de nosso entendimento, ensina-nos Menezes Cordeiro corroborando-o, no campo do Direito Comparado, que "*à face do Código Civil português, as violações dos chamados deveres de protecção têm enquadramento directo na cláusula geral de responsabilidade aquiliana (...). Como resulta de toda a casuística que está na base da figura, os deveres de protecção visam assegurar que, a coberto de relações obrigacionais ou factores que, com elas, tenham semelhanças – cada vez mais diluídas, aliás, pela evolução subsequente – os intervenientes se inflijam danos, uns aos outros, nas suas pessoas ou patrimónios. Como é de reconhecimento generalizado, este âmbito nada tem a ver com os interesses obrigacionais em si: está em causa a protecção geral assegurada pelo Direito, através dos esquemas que, hoje, representam a velha Lex Aquilina de damno.*"[15]

Vale sempre lembrar que, no regime anterior ao da Lei de Arbitragem, a legislação brasileira não reconhecia execução específica à cláusula compromissória, sendo que a arbitragem somente se instaurava com

---

[15] Antonio Manuel da Rocha e Menezes Cordeiro, *in* op. cit., pág. 639.

a celebração do compromisso. Naquela época, costumava-se incluir pesada penalidade a ser paga pela parte que se recusasse a participar do procedimento arbitral. A penalidade então criada contratualmente tinha nitidamente a função de sancionar a parte inadimplente contratualmente já que não se dispunha de autorização legal para assegurar a execução específica da cláusula compromissória. Com a edição da Lei, a execução específica veio para sanar a omissão legal e permitir que se instaurasse o procedimento. Assim sendo, e na medida em que se criou um mecanismo adequado para que a vontade das partes fosse efetivamente implementada, deixou de fazer qualquer sentido em se pensar em qualquer reivindicação de perdas e danos em caso de descumprimento da cláusula compromissória e sua respectiva prédeterminação.

A aplicação da norma do art. 186 do Código Civil, no entanto, coexiste com a execução específica da cláusula compromissória, tendo natureza diversa da penalidade adotada no regime anterior. Ainda que a parte possa lograr instaurar a arbitragem para a solução da controvérsia surgida pela aplicação da norma contida no art. 7.º da Lei, caracterizado estará o ato ilícito da parte recalcitrante por violação de disposição legal, ou seja, deixou esta de agir com observância do princípio da boa fé, na forma prevista no art. 422 do Código Civil. Dessa forma, a parte optou por se tornar revel ou se recusou a agir conforme havia ajustado, assistindo à outra parte o direito de reivindicar a indenização por perdas e danos, inclusive danos morais, que tenha efetivamente sofrido. É evidente que a conduta omissiva ou comissiva que viola uma disposição legal somente passa a interessar ao direito e dele merecer a devida atenção se repercutir no conjunto de direitos de outrem, o que vale dizer, *"a penetração da conduta na esfera jurídica alheia."*[16] Se isso não vier a ocorrer, a conduta ilícita não importa ao direito.

Os requisitos essenciais para caracterização da obrigação de reparar o dano decorrem da linguagem do próprio art. 186 e podem ser assim sintetizados *"a) em primeiro lugar, a verificação de uma conduta antijurídica, que abrange o comportamento contrário a direito, por comissão ou por omissão, sem necessidade de indagar se houve ou não o propósito de mal fazer; b) em segundo lugar, a existência de um dano, tomada a expressão no sentido de lesão a um bem jurídico, seja este de*

---

[16] Caio Mario da Silva Pereira, *in* op. cit, pág. 416.

ordem material ou imaterial, de natureza patrimonial ou não-patrimonial; c) e em terceiro lugar, o estabelecimento de um nexo de causalidade entre uma e outro, de forma a precisar-se que o dano decorre da conduta antijurídica, ou, em termos negativos, que sem a verificação do comportamento contrário a direito não teria havido o atentado ao bem jurídico."[17]

Portanto, ainda que uma das partes seja recalcitrante quanto à instauração da arbitragem, omitindo-se ou recusando-se a cumprir a liturgia prevista no art. 6.º e adotando o comportamento tipificado no parágrafo único desse mesmo artigo, caracterizado estará o comportamento antijurídico, mas a obrigação de indenizar estará dependente da comprovação da existência de uma relação direta entre essa conduta e o dano **efetivamente** suportado pela outra parte. Assim sendo, há que se provar que houve dano efetivo e que este decorreu da conduta antijurídica.

Não é difícil, no entanto, se imaginar uma situação em que a parte que viu frustrada a sua intenção de ver instaurada a arbitragem, sendo, para isso, obrigada a recorrer ao contencioso previsto no art. 7.º da Lei, vir a sofrer prejuízos. Basta que se imagine um segmento de mercado bastante competitivo, e admitindo-se que essa controvérsia surja em relação a parceiro no negócio como um todo ou fornecedor de tecnologia, para podermos facilmente visualizar a possibilidade da cotação de mercado de suas ações (em sendo uma companhia aberta) vir a ser afetada, como também o impacto que pode vir a ocorrer sobre a posição concorrencial da empresa. É certo que, nesses casos, haverá perdas para a parte e parece justo que esta possa reivindicar a indenização pelo prejuízo sofrido.

Mesmo que não se possa provar o prejuízo efetivo, caso em que a indenização não seria devida, restaria averiguar o dano moral eventualmente sofrido pela parte, já que o contencioso regulado pelo art. 7.º torna pública a existência da controvérsia entre as partes, não logrando elas o benefício do segredo de justiça que, nos casos em que foi solicitado, veio a ser negado pelo Poder Judiciário, e que levou fatalmente à quebra do sigilo que as partes visavam com a utilização da arbitragem. Se bem que o procedimento arbitral, quando instaurado, deverá preservar a privacidade dos atos e o sigilo de todas as informações, dados e do teor da

---

[17] Caio Mario da Silva Pereira, in op. cit, pág. 420/421.

própria sentença, certo é que tornar pública a existência de uma controvérsia entre as partes representa uma quebra da confiança que deveria presidir as relações e a certeza frustrada de quem esperava ver a arbitragem instituída. Se dano patrimonial não se materializou, pelo menos poderá haver o dano moral decorrente da quebra de confiança. Ademais, não seria de todo absurdo que se imaginasse que, no longo prazo, a indefinição quanto ao andamento da arbitragem pudesse vir a afetar as relações de uma das partes com seus principais clientes e fornecedores. Poderíamos imaginar, inclusive, dependendo do caso, e ainda que não obrigada a tal, que a parte viesse a ter que abdicar parcialmente do sigilo e revelar, ainda que em linhas gerais, o conteúdo da controvérsia. Adotaria, nesse caso, um comportamento similar à divulgação de fato relevante ou inclusão de nota de balanço como estão obrigadas as companhias abertas. Não seria absurdo se imaginar que o acionista controlador e os administradores assim agissem em cumprimento às disposições constantes dos arts. 116 e 154, respectivamente, da Lei de Sociedades Anônimas.

Neste caso, no entanto, essa revelação seria, a nosso ver, fundamentada, sendo resultado direto do ato ilícito praticado pela outra parte, devendo esta indenizá-la pelo dano moral sofrido e por comprometer a integralidade do sigilo que deve acompanhar a arbitragem.

Questão relevante a ser analisada diz respeito à competência para apurar perdas e danos e determinar a respectiva indenização. Entendemos que, ao decidir sobre o conteúdo do compromisso arbitral, a que se referem os parágrafos 3.º e 6.º do art. 7.º da Lei, o juiz deverá, por provocação da parte, fazer dele constar que o árbitro único ou o tribunal arbitral deverá deliberar sobre a prática do ato ilícito e a obrigação de indenização por perdas e danos, seja patrimonial, seja moral, e seu respectivo montante pela parte que foi revel ou se recusou a proceder à instauração da arbitragem e que, no limite, acabou dando causa à concretização do contencioso do art. 7.º da Lei. Esta questão se caracteriza como direito disponível e integra o escopo da própria arbitragem.

Poder-se-ia questionar a legalidade da decisão judicial que incluísse no compromisso a obrigação pretendida pela parte afetada de ver aferida a ocorrência de dano e determinação da obrigação de indenizar. O argumento, neste caso, seria a inexistência de previsão dessa possibilidade no teor da cláusula compromissória, ou seja, essa questão não se caracterizaria como uma controvérsia decorrente do contrato e, consequentemente, estranha ao escopo da cláusula compromissória.

Entendemos que essa argumentação não deve prosperar. Em nossa visão, a parte afetada pode ver legitimamente refletida no compromisso essa pretensão, já que a questão se refere à violação de um mandamento legal e diz respeito ao efeito vinculativo da própria cláusula compromissória. Negar ao juiz o poder de incluir essa pretensão no compromisso decorrente do contencioso previsto no art. 7.º sob o argumento de que a arbitragem foi escolhida pelas partes para dirimir apenas conflitos contratuais e que estas nada dispuseram quanto ao descumprimento de disposições legais de aplicação obrigatória, equivaleria negar os efeitos da própria cláusula compromissória. Pretender restringir a arbitragem ao domínio estrito das controvérsias contratuais, excluindo-se a hipótese sob comento, seria negar a própria essência e contratualidade da cláusula compromissória que, uma vez descumprida em decorrência de uma conduta antijurídica com efeitos na esfera de outrem e, portanto, de natureza tipicamente extracontratual, levaria as partes fatalmente à defesa de suas pretensões no Judiciário. Se, ao se instaurar o contencioso previsto no art. 7.º, afeta-se já e ainda que em parte a confidencialidade do procedimento arbitral, como demonstrado, remeter ao Judiciário a questão de comprovação de dano efetivo e de nexo de causalidade e determinação da obrigação de indenizar seria um contra-senso. De que valeria discutir sob a proteção da confidencialidade as demais pretensões contidas no compromisso derivado do contencioso do art. 7.º se, no curso do procedimento judicial tendente a determinar a responsabilidade de indenizar, fatalmente viriam à lume aspectos da própria relação contratual descumprida discutida na arbitragem.

Por essas razões, entendemos que o juiz deve circunscrever essa discussão ao âmbito da arbitragem, motivo pelo qual entendemos que a mesma se insere na competência exclusiva dos árbitros, na medida em que a violação alegada estará intimamente vinculada à materialização da expectativa contida na própria cláusula compromissória. Por outro lado, nunca será demasiado repetir que os deveres laterais da boa fé não têm natureza contratual e nem decorrem da vontade das partes. O que pretende o sistema legal com eles proteger é a integridade de pessoas e patrimônio, tornando-as infensas a danos causados por quem tem a obrigação de os evitar. A obrigação imposta às partes de se pautarem por esses deveres laterais, como já dissemos, é matizar com juridicidade o exercício de direitos subjetivos. Ademais, levando-se em conta o novo paradigma da relação obrigacional, estará ela sempre polarizada pelo adimplemento e a obrigação imposta às partes de agirem segundo os deveres laterais ou acessórios da boa fé constitui categoria de deveres estranhos às obrigações e direitos típicos da relação contratual e tidos estes como principais no contexto da relação obrigacional. Integram eles uma categoria específica de deveres que se alinham com as obrigações e direitos do credor e do devedor e temperam o seu respectivo exercício. Dessa forma, a grande lição que resulta dessa análise é que devemos ser bastante cuidadosos ao redigir a cláusula compromissória. Devemos assegurar que, ao redigi-la, dela constem todos os elementos necessários capazes de torná-la uma "cláusula cheia", passível de dar lugar à instauração efetiva da arbitragem na forma convencionada pelas partes. Situemo-nos, como regra, no art. 5.º da Lei, exerçamos a oportunidade de depurar a cláusula de seu traço patológico, na oportunidade outorgada pelo art. 6.º, mas deixemos o art. 7.º para regular somente a exceção que, esperamos, seja menos e menos incidente. No entanto, se isso ainda vier a ocorrer, aplicar-se-ão as disposições do Código Civil sobre ato ilícito e responsabilidade extracontratual.

A ARBITRAGEM VOLUNTÁRIA EM MOÇAMBIQUE: QUADRO NORMATIVO E PERSPECTIVAS

JORGE MANUEL FERREIRA DA GRAÇA[*]

SUMÁRIO: 1. Introdução. 2. Objecto da Comunicação. 3. Antecedentes do sistema normativo da arbitragem voluntária em vigor. 4. Fundamentos da mudança de sistema. 5. O sistema normativo da arbitragem voluntária em vigor: regras e impacto. 6. Perspectivas.

1. Introdução

A presente comunicação tem a sua origem no convite que a Câmara de Comércio e Indústria Portuguesa (Centro de Arbitragem Comercial) dirigiu ao Centro de Arbitragem Conciliação e Mediação (CACM) da Confederação das Associações Económicas de Moçambique, no sentido de participar no II Congresso de Arbitragem, cuja realização tem lugar em Lisboa, nos dias 3 e 4 de Junho do corrente ano (2008). Pelo convite que nos foi endereçado, organização do Congresso e apoio que está a permitir a nossa participação nos seus trabalhos, expressamos o nosso maior apreço.

Consideramos do maior interesse a troca de experiências e de conhecimentos que o Congresso certamente irá propiciar ao ter seleccionado

---

[*] Vice-presidente do Centro de Arbitragem Mediação e Conciliação de Moçambique (CACM)

Advogado, Moçambique

jgraca@mga.co.mz

www.mga.co.mz

48   *II Congresso do Centro de Arbitragem da Câmara de Comércio e Indústria*

temas da maior relevância e actualidade para a arbitragem voluntária contemporânea nos nossos países, tais como o quadro normativo e sua evolução em Angola, Brasil e Moçambique, e matérias específicas decorrentes da arbitragem em Portugal – a constituição do tribunal arbitral, a prova as decisões interlocutórias e parciais no processo arbitral, a admissibilidade e limites da arbitragem voluntária nos contratos públicos e administrativos, a arbitragem voluntária no domínio da propriedade industrial e o novo Regulamento de Arbitragem do Centro de Arbitragem Comercial da a Câmara de Comércio e Indústria Portuguesa.

Neste contexto, faz sentido que a presente comunicação elabore sobre "A arbitragem voluntária em Moçambique: quadro normativo e perspectivas". Naturalmente que, para proceder a essa elaboração devo, como metodologia e ainda que de modo muito simples, precisar o objecto da comunicação e o método a seguir, incluindo a sequência do seu tratamento.

2. Objecto da Comunicação

A presente comunicação tem por objecto a caracterização do quadro normativo da arbitragem voluntária[1] em Moçambique e a identificação das perspectivas da sua evolução. Esta caracterização tem como elementos principais o carácter alternativo da arbitragem voluntária com relação aos tribunais do Estado (designadamente os judiciais, administrativos e laborais) e a autonomia dos tribunais arbitrais e do processo arbitral, considerandos até à fase da sentença arbitral transitada julgado, cujo cumprimento seja voluntário, à luz das regras gerais em vigor para a arbitragem voluntária. Esses elementos já não estão presentes ou não têm a mesma amplitude se vier a verificar-se interposição de recurso de anulação perante tribunal judicial ou em caso de execução coerciva, sujeita a processo executivo judicial. A possível evolução num futuro próximo do quadro normativo, resulta da análise que se tenha elaborado com relação à caracterização do quadro normativo da arbitragem voluntária.

A base para a caracterização referida é o sistema ou conjunto das regras gerais sobre arbitragem voluntária, presentemente em vigor no

---

[1] Exclui-se de todo a arbitragem necessária ou imposta por lei.

ordenamento jurídico moçambicano, que se encontram no fundamental expressas na Lei no. 11/99 de 8 de Julho, aprovada pela Assembleia da República2, designada por Lei de Arbitragem, Conciliação e Mediação, a seguir referida simplesmente como "LACM"[3]. Dado que a LACM se aplica subsidiariamente aos regimes especiais de arbitragem definidos nas leis pertinentes[4], faz-se uma mera referência de enquadramento destes regimes especiais devido a que aquela Lei se lhes aplica subsidiariamente, como seja relativamente à arbitragem voluntária nos domínios das relações de direito administrativo e das relações colectivas e individuais de trabalho. Menciona-se também o regime de arbitragem voluntária admitido por lei especial com relação a áreas, ramos ou sectores específicos de actividade económica, como sejam o investimento estrangeiro, as minas e o petróleo e gaz.

Uma breve referência é também feita ao reconhecimento de sentenças arbitrais estrangeiras em Moçambique, no sentido de propiciar uma visão alargada do quadro normativo da arbitragem voluntária em vigor em Moçambique.

3. Antecedentes do sistema normativo da arbitragem voluntária em vigor

3.1. *Sócio-económicos e institucionais*

Moçambique tem vindo a realizar, a partir dos meados da década de oitenta, um processo de profundas reformas económicas, sociais, institucionais e de modernização do Estado, assentes na expansão da economia de mercado, equilíbrio macro-económico e financeiro e incremento do investimento, em geral, e do investimento privado externo, em especial.

Neste processo, a reestruturação da economia, através da privatização do sector empresarial do Estado e a expansão e fortalecimento do

---

[2] Publicada no Boletim da República, Série I, de 12 de Julho de 1999.

[3] A LACM contém também regras gerais sobre conciliação e mediação enquanto "meios alternativos de resolução de conflitos" (Título III), e determina que, subsidiariamente, se aplique à conciliação e mediação, *mutatis mutandis*, o regime geral da arbitragem voluntária, salvo acordo ou disposição legal específica em contrário (a.a. 60 e 62).

[4] Lei no. – Lei do Tribunal Administrativo e Lei no. 23/2007, de 1 de Agosto – Lei do Trabalho.

sector privado, tem vindo a permitir uma maior participação deste sector, incluindo as associações representativas do empresariado, nas actividades económicas e na formulação de políticas, designadamente legislativas, que às mesmas respeitam. As organizações da sociedade civil têm também crescido em participação relativamente à formulação e realização das políticas estaduais e públicas, num sentido mais geral.

Com efeitos sobretudo sentidos a partir da década de noventa, os processos de reforma económica e social desencadeados nos anos oitenta e que tiveram continuidade ou foram alargadas nos anos noventa, a par com factores de ordem política tais como a consolidação de um ambiente de paz e reconciliação e o desenvolvimento de um sistema multi-partidário, com o reconhecimento da pluralidade política e da diversidade social e cultural da sociedade moçambicana, conduzem a que as pessoas singulares e as pessoas colectivas passem a deter um elenco maior e mais significativo de direitos. A protecção destes direitos coloca à administração da justiça maiores exigências no seu desempenho, uma vez que essa situação é também naturalmente acompanhada por um incremento dos conflitos nas relações cíveis e comerciais, gerando maior tensão sobre os escassos recursos das instituições da justiça e uma forte pressão da opinião pública sobre os sistemas jurídicos e de administração da justiça, com o sentido de uma efectiva protecção dos direitos e garantia de segurança jurídica. Quer-se um maior e melhor acesso ao direito, mas ao direito adequado, e aos tribunais, mas a tribunais orientados para dirimir conflitos com base numa composição acordada pelas partes.

Os tribunais do Estado, com um desempenho marcado por excessiva morosidade na resolução de conflitos, actuação institucional distanciada das partes em litígio e da especificidade do caso, afectavam negativamente a segurança jurídica necessária ao fluir dos negócios, levando a comunidade em geral e o empresariado nacional em especial a perder confiança no sistema judicial.

A maior abertura da economia nacional ao mercado internacional e ao investimento estrangeiro, bem como a dependência daquela com relação a estes fazem da comunidade internacional, suas instituições financeiras e agências governamentais, factores fortemente influentes no sentido da reforma legal e das instituições da administração da justiça, como parte da reforma, modernização e democratização do Estado no seu conjunto.

A modernização dos sistemas jurídicos e das instituições de administração da justiça, no sentido de elevar o acesso ao direito e aos

A Arbitragem Voluntária em Moçambique: Quadro Normativo e Perspectivas   51

tribunais, num sentido amplo, e de modernizar as leis, adaptando as regras jurídicas aos processos de mudança por forma a que sejam promotoras desses processos e ordenadoras das relações jurídicas resultantes dos mesmos, uma vez consolidados, tornou-se numa questão prioritária.

3.2. *Legislativos*

3.2.1. O Código de Processo Civil de 1939 (CPC)[5] continha as disposições gerais reguladoras da arbitragem voluntária, em Moçambique, até 13 de Julho de 1999, data em que decorrida a *vacatio legis*[6], aquelas disposições foram revogadas pela LACM[7].

O CPC admitia a sujeição á arbitragem voluntária das relações jurídicas controvertidas não "subtraídas ao domínio da vontade das partes" ou seja de que elas possam dispor[8]. De salientar que as disposições pertinentes do CPC colocavam a arbitragem voluntária na dependência dos tribunais judiciais e sujeitavam-na ao procedimento judicial próprio dos tribunais comuns. Por isso a arbitragem é no CPC regulada com muita parcimónia.

São exemplos de disposições reveladoras dessa característica: salvo em caso de escolha pelas partes do julgamento segundo a equidade[9], que todavia deve respeitar procedimentos mínimos do contraditório, como seja ouvir as partes após o preparatório e antes de decisão da causa, os termos do processo arbitral seguem os que o CPC estabelece para os tribunais judiciais, em correspondência com a causa de pedir[10]; a colocação institucional do tribunal judicial como se de um tribunal de

---

[5] Código de Processo Civil de 1939 (CPC), com as alterações aprovadas pelos Decretos-Leis No. 44129, de 28 de Dezembro de 1961 e 47 690, 11 de Maio de 1967, ordenado aplicar em Moçambique pela Portaria No. 23090, de 26 de Dezembro de 1967, com os ajustamentos que resultaram da aprovação da reforma do Código Civil, em 1966.

[6] Determinada pelo a. 72 da LACM.

[7] O no. 2 do a. 48 (exequibilidade de sentença e de títulos arbitrais), o a. 814 (fundamento de oposição à sentença do tribunal arbitral) e o Título I do Livro IV, "Do Tribunal Arbitral Voluntário" foram revogados pelo a. 71, no. da LACM.

[8] CPC, a. 1510.

[9] CPC, a.a. 1519, no. 2, 1520, no. 1 e 1523.

[10] CPC, a.1519, no. 1.

primeira instância do sistema judicial se tratasse, ao definir que a força da sentença arbitral corresponde à de sentença de tribunal de primeira instância, sujeita do mesmo modo que esta a recurso para tribunal da relação (salvo em caso de julgamento segundo a equidade, em que tem mesmo por efeito a renúncia ao recurso da sentença proferida pelos árbitros)[11]; a preferência pela preparação do processo de arbitragem envolvendo juizes de direito e funcionários judiciais, bem como ao uso de instalações do tribunal judicial de comarca pelo tribunal arbitral e a aplicação à remuneração dos árbitros e funcionários o Código de Custas Judiciais[12]. Apenas podiam ser árbitros cidadãos de nacionalidade moçambicana[13].

Esta regulamentação estatizadora e judicializante da arbitragem voluntária estabelecia um distanciamento institucional e formalismo próprio dos processos judiciais então em vigor, cuja rigidez, morosidade e custo não estavam em consonância com as necessidades da resolução de litígios em geral e dos litígios de comércio em particular. Não há notícia de que, após a Independência Nacional de Moçambique, tenham sido dirimidos litígios com recurso a essas regras de arbitragem voluntária do CPC.

3.2.2 A Lei de Investimentos de 1993[14] dispõe sobre a resolução de "diferendos", entre investidores e Estado Moçambicano, no que concerne à interpretação e aplicação da própria Lei e sua regulamentação[15]. Esta Lei determina que o recurso aos tribunais judiciais seja a regra da resolução de conflitos do âmbito das relações de investimento, admitindo o recurso a arbitragem se houver desacordo relativamente à via judicial ou convenção arbitral, mas restringe o seu campo à arbitragem internacional. Entende-se, a partir da Lei, que a arbitragem internacional entre o Estado Moçambicano e investidores estrangeiros está limitada a investimentos autorizados pelo Governo, nos termos prescritos em lei. Assim sendo, pode dizer-se que embora admita o recurso à arbitragem internacional como meio de resolução de conflitos entre o Estado e

---

[11] CPC, a.1522 e 1523.

[12] CPC, a.a. 1516 e 1517.

[13] CPC, a. 1514, no. 1, que dada à sua origem anterior à formação do Estado Moçambicano soberano e independente se referia a cidadania portuguesa.

[14] Lei no. 3/93, de 24 de Junho (Lei de Investimentos).

investidores estrangeiros no âmbito do investimento estrangeiro, a Lei revela preferência pela resolução judicial de conflitos neste âmbito.

A preferência pela via judicial revela-se com mais força relativamente ao investimento nacional, existindo como que uma quase dualidade de regime se for comparado com o investimento estrangeiro.

Os conflitos entre o Estado e investidores nacionais sobre investimento não são em regra objecto de arbitragem voluntária, ou seja devem ser resolvidos mediante submissão "às entidades judiciais competentes, em conformidade com a legislação moçambicana", salvo se, e isto é importante, a "legislação moçambicana" para que se remete admita o recurso à arbitragem voluntária, o que é o caso, como adiante se refere a propósito de arbitragem especial em regime de direito administrativo. Os conflitos entre o Estado e investidores estrangeiros

De mencionar ainda que, para efeitos de arbitragem internacional, a Lei declara elegíveis as regras da Convenção de Washington de 15 de Março de 1965, sobre a Resolução de Diferendos Relativos a Investimentos entre Estados e Nacionais de outros Estados e do Centro Internacional que as aplica (CIRD ou ICSID), do Regulamento do Mecanismo Suplementar aprovado a 27 de Setembro de 1978, pelo Conselho de Administração do CIRD, que atende à situação "se a entidade estrangeira não preencher as condições de nacionalidade prevista no artigo 25 da Convenção" referida, e da Câmara de Comércio Internacional (CCI), com sede em Paris[16].

---

[15] Cit. Lei, a. 25.

[16] Os investimentos privados estrangeiro e nacional eram regulados em legislação separada. A Lei no. 4/84, de 18 de Agosto, relativa ao investimento directo estrangeiro, admitia, no seu a. 26, a resolução de conflitos por via da arbitragem voluntária seria através de árbitro único ou comissão arbitral com número ímpar de árbitros. Neste caso os árbitros seriam designados por cada uma das partes e o presidente seria nomeado por se acordo mútuo das partes ou, em caso de desacordo, pela Câmara de Comércio Internacional, com sede em Paris. A Lei fixava Moçambique como local obrigatório da arbitragem e dispunha que competia aos árbitros estabelecer os procedimentos da arbitragem. A decisão arbitral era definitiva para as partes. A Lei no. 5/87, de 19 de Janeiro, relativa ao investimento privado nacional, nada dispunha sobre a resolução de conflitos pelo que estes estavam sujeitos aos tribunais judiciais ou ao tribunal administrativo, consoante as respectivas competências jurisdicionais em função da matéria, podendo, nos termos da Lei Orgânica do Tribunal Administrativo e se houve acordo prévio entre as partes no conflito, ser submetida a arbitragem administrativa.

3.2.3. A Lei Orgânica do Tribunal Administrativo (LOTA), de 1992, admitia a constituição de tribunais arbitrais para a resolução de litígios "no âmbito dos contratos administrativos, da responsabilidade civil contratual ou extracontratual e no contencioso dos actos de conteúdo predominantemente económico", desde que "presididos por um juiz do Tribunal Administrativo e neste integrados"[17]. A Lei não definia quaisquer outras regras sobre a arbitragem voluntária administrativa.[18]

Efectivamente, não há notícia de que tenham sido dirimidos litígios com recurso à arbitragem voluntária administrativa. De acrescentar que em matéria de investimento, quando o mesmo se realize através de contratos administrativos, como sejam as concessões, podem surgir conflitos de normas, na medida que a Lei do Investimento admite para esses conflitos o recurso a arbitragem internacional e a LOTA determina o recurso a jurisdição administrativa nacional, que poderá consistir em arbitragem administrativa, nos termos por esta regulados.

A Lei do Trabalho de 1998[19] admitia apenas a arbitragem voluntária em conflitos colectivos de trabalho envolvendo empresas ou estabelecimentos cuja actividade não estivesse de entre as definidas como essenciais, desde que após tentativa de mediação entre as partes em litígio[20].

3.2.4. As custas com a arbitragem voluntária vinham reguladas nos diplomas legais sobre custas judiciais. Tais disposições que constavam do Código de Custas do Tribunal (de 1964 e 1970), do Código de Custas Judiciais (de 1989) e do Código de Processo do Trabalho (de 1963 e 1970) foram também revogadas, pela LACM[21].

---

[17] Lei no. 5/92, de 6 de Maio, no. 2, a. 3..

[18] Parte V (especialmente o seu Capítulo III – Do processo no tribunal administrativo), da Reforma Administrativa Ultramarina (R.A.U.), de 1933, aprovada pelo Decreto-Lei no. 23 229, de 15 de Novembro, continha regras de contencioso administrativo em que estava ausente qualquer consideração relativamente a arbitragem voluntária administrativa.

[19] Lei no. 8/98, de 20 de Julho, revogada pela Lei no. 23/2007, de 21 de Agosto.

[20] A Lei no. 8/98, de 20 de Julho previa (a.a. 119, 120, 122 e 123) que a arbitragem fosse conduzida por um comité arbitral tripartido, em que cada uma das partes em litígio, empregador e empregado, designavam um árbitro e o terceiro árbitro, que presidia ao comité, era designado pelo órgão competente da administração do trabalho, ou seja pela administração do Estado, através do Ministério do Trabalho. Essa Lei atribui às decisões do comité arbitral força obrigatória.

[21] A. 71 da LACM.

3.2.5. Em Moçambique, como pode entender-se em função das circunstancias económicas e sociais, a segurança, desenvolvimento e eficácia das relações de comércio (em sentido amplo), nacionais e internacionais, constituíram a razão essencial (*ratio*) das novas regras gerais da arbitragem voluntária tal como vieram a ser expressas na LACM. Expressa-o também o facto de ter sido a congregação das associações empresarias de Moçambique, denominada Comissão de Trabalho das Associações ou abreviadamente CTA, quem promoveu o debate sobre a introdução de uma lei para a regulação dos meios alternativos de resolução de conflitos e reuniu capacidades para a sua formulação, bem como manteve as alianças que permitiram a aprovação por unanimidade da proposta de lei submetida ao parlamento nacional, a Assembleia da República.

3.3. *Direito comparado*

No plano do direito comparado, a tendência das últimas décadas, especialmente nos últimos cinquenta a quarenta anos, para a harmonização universal de regras gerais que sistematizadas em recomendações das Nações Unidas inspirariam os Estados a adoptar em lei única a regulamentação nacional dos meios alternativos de resolução de conflitos, veio a ter influência significativa em Moçambique, levando-o a adoptar uma política legislativa que se traduziu na aprovação, em 1999, de uma Lei de Arbitragem, Conciliação e Mediação (LACM – Lei no. 11/99, de 8 de Julho).

A "Lei – Modelo" da Comissão das Nações Unidas de Direito Comercial Internacional – CNUDCI ou UNCITRAL (em língua inglesa) foi a principal fonte de inspiração da LACM de Moçambique. Efectivamente esta Lei contém regras que seguem muito de perto a "Lei – Modelo", tendo procurado manter desta o que foi considerado importante para a segurança, harmonia e confiabilidade das relações de comércio, atendendo ao crescimento da actividade económica por empresários nacionais, mas também por empresários estrangeiros. A Lei contém também regras em matérias específicas inseridas nas leis à data em vigor em países tais como a Argentina, a Bolívia, o Brasil e Portugal.

Exemplificando, a definição da convenção arbitral, a consagração da autonomia da cláusula compromissória, a forma da convenção arbitral

56 II Congresso do Centro de Arbitragem da Câmara de Comércio e Indústria

e a fixação dos fundamentos do recurso de anulação de sentença arbitral[22] foram inspiradas na Lei Modelo da UNCITRAL. A remissão da arbitragem voluntária laboral para leis especiais resultou da apreciação das leis argentina e boliviana[23]. A opção por incluir na Lei requisitos gerais mínimos a exigir dos árbitros, como sejam ser pessoa singular e ter capacidade, decorreram da análise das leis boliviana e portuguesa[24]. A inclusão na Lei de artigo exigindo uma clara adesão do aderente nos contratos de adesão, decorre de análise da lei argentina e brasileira[25]. Da lei portuguesa, a inclusão na definição de arbitragem internacional pela LACM do critério *quando ponha em jogo interesses de comércio internacional*, que nesta Lei é tratado como critério geral completado pelas especificações que decorrem da Lei – Modelo da UNCITRAL, tais como domicílio das partes, lugar da arbitragem, local de execução do contrato e objecto da convenção arbitral.

4. Fundamentos da mudança de sistema

O acesso à Justiça ou acesso ao Direito e aos tribunais, é um direito fundamental cuja realização cabe ao Estado de Direito garantir. A garantia do acesso à Justiça[26] implica não só a remoção de constrangimentos que limitam o usufruir desse direito mas também a melhoria dos serviços que o tornem efectivo. A morosidade, o excesso de formalismo, a

---

[22] *Relatório Especializado sobre Fontes Técnicas da Elaboração do projecto de Lei de Arbitragem, Conciliação e Mediação*, p. 23, Gabinete Técnico da Assembleia da República, Janeiro de !999, elaborado sob solicitação do então Primeiro Vice Presidente da Assembleia da República, Dr. Abdul Carimo, e elaborado sob a Coordenação Técnica do Dr. Jorge Graça e Assistência da Consultora Jurídica Dra. Elsa Pinto, enquanto parte dos trabalhos preparatórios da LACM.

[23] *Relatório Especializado...*, cit., p. 9.

[24] *Relatório Especializado...*, cit., p. 14.

[25] *Relatório Especializado...*, cit., p. 10.

[26] O direito ao acesso à Justiça vem consagrado tanto no direito internacional, designadamente a Declaração Universal dos Direitos do Homem, de 10 de Dezembro de 1948, o Pacto Internacional sobre os Direitos Civis e Políticos, de 16 de Dezembro de 1966, a Carta Africana dos Direitos do Homem, adoptada pela XVIII Conferência dos Chefes de Estado e de Governo, em Junho de 1981, como no direito interno moçambicano, através da Constituição da República de Moçambique, a. A. 42, 62, no. 11, e 70 (revisão de 2004).

rigidez, a corrupção e os custos processuais elevados no processos judicial têm sido indicados como parte dos constrangimentos do acesso à Justiça se exclusivamente através dos tribunais de natureza estatal ou estadual[27], designadamente os judiciais ou comuns, administrativos e laborais.

Tem-se cada vez mais claramente a consciência de que, pese embora alguma resistência cultural, especialmente decorrente da tradição do recurso apenas a instancias judiciais do Estado para a resolução de conflitos no âmbito do Direito, o acesso efectivo à Justiça exige à sociedade que recorra a meios alternativos de resolução de conflitos, de entre os quais avulta a arbitragem voluntária. Os tribunais do Estado e os processos judiciais enquanto mecanismos estais ou públicos clássicos para a resolução de litígios já não respondem por si sós à necessidade de efectivação do direito de acesso à Justiça nas sociedades contemporâneas e democráticas, cujo garante seja o Estado de Direito[28].

A LACM veio a estabelecer, paralelamente aos mecanismos e processos jurisdicionais do Estado mecanismos e processos de resolução de conflitos alternativos àqueles, nos quais a arbitragem voluntária tem vindo a desenvolver-se como um género da maior relevância.

Na arbitragem voluntária, a resolução de litígios tem fundamento contratual, a convenção arbitral (cláusula compromissória ou compromisso arbitral), expressão da autonomia de vontade das partes, e base legal, que confere jurisdicionalidade ao processo arbitral voluntário e atribui à sentença arbitral efeitos vinculativos com relação às partes, bem como carácter definitivo. À sentença arbitral transitada em julgado é conferida força de título executivo, a par das sentenças judiciais.

---

[27] Sobre os obstáculos a um efectivo exercício do direito de acesso justiça, classificando-os em estruturais, jurídico-legais, económicos e sócio-culturais, Luís António Mondlane, *O acesso à justiça e meios alternativos d e resolução de conflitos*, in Revista Jurídica, Faculdade de Direito, Vol. II, Junho de 1997, Universidade Eduardo Mondlane, Maputo, Moçambique.

[28] "O direito justiça só pode ser plenamente realizado mediante a operacionalização conjugada do sistema formal (jurídico e judiciário) com os distintos meios alternativos de resolução de conflitos", obra cit., in Revista..., p. 109.

5. O sistema normativo da arbitragem voluntária em vigor: regras e impacto

5.1. Com a Lei no. 11/99, de 8 de Julho (Lei de Arbitragem, Conciliação e Mediação – LACM) é, pela primeira vez em Moçambique, definido em lei única as regras gerais, substantivas e adjectivas, aplicáveis à arbitragem voluntária[29]. Esta Lei estabelece a matriz base da arbitragem voluntária em Moçambique. Esta é uma matriz que reflecte a harmonização da regulamentação nacional com as melhores práticas internacionais de arbitragem voluntária, especialmente no âmbito das relações de comércio, em sentido amplo, no que avultam as regras expressas na "Lei-Modelo" da UNCITRAL – Comissão das Nações Unidas para o Direito Mercantil Internacional.

São do âmbito de aplicação da LACM a arbitragem interna e a arbitragem comercial internacional, enquanto modalidades reguladas pela lei nacional. A especificidade de regime da arbitragem comercial internacional está em que se lhe aplicam primariamente as disposições especais que a têm por objecto imediato e, supletivamente, as regras gerais da arbitragem voluntária, com as devidas adaptações, conforme dispõe a própria LACM[30].

5.2. A LACM aplica-se aos litígios em geral (princípio *favor arbitrando*), embora com as seguintes excepções[31]:

a) em razão da matéria (arbitrabilidade objectiva), os litígios relativos a direitos indisponíveis ou não transaccionáveis ou que devam, por lei especial, ser exclusivamente submetidos a regime especial de arbitragem ou a tribunal judicial;

b) em razão da qualidade do sujeito da relação controvertida (arbitrabilidade subjectiva), os litígios emergentes de relações em que

---

[29] A LACM aplica-se também à conciliação e mediação que, conjuntamente com a arbitragem voluntária formam o seu objecto geral, como meios alternativos de resolução de conflitos que os sujeitos jurídicos podem adoptar antes ou em alternativa a submetê--los ao poder judicial" (a. 1).

[30] A arbitragem internacional é regulada no capítulo VIII da LACM. Nela vêm enunciados os critérios de base para a determinação da natureza internacional da arbitragem. Determinada a natureza internacional, os árbitros devem concluir, a partir das regras de conflito de normas, sobre qual a Lei aplicável se as partes a não tiverem especificado na convenção de arbitragem.

o Estado ou ente público seja parte mantendo a sua posição de *jus* imperium, ou não esteja legalmente admitido a agir como particular ou sujeito de direito privado, ou seja em posição de *jus gestione*.

Já no domínio da legitimidade[32], remete-se para a lei civil, não podendo constituir-se como partes em processo arbitral os menores, interditos ou inabilitados, ainda que através de representante legal.

5.3. Aos regimes especiais de arbitragem voluntária[33], designadamente a administrativa e a laboral, aplica-se subsidiariamente a LACM.

5.3.1. O regime da arbitragem administrativa é regulado em especial pela Lei no. 5/92, de 6 de Maio, sobre a Organização do Tribunal Administrativo (LOTA) e Lei no. 9/2001, de 7 de Julho[34], sobre o contencioso administrativo (LCA).

De acordo com estas Leis, em vez de submissão ao tribunal administrativo, podem ser dirimidos em sede de arbitragem voluntária administrativa as relações controvertidas de direito administrativo, que, reguladas por convenção arbitral, resultem de: "a) contratos administrativos; b) responsabilidade contratual ou extracontratual da Administração Pública ou dos titulares dos seus órgãos, funcionários ou agentes por prejuízos decorrentes de actos de gestão pública; c) contencioso dos actos de conteúdo predominantemente económico."[35]

Mas a Lei sobre a Organização do Tribunal Administrativo acrescentava "salvo se lei especial dispuser em contrário"[36], admitindo que relações por estas Leis sujeitas a jurisdição administrativa, ainda que por convenção das partes passíveis de arbitragem administrativa, mas já não de arbitragem voluntária de direito privado, possam vir, em última análise, a ser subtraídas a esse imperativo de ordem pública por lei

---

[31] LACM, a. 5.
[32] LACM, a. 6.
[33] Idem, a. 5, no. 2.
[34] Lei no. 9/2001, de 7 de Julho, Capítulo IX (Arbitragem).
[35] Idem, a. 180.
[36] Lei no. 5/92, de 6 de Maio, a. 3, no. 2, in fine.

especial[37]. Nos termos desta Lei e por efeito de leis especiais, essas relações controvertidas de direito administrativo passam, no fundo, a estar sujeitas a arbitragem de direito privado, ainda que apenas na modalidade do regime de arbitragem comercial internacional. Estão neste caso o investimento estrangeiro e as "operações petrolíferas", associadas ao investimento estrangeiro, ao abrigo, respectivamente, da Lei de Investimentos (e seus Regulamentos)[38] e da Lei do Petróleo[39].

Nos termos da Lei de Investimentos (e seus Regulamentos) e da Lei do Petróleo, os "diferendo" em matéria de investimento entre o Estado Moçambicano e investidores estrangeiros podem, mediante convenção prévia da partes, ser sujeitos a resolução através de arbitragem com recurso às regras:

a) da Convenção de Washington, de 15 de Março de 1965, sobre a Resolução de Diferendos Relativos a Investimentos entre Estados e Nacionais de outros Estados e do Centro Internacional para a Resolução de Diferendos Relativos a Investimentos entre Estados e Nacionais de outros Estados (ICSID);

b) do Regulamento do Mecanismo Suplementar aprovado a 27 de Setembro de 1978 pelo Conselho de Administração do ICSID, se a sociedade estrangeira não preencher as condições de nacionalidade previstas no artigo 25 da Convenção de Washington;

c) da Câmara de Comércio Internacional, com sede em Paris.

A Lei do Petróleo alarga a possibilidade de recurso a regras de arbitragem comercial internacional de outros organismos internacionais

---

[37] Nos trabalhos preparatórios recomendou-se que se evitassem situações potenciais ou efectivas de incompatibilidade de normas, conforme *Relatório Especializado...* cit. p. 23 susceptíveis de serem entendidas como propiciando um tratamento desigual das partes em litígio, quando de entre as partes em litígio, uma seja pessoa jurídica de direito privado e outra o Estado Moçambicano ou outra pessoa colectiva de direito público, especialmente se aquela é "cidadão" de outro Estado, como ocorre no investimento estrangeiro, o..., cit., p.p. 13 e 20.

[38] Lei no. 3/93, de 24 de Junho (Lei de Investimentos), a. 25 (resolução de diferendos), Decreto no. 14/93, de 21 de Julho, a.26, no. 5 (Regulamento da Lei de Investimentos) e Decreto no. 62/99, de 21 de Setembro, com as alterações do Decreto 35/200, de 17 de Outubro, a. 42, no. 2.

[39] Lei no. 3/2001, de 21 de Fevereiro (Lei do Petróleo), a.a. 2 (âmbito de aplicação) e 27 (resolução de disputas).

de reconhecida reputação, desde que expressamente especificado nos contratos nela tipificados (contrato de reconhecimento e pesquisa, contrato de pesquisa e produção, contrato de oleoduto ou gasoduto)[40].

Todavia, a LCA, de 7 de Julho de 2001, já não inclui aquela excepção da LOTA, de 6 de Maio de 1992, portanto anterior àquela, pelo que veio a derrogar nessa parte a disposição legal respectiva ou seja o seu artigo 3, cuja redacção tinha resultado de derrogação pela LACM[41], precisamente para harmonizar o regime especial da arbitragem voluntária administrativa com a arbitragem voluntária especial relativamente a relações arbitráveis em determinados sectores de actividade definidos por lei.

Na realidade, devido a que as relações de investimento estrangeiro são apenas uma parte do universo maior de relações jurídicas de que um investidor estrangeiro precisa de ser parte para realizar o investimento pretendido e de que há sectores de actividade relativamente aos quais não há leis especiais de excepção, como no caso das "operações petrolíferas", tem sido prática distinguir nos contratos administrativos, especialmente no caso de concessões em áreas estratégicas, as relações que nesses contratos têm cariz administrativo, e como tal remetidas para a arbitragem de regime administrativo, das que são de direito privado, e como tal submetidas a arbitragem internacional.

Todavia, esta prática em relações contratuais em domínios não subtraídos à arbitragem administrativa, conforme a LOTA, mas especialmente a LCA, mais restritiva do que aquela, pode contrariar estas Leis, porque pode não estar consentânea com a delimitação material da arbitrabilidade. São por exemplo os domínios das relações contratuais em domínios da exploração e ou gestão de recursos naturais, infra-estruturas públicas e serviços públicos.

Sabe-se, no entanto, que o Tribunal Administrativo, competente para conferir o visto devido em contratos administrativos[42], não tem objectado quanto à admissibilidade jurídica da adopção de uma dualidade de regime de arbitragem em contratos administrativos, nos quais se incluam cláusulas de arbitragem administrativa e de arbitragem comercial inter-

---

[40] Lei no. 3/93, de 24 de Junho (Lei do Petróleo), a.a. 27, no. 3, d) e 11.

[41] LACM, a. 70, no. 4.

[42] Lei no. 13/97, de 10 de Julho, a.a. 2, 3, no. 1 e 5. Por efeito da lei, verifica-se ineficácia global do contrato que estando sujeito a visto não o tenha obtido.

62 II Congresso do Centro de Arbitragem da Câmara de Comércio e Indústria

nacional, distinguindo relações de natureza público-administrativa e de natureza privada-comercial, num quadro de investimento estrangeiro, tendo como objecto relações jurídicas do âmbito de um mesmo contrato administrativo. Esta questão importa especialmente com relação a áreas estratégicas para o desenvolvimento nacional, em que a destrinça das relações tem consequências em termos do regime de arbitragem voluntária a seguir.

De notar a referência inovadora ao contrato fiscal, na legislação tributária de 2006[43], ainda que sem qualquer especificação A admissão do contrato fiscal de entre as fontes normativas da relação jurídico--tributária é um primeiro passo que poderá, no futuro, levar a que os conflitos ou certos conflitos emergentes de contrato fiscal possam vir a ser submetidos a resolução pela via da arbitragem voluntária. No caso de investimentos acima de quinhentos milhões de dólares norte americanos e de empreendimentos em infra-estruturas de domínio público, realizadas no âmbito de concessão, incluindo as zonas francas industriais, já se verifica a prática da celebração de contrato de investimento/fiscal nos quais se regulam benefícios fiscais excepcionais, que têm como conteúdo mínimo a fixação dos objectivos, metas, incentivos a conceder e das penas por incumprimento[44].

É claro que quanto às relações dentro da esfera ou feixe de relações de investimento, é admissível legalmente o recurso a arbitragem comercial internacional. Põe-se, no entanto, a questão, tal como se colocou acima relativamente à arbitrabilidade de conflitos emergentes de relações objecto de contrato administrativo, sobre a destrinça entre essas relações e as relações tributárias que contribuem para um regime contratual mais favorável ao investimento, especialmente o grande investimento, que é estrangeiro.

Presentemente, a lei aplicável às relações jurídico-tributárias e ao processo tributário não prevê o recurso a arbitragem, quer interna quer

---

[43] Lei no. 2/2006, de 22 de Março, a. 7, g).

[44] As condições de elegibilidade para benefícios fiscais excepcionais vêm definidas na Secção III do Código de Benefícios Fiscais, aprovado pelo Decreto no. 16/2002, de 27 de Julho. No a. 2 deste Código a menção a "contrato entre o Estado e a entidade promotora do projecto, a aprovar pelo Conselho de Ministros", no qual "serão fixados os objectivos, as metas, os incentivos a conceder e as penalizações em caso de incumprimento".

A Arbitragem Voluntária em Moçambique: Quadro Normativo e Perspectivas 63

internacional, em matéria de conflitos emergentes de contratos fiscais, pelo que, em consequência, não é legalmente admissível, no presente, o uso de regime especial de arbitragem fiscal para resolver conflitos emergentes de contratos fiscais ou de relações tributárias, ainda que em domínios transaccionáveis, pela simples razão de que a lei específica não vem a admiti-lo nem mesmo a estabelecer uma jurisdição de arbitragem voluntária para o efeito ou a permitir que se lhe estenda jurisdição já em funcionamento.

5.3.2. O regime especial da arbitragem laboral rege-se presentemente pela Lei no. 23/2007, de 1 de Agosto, Lei do Trabalho (LT)[45]. Esta Lei tem como inovador, no que se refere a arbitragem voluntária, a admissão da resolução extrajudicial de conflitos individuais de trabalho por via de arbitragem voluntária. A Lei do Trabalho por esta revogada restringia a arbitragem laboral voluntária à resolução de conflitos colectivos de trabalho. As regras da resolução de conflitos colectivos de trabalho definidas pela nova LT[46] são também aplicáveis à resolução arbitral de conflitos individuais de trabalho[47].

6. O tribunal arbitral

6.1. As regras gerais aplicáveis à arbitragem voluntária, constantes da LACM, precisam que o tribunal arbitral é dado por validamente constituído com a aceitação pelos árbitros da sua nomeação, estando preenchidos os requisitos precedentes relativamente às partes, convenção arbitral, competência e árbitros[48]. Ao tribunal arbitral é dada competência para decidir sobre a sua própria competência para dirimir o conflito que é submetido. Se as partes não convencionarem sobre as regras substantivas ao litígio que submetam a arbitragem, é conferido por Lei

---

[45] A Lei no. 23/2007 (LT), de 1 de Agosto revogou a Lei no. 8/98, de 20 de Julho.

[46] No caso de conflito colectivo de trabalho envolvendo empresa pública ou empregador em actividades definidas como essenciais para a sociedade, a Comissão de Mediação e Arbitragem pode, ouvido o Ministro de tutela, determinar que a arbitragem seja obrigatória (LT, a.a. 189, no.1 e 205).

[47] Lei do Trabalho (LT), a. 182.

[48] LACM, a. 17, no. 6.

64 *II Congresso do Centro de Arbitragem da Câmara de Comércio e Indústria*

poder ao tribunal arbitral para determinar o Direito constituído aplicável e as regras deste de aplicação "conveniente" ao caso[49].

6.2. Os tribunais arbitrais podem, numa perspectiva institucional geral, constituir-se na modalidade de tribunal inserido num organismo especializado de arbitragem ou separadamente, tratando-se no primeiro caso da modalidade institucional de arbitragem e no segundo da modalidades de tribunal *ad hoc*. Trata-se do exercício de uma função jurisdicional por ente privado.

Na perspectiva institucional dos regimes especiais de arbitragem, administrativa e laboral, apenas é admitido o exercício da jurisdição arbitral institucionalizada.

No caso da arbitragem administrativa, pelo vínculo da nomeação do árbitro presidente de entre juiz conselheiro do Tribunal Administrativo (veja-se 6.3.2 a seguir) para presidir ao tribunal arbitral este é uma instituição de cariz público-privado, mas de controlo público. Na arbitragem laboral, a resolução de conflitos cabe a órgão de mediação e arbitragem da escolha das partes, o qual deve assegurar primeiramente que se realize a mediação, passando-se só se a mediação não resultar à arbitragem através de árbitro ou comité arbitral[50].

Não existindo acordo das partes quanto ao órgão de mediação e arbitragem, compete à Comissão de Mediação e Arbitragem Laboral determinar o órgão de resolução de conflito no caso concreto[51]. A LT é omissa no que respeita à natureza, formação e funcionamento destes órgãos, pelo que carecem de regulamentação. Todavia, pelas regras da LT, a Comissão de Mediação e Arbitragem Laboral, que deverá vir a ter uma composição tripartida (Estado, empregadores e trabalhadores) através de representantes dos parceiros de concertação social, terá poderes de intervenção nesses órgãos, nos termos que vêm taxativamente definidos na LT e serão detalhados em regulamentação. Ao Conselho de Ministros é conferido poder geral de regulamentação da LT, pelo que lhe caberá fazê-lo com relação a esses órgãos e à Comissão de Mediação e Arbitragem.

---

[49] As partes podem determinar que se julgue segundo o Direito, os princípios gerais de direito, os usos e costumes e regras internacionais de comércio (LACM, a. 35).

[50] LT, a.a. 184, no. 1, 190, no. 1 e 191, nos. 5, 8, 9 e 10.

[51] LT, a. 183, no. 3.

A Arbitragem Voluntária em Moçambique: Quadro Normativo e Perspectivas   65

6.3. Quanto à composição, as normas têm em comum a preferência pela forma de tribunal arbitral plural, enquanto colégio com um número ímpar de árbitros.

6.3.1. No entanto, a LACM admite tanto o tribunal arbitral formado por um número ímpar de árbitros como por um único árbitro[52].

Tendo os árbitros sido designados pelas partes, no caso de composição plural do tribunal arbitral e não tendo havido acordo diverso das partes quanto á escolha do árbitro que exerça a função de presidente, este deve ser eleito pelos árbitros designados, por maioria de votos, e não podendo sê-lo desse modo, será o árbitro com mais idade[53]. A Lei dispõe apenas sobre requisitos mínimos dos árbitros (ser pessoa singular, maior, plenamente capaz e reunir os demais exigidos pelas partes ou organismo institucionalizado de arbitragem), não dispõe a Lei sobre qualquer requisito de nacionalidade dos árbitros.

6.3.2. Na arbitragem administrativa, a especificidade está no regime supletivo de três árbitros (não existindo acordo diverso expresso em convenção arbitral)[54]. O tribunal arbitral deve, portanto, ser sempre composto por um número ímpar de árbitros.

No caso da arbitragem voluntária em regime de administrativo, os árbitros devem ser de nacionalidade moçambicana e o presidente do tribunal arbitral deve sempre ser um juiz conselheiro do Tribunal Administrativo. Estas regras cunham a arbitragem com a influência preponderante do tribunal estatal administrativo, que administrativiza e judicializa os tribunais em regime de arbitragem voluntária de direito administrativo, dando mais segurança ao Estado mas reduzindo as condições de isenção e igualdade no processo arbitral, apesar dos princípios de igualdade de tratamento das partes que o rege[55]. Estas regras são um constrangimento à aceitação sem reservas do uso da via arbitral de direito administrativo por parte dos empresários privados em geral e empresários estrangeiros, enquanto investidores.

---

[52] Idem, a. 16, no. 1.
[53] Idem, a. 16.
[54] Lei no. 9/2001, de 7 de Julho, a. 184.
[55] Idem, a. a. 190, no. 1 e 194, a).

6.3.3. Na arbitragem laboral, no caso de arbitragem através de comité arbitral, este deve ser composto por três árbitros, de entre os quais o presidente escolhido por órgão de mediação e arbitragem. A LT parece admitir também a modalidade de arbitragem por árbitro único, mas apenas se limita a referir a "árbitro", sem qualquer outra especificação quanto ao modo da sua escolha. A LT não contém qualquer especificação sobre a nacionalidade do árbitro, sendo no entanto de admitir que na prática e na medida da influência do Estado, a tendência venha a ser da escolha de árbitro de nacionalidade moçambicana para presidir aos comités arbitrais, podendo também verificar-se excepções.

7. Processo arbitral

Nos termos das regras gerais da arbitragem voluntária (LACM), o processo arbitral tem início com a recepção do pedido pelo requerido ou demandado, cabendo, portanto, ao requerente ou demandante o impulso do processo arbitral[56].

As partes podem escolher livremente as regras do processo arbitral e o lugar da arbitragem. Se o não fizerem e tratar-se de tribunal arbitral *ad hoc,* a sua escolha recairá sobre os árbitros, que deverão ter em conta as circunstancias do caso, incluindo a conveniência das partes, salvo na modalidade da arbitragem institucional ou por organismo especializado de arbitragem da escolha das partes, em que o lugar e o processo da arbitragem é determinado nos termos do seu regulamento de arbitragem.

O processo arbitral deve decorrer no respeito dos princípios definidos na lei: flexibilidade, privacidade, idoneidade (independência e isenção), celeridade, igualdade de tratamento das partes, audiência (preferência pela oralidade) e contraditório[57][58]. Acresce àquelas a economicidade, tendente a minimizar os custos com o processo arbitral.

---

[56] LACM, a. 25.

[57] Idem, a. 2.

[58] A LCA distingue três princípios fundamentais: da "absoluta igualdade", da citação do demandado; do contraditório; e da audição das partes antes de ser proferida a decisão final (a. 194).

O processo arbitral pode terminar a todo o momento, por acordo das partes, até que a sentença seja proferida[59]. No processo arbitral não é obrigatório que as partes constituam advogado.

São fases essenciais no processo arbitral, em resultado dos termos da LACM[60][61]:

a) Constituição do tribunal arbitral e início do processo arbitral com a petição do demandado e subsequente defesa do demandado ("articulados do demandante e do demandado");

b) Produção de prova – audiências e reuniões ou produção de prova através de procedimentos em forma escrita e peritos, bem como recurso a assistência de tribunal judicial na obtenção de prova – segundo o convencionado pelas partes;

c) Deliberação sobre a sentença arbitral – produção e tomada de decisão na base da maioria de votos dos árbitros (salvo convenção das partes em contrário) e sua notificação às partes;

Proferida a sentença, o presidente do tribunal arbitral ordena a diligência de notificação da mesma às partes e ordena o seu depósito, salvo convenção das partes em contrário. Sem prejuízo da vontade das partes, o depósito de sentença proferida por tribunal arbitral *ad hoc* é ordenada para tribunal judicial do lugar da arbitragem ou, tratando-se de arbitragem institucionalizada nos termos de regulamento próprio[62].

---

[59] A sentença arbitral poderá corresponder a acordo alcançado pelas partes no decurso do processo arbitral (LACM, a. 38).

[60] LACM, Capítulos IV e V.

[61] O Regulamento de Arbitragem do Centro de Arbitragem, Conciliação e Mediação (CACM da Confederação das Associações Económicas de Moçambique (CTA), presentemente em vigor, distingue como fases do processo arbitral: "propositura do caso", triagem (com as partes), "arbitragem propriamente dita" (fase jurisdicional) e "decisão final", *Curso de Introdução à Arbitragem*, p. 21, CACM, 2007, Maputo, Moçambique. No seu conjunto, essas fases integram apenas 15 procedimentos.

[62] LACM, a. 42; LCA, a. 201, no. 2 que determina depósito de sentença em arbitragem administrativa na Primeira Secção do Tribunal Administrativo; e da LT, a. 193, no. 1 que remete os termos do depósito de sentença arbitral laboral para regulamento dos centros de mediação e arbitragem.

8. Participação dos tribunais judiciais no processo arbitral

Até ao transito em julgado de sentença arbitral, as relações entre o tribunal arbitral e os tribunais estatais ou estaduais têm um cunho sobretudo funcional, de colaboração e ordenação de sistemas jurisdicionais independentes, o judicial comum e dos ramos especiais do direito (administrativo e laboral), por um lado, e o arbitral, por outro lado.

Os poderes dos tribunais judiciais de participação no processo arbitral estão taxativamente definidos na LACM, destacando-se de entre eles os seguintes:

a) remeter para arbitragem petições submetidas a processo judicial cuja relação em litígio esteja sujeita a convenção arbitral em vigor ao momento, existindo solicitação de parte nesse sentido, feita até às primeiras alegações da requerida (excepção de arbitragem)[63];

b) nomear árbitro, a pedido de parte que pretenda suprir a falta de designação por alguma das partes (podendo solicitá-lo, alternativamente, a instituição especializada de arbitragem)[64];

c) tomar decisão, não susceptível de recurso, a pedido de parte discordante, sobre decisão do tribunal arbitral, tomada a título de questão prévia, na qual se considere competente para dirimir a causa[65];

d) decidir providência cautelar a pedido de parte, ainda que no decurso de processo arbitral[66];

e) ordenar a assistência requerida pelo tribunal arbitral em procedimento para obtenção de provas e facultar-lhe os resultados.

f) determinar a cessação de mandato de árbitro, a pedido de parte, quando haja impossibilidade de cumprimento de mandato sem que haja renuncia, em "prazo razoável", e seja actual o desacordo das partes nos motivos da cessação e no termo ao mandato em causa[67];

---

[63] LACM, a. 12, n.º 2.
[64] Idem, a. 18, n.ºs 7 a 9.
[65] Idem, a. 37, no. 3.
[66] Idem, a. 12, n.º 4.
[67] Idem, a. 23, n.º 4.

g) decidir sobre recurso de anulação de sentença arbitral, limitado aos casos taxativamente enumerados[68]:

h) receber e manter em depósito o original da sentença arbitral (título executivo) na secretaria do tribunal judicial do lugar da arbitragem, salvo dispensa pelas partes, na convenção arbitral ou escrito posterior ou exista nas arbitragens institucionais previsão de outra modalidade de depósito.

Estes poderes destinam-se a tornar mais eficaz a acção dos tribunais arbitrais e exercem-se no quadro do processo arbitral enquanto tal e não propriamente como parte intrínseca do processo judicial. Ou seja, trata-se de participação num processo e jurisdição que pertence a outro tribunal e processo de resolução de conflitos. Naturalmente que esta participação só se pode efectuar se o próprio interveniente dispõe de procedimentos para o fazer.

Mas este procedimento, por ser relativo a uma lide e a um processo de jurisdição alternativa, com princípios e regras próprias, tem uma *ratio* e parte significa externa ao tribunal judicial requerido que precisa de ser bem entendida. Tal nem sempre acontece, resultando a solicitação do tribunal judicial em constrangimento do processo arbitral, pelo que se exige de complexidade e de custas, para além da morosidade que gera.

Efectivamente, e a título de exemplo de problemas que surgem nesse relacionamento, provocados pela sua novidade, preparo insuficiente dos intervenientes e cultura judicial prevalecente, refere-se que houve caso em que o tribunal judicial admite pedido de despacho de nomeação de árbitro em falta para a constituição de tribunal arbitral mas considera-o interposição de acção judicial e administra as custas judiciais em função do valor da causa! O esclarecimento deste caso de um simples incidente de nomeação de árbitro levou mais de seis meses!

9. Sentença arbitral

A sentença arbitral deve reunir os elementos integradores definidos na Lei[69]. Sendo depositada em tribunal judicial, no caso do tribunal

---

[68] Idem, a.a. 44 e 45.

[69] LACM, a. 39, segundo o qual são elementos a constar da sentença arbitral, a ser fundamentada, salvo acordo em contrário das partes ou se for fundada em transacção das

70 II Congresso do Centro de Arbitragem da Câmara de Comércio e Indústria

judicial *ad hoc* ou em instituição de arbitragem, no caso de tribunal arbitral a funcionar em instituição de arbitragem, e desde que transitada em julgado, a sentença arbitral é vinculativa para as partes e seus sucessores[70].

A LCA clarifica que termina o poder jurisdicional dos árbitros com a notificação da sentença às partes. No entanto, no prazo de trinta dias da sua notificação e a requerimento de parte, a sentença arbitral ainda pode ser objecto de rectificação e interpretação no que se refira a erros e omissões materiais que a afectem[71].

A sentença arbitral tem carácter definitivo. Sendo condenatória, a sentença arbitral transitada em julgado constitui título executivo[72] [73]. Ela é, no entanto, passível de recurso de anulação. Ao estabelecer fundamentos taxativamente enumerados e definir um prazo de sessenta dias da notificação da sentença, como condições de admissão do recurso de anulação, pretende-se conjugar a oportunidade dada à parte condenada para recorrer com o princípio da celeridade (evitar a dilação do transito em julgado da sentença arbitral). [74].

De notar que a LACM, embora tendo por base os mesmos fundamentos que a LCA, enumera as causas de recurso de anulação de um modo bem mais pontual do que a LCA. Essas causas estão na LACM mais directamente radicas na convenção arbitral e na LCA mais directamente referidas à própria Lei. A LACM mais restritiva do que a LCA em matéria de admissão da impugnação da sentença arbitral, no que procura maior segurança no sentido da decisão de litígios sujeitos a arbitragem comercial[75]. A LT é omissa quanto aos fundamentos do recurso de anulação, carecendo de regulamentação.

---

partes, os seguintes: identificação das partes, referência à convenção arbitral, o objecto do litígio, a identificação dos árbitros, o lugar da arbitragem, o local e data em que foi proferida e a assinatura do árbitro ou árbitros. A LCA, a. 200, acrescenta no seu no. 1. g), a menção dos árbitros que não puderam votar e no seu no. 2 a inclusão dos votos vencidos, identificando-os.

[70] LACM, a. 43.

[71] LACM, a. 48 e LCA, a. 202, no. 2.

[72] LACM, a. 43, LCA, a. 203 e LT, a. 193, no. 2.

[73] CPC, a. 46, d), com as alterações introduzidas pelo Decreto-Lei, no 1/2005, de 27 de Dezembro.

[74] LACM, a. a. 44 a 46, LCA, a.a. 204 e 205 e LT, a. 193, nos. 3 e 4.

[75] A LACM, a.a. 44 e 45, define taxativamente como fundamentos do recurso de anulação: incapacidade de parte da convenção arbitral; invalidade da convenção arbitral;

São, *grosso modo,* fundamentos comuns (arbitragem comercial e arbitragem administrativa) do recurso de anulação de sentença arbitral:
a) não arbitrabilidade do litígio; falta de legitimidade de parte;
b) incompetência do tribunal arbitral; constituição irregular;
c) violação de regras fundamentais de processo, em especial o princípio do contraditório;
d) vício de objecto da sentença no sentido de omissão de pronunciamento sobre matéria sobre a qual se deveria pronunciar ou pronunciamento sobre matéria que não deveria ser do âmbito da sentença;
e) violação da ordem pública.

10. Execução coerciva de sentença arbitral

Em Moçambique, a execução de sentença arbitral é remetida para os tribunais judiciais e as regras do processo civil, por força do que dispõe a LACM[76]. Nesta Lei determinava-se que a execução forçada de sentença arbitral seguiria a forma de processo sumaríssimo[77].

Contrariando os termos e o sentido da LACM, na revisão do ao Código do Processo Civil, aprovada em Dezembro de 2005, com a exclusão do processo sumaríssimo de entre as formas de processo executivo a favor dos então reformados processos ordinário e sumário, o legislador veio a determinar que as sentenças arbitrais seriam executadas segundo formas de processo executivo distintas. Com efeito, o novo texto do CPC, determina que o regime regra de execução de uma sentença arbitral seja o processo ordinário, admitindo-se o processo sumário apenas com relação à execução de "sentença arbitral proferida por organismo institucionalizado de arbitragem"[78].

---

falta de notificação de nomeação de árbitro ou do processo arbitral; impossibilidade de exercício de direitos no processo; sentença arbitral ou parte dela cujo objecto esteja fora do âmbito ou termos da convenção arbitral; constituição de tribunal arbitral ou de processo de forma contrária à Lei.

[76] LACM, a. 50, no. 1.

[77] Idem.

[78] CPC, a. 465, no. 2, com as alterações introduzidas pelo Decreto-Lei, no 1/2005, de 27 de Dezembro.

Na verdade parece ser de todo injustificado este tratamento desigual das sentenças arbitrais pela lei processual civil, na medida em que são títulos executivos gerados por tribunais arbitrais da mesma natureza, com os mesmos poderes e as mesmas bases de processo arbitral, não se reconhecendo a uns segurança que outros não tenham[79]. A terminologia do novo texto do artigo 465, no. 2, do CPC, "sentença arbitral proferida por organismo institucionalizado de arbitragem" expressa uma compreensão equivocada, visto que em rigor a sentença arbitral é sempre proferida por tribunal arbitral, cujos poderes jurisdicionais estão definidos em Lei, sem qualquer distinção. A LACM refere-se a organismo institucionalizado de arbitragem enquanto organização de administração e assistência aos tribunais arbitrais que se constituam tendo esses organismos como suporte do seu funcionamento e da prestação de serviços (não jurisdicionais) às partes em caso de litígio.

O ter-se deixado de aplicar o processo sumaríssimo às sentenças arbitrais, sem distinção, e o vir após revogação do mesmo a sujeitar-se a execução das sentenças arbitrais a um processo sumário mais complexo, com agravante de ter-se definido como regra a aplicação do processo ordinário, que afecta directamente as sentenças arbitrais proferidas por tribunais judiciais directamente constituídos pelas partes, é um constrangimento sério de regime à arbitragem voluntária. A fase de execução forçada de sentença arbitral não se conforma com o sentido de sistema que a LACM pretendeu dar à arbitragem voluntária, prejudicando a celeridade, flexibilidade, adequabilidade e a privacidade ou restrição, próprias do processo arbitral em arbitragem voluntária, em especial com relação aos processos submetidos a tribunais *ad hoc.*

11. Reconhecimento de sentença arbitral estrangeira

A revisão e confirmação de sentença proferida por tribunais ou árbitros estrangeiros é o regime regra definido pelo CPC, que, no entanto, admite que por convenção ou tratado internacional de disponha de modo diferente[80]. Tendo Moçambique aderido à Convenção de Nova

---

[79] Tomás Luís Timbane, *A Revisão do Processo Civil*, p. P. 81 e 82., Faculdade de Direito da Universidade Eduardo Mondlane, 2007, Maputo.

[80] CPC, a. 49.

A *Arbitragem Voluntária em Moçambique: Quadro Normativo e Perspectivas* 73

York, de 1958, a 10 de Junho de 1998, com reserva de reciprocidade, o regime de reconhecimento de sentenças estrangeiras é o que se estabelece nesta Convenção, com a ressalva de a sentença estrangeira objecto de reconhecimento ter sido proferida por tribunal originário de estado também signatário da referida Convenção.

12. Regulamentos de instituições de arbitragem

12.1. As pessoas jurídicas podem constituir centros de arbitragem, aprovando os estatutos e adoptando os demais procedimentos gerais aplicáveis, desde que tenham como fim constitutivo, exclusivamente a arbitragem, conciliação e mediação[81].

Os centros constituídos nesses termos podem gerir centros de arbitragem, com salvaguarda a esfera da actividade jurisdicional própria dos árbitros. Aos centros de arbitragem cabe exercer funções de regulação, aprovando regulamentos cuja aplicação depende de convenção das partes que pretendam a resolução de litígios segundo regras constantes desses regulamentos, e prestar serviços de gestão e de apoio técnico e logístico aos processos de arbitragem a decorrer no centro.

Nestes termos são, a título de exemplificação, instrumentos reguladores, aprovados pelo Conselho de Administração ou órgão da instituição a que se atribua poderes de aprovação: estatutos, regulamento de arbitragem (e/ou regulamento de mediação e conciliação; regulamento deontológico dos árbitros; regulamento de custas.

12.2. No que se refere á arbitragem voluntária, em geral, á conferido ao Ministro da Justiça poder de fiscalização superveniente dos centros de arbitragem[82]. No exercício deste poder de fiscalização, o Ministro da Justiça pode ordenar o encerramento de centro de arbitragem que revele não reunir as condições técnica ou de idoneidade para o exercício das funções de arbitragem que lhes estejam cometidas por lei.

Esta opção teve como critério a liberdade de constituição e a autonomia e independência dos centros de arbitragem. Assim, foi possível

---

[81] LACM, a. 69, no. 1 e LT, a. 181, no. 2.
[82] LACM, a. 69, no. 2.

74 *II Congresso do Centro de Arbitragem da Câmara de Comércio e Indústria*

iniciar a arbitragem comercial e desenvolvê-la sem esperar pela aprovação da regulamentação da Lei e outras formas de intervenção na administração e operação dos centros de arbitragem[83].

12.3. Em Moçambique apenas existem, até ao presente, dois centros de arbitragem, um em Maputo e outro na Beira, criados ambos por iniciativa da Confederação das Associações Económicas (CTA) em 2002 e 2008, respectivamente.

Pode depreender-se de relatório sobre o desempenho do Centro de Arbitragem, Conciliação e Mediação de Maputo (CACM) que há um crescimento significativo em termos percentuais de casos submetidos a arbitragem conduzida por este Centro, sendo as custas respectivas qualificadas como baixas, especialmente com relação a causas de maior valor[84]. O tempo médio de resolução dos conflitos que lhe tenham sido submetidos mostra também quão célere são os procedimentos arbitrais por comparação com os judiciais[85].

13. Perspectivas

13.1. Tendo por base a análise desenvolvida supra, pode tecer-se algumas considerações sobre perspectivas do quadro normativo da arbitragem voluntária em vigor em Moçambique. Naturalmente que não se pretende aqui fazer futurismo mas tão só um exercício de análise complementar ao que anteriormente está explicitado, tendo em conta o regime geral e os regimes especiais da arbitragem voluntária.

13.2. A arbitragem voluntária, enquanto regime geral, mas sobretudo como regime em aplicação efectiva aos conflitos emergentes das

---

[83] O exercício da arbitragem laboral, diferentemente da arbitragem comercial, está dependente da aprovação da regulamentação da Lei no. 23/2007, de 1 de Agosto 9ª. 129).

[84] Reporta-se que o número de casos submetidos pelo CACM cresceu de 140% de 2004 a 2005 e de 108%, de 2005 a 2006, com custas médias no valor de 2.5% do valor da causa, enquanto que nos tribunais foram avaliadas em 132,1 % (Relatório do Banco Mundial *Doing Business 2007), em* Mário Ussene, *Relatório sobre Mecanismos Alternativos de Resolução de Disputas,* de 28 de Outubro de 2006, CACM.

[85] Idem, reportando que o tempo médio de resolução de caso pela via da arbitragem é de 100 dias, enquanto que nos tribunais judiciais é de 1010 dias!

relações de comércio, em sentido amplo, continuarão a desenvolver-se, prevendo-se que o seu crescimento venha a ser significativo. O crescente interesse pela inclusão de cláusula compromissória nos contratos é expressão de que futuramente serão muito mais relações controvertidas levadas a arbitragem, como meio alternativo de resolução de litígios. Favorece-o o quadro normativo em vigor, apesar de, a seu tempo, a LACM vir a merecer aperfeiçoamentos, quer no que se refere ao seu próprio texto, quer no que se refere a matérias que a prática da realização de arbitragens, sobretudo através de instituições especializadas, possa vir a suscitar, a partir da experiência que se adquira.

De entre estas destacam-se as questões sobre o exercício de poderes dos tribunais arbitrais para a obtenção de prova, designadamente com relação a envolvimento de terceiros. Prende-se com este aspecto as relações entre os tribunais arbitrais e os tribunais judiciais, em particular, cuja clarificação doutrinal e através de formação jurídica específica em arbitragem com relação a magistrados do Sector da Justiça deve ser desenvolvido, antes que se caia na tentativa de fazer propostas de alterações pontuais e apressadas da LACM.

Efectivamente, as iniciativas legislativas que se verificaram posteriormente à LACM com efeitos sobre o seu regime tiveram um cunho conservador, constrangendo o processo arbitral e a execução da sentença arbitral, sempre que esteve em questão o balanço de relações de poder jurisdicional entre os tribunais do estado e os tribunais arbitrais, privados mas com poderes de jurisdição. Neste aspecto, é particularmente expressivo o tratamento desigual dado pelo CPC, na sua revisão de 2007, às sentenças arbitrais proferidas por tribunais directamente constituídos pelas partes que estão sujeitas ao processo executivo ordinário, em lugar de o estarem ao processo executivo sumário, tal como sucede com os tribunais arbitrais constituídos com o suporte de instituições especializadas de arbitragem. Acrescem os efeitos de maior complexidade e morosidade que estes novos regimes vão causar, tanto mais que já não mais poderá aplicar-se à execução de sentenças arbitrais o processo sumaríssimo, por ter sido eliminado das regras da lei processual civil.

É provável que a arbitragem voluntária venha a ser também aplicada a outros direitos disponíveis e transaccionáveis, em outros domínios das relações jurídicas de direito privado, para além das relações de comércio. Poderá ser, por exemplo, o domínio das relações de direito civil de natureza patrimonial.

13.3. A arbitragem administrativa tenderá a ser muito selectiva e a aplicar-se sobretudo no domínio de relações de direito privado em que o Estado venha a ser autorizado a agir como particular. Pelo que se verifica presentemente, a arbitragem em regime administrativo poderá vir a desenvolver-se com relação a relações entre o Estado e nacionais, bem como no âmbito de conflitos em relações de direito administrativo no âmbito de contratos administrativos, em especial no que se refere a concessões (de recursos naturais e infra-estruturas públicas estratégicos).

Os investidores estrangeiros tenderão por norma a evitar que se aplique a arbitragem em regime administrativo às relações de que sejam sujeitos, especialmente no âmbito do investimento estrangeiro, pelas razões acima referidas, admitindo expressamente a lei de que recorram a arbitragem internacional. Para o efeito e nas relações controvertidas do âmbito do investimento estrangeiro, o investidor estrangeiro fará uso da legislação de investimentos do País e de legislações especiais sectoriais, hoje o petróleo, que permitam recorrer a arbitragem por organismos internacionais reconhecidos na lei moçambicana.

Esta tendência poderá reforçar-se à medida de uma maior necessidade de investimento estrangeiro em sectores estratégicos da exploração de recursos naturais, energia e infra-estruturas públicas.

Os contratos administrativos serão uma campo de negociação em que será fértil a busca de cláusulas compromissórias mais aceitáveis em face dos interesses frequentemente divergentes, do Estado e do investidor, e do quadro legal vigente.

No domínio das relações tributárias, em resultado da admissibilidade recente de contratos fiscais, ainda que a lei nada mais faça senão mencioná-los, mas dado também já existir reconhecimento legal da figura de contrato (de investimento/fiscal) regulador de grandes projectos de investimentos e benefícios fiscais excepcionais que lhe possam estar associados, e uma prática de celebração de contratos de investimento/ /fiscais nos quais se acordam benefícios fiscais excepcionais para grandes projectos, nas condições legalmente fixadas para a sua elegibilidade, que se venha, a seu tempo, a admitir regime especial de arbitragem fiscal para o efeito. A admitir-se, é plausível que o regime que se vier a adoptar para uma arbitragem voluntária fiscal tenha controlo do tipo do que se verifica para a arbitragem administrativa, ou que se estenda àquela, em parte, o regime desta. A ser assim, relativamente ao investimento estrangeiro, desenvolver-se a mesma tendência que em relação à arbitragem administrativa, referida no parágrafo anterior.

Não se prevê que haja alteração sobre a admissibilidade de recurso a arbitragem internacional e a sua aplicação a relações controvertidas entre o Estado Moçambicano e investidores de outros Estados, nos termos como vem presentemente regulado na lei.

13.4. A arbitragem laboral terá o seu início para período relativamente breve, podendo já ter sido iniciada, não fosse a demora na regulamentação pelo Governo. Esta demora é indicador de que a regulamentação tenderá a manter, sempre que possível, a influência do Estado, especialmente através dos regulamentos e dos seus poderes e formas de representação na Comissão de Mediação e Arbitragem e órgãos de mediação e arbitragem. Os comités arbitrais e árbitros, terão no entanto uma missão a desenvolver que tem por base a experiência dos tribunais do trabalho, e, sem menosprezá-la, vão carecer de muito aprendizado.

O reconhecimento de sentenças arbitrais de tribunais ou árbitros estrangeiros continuará a manter-se, naturalmente, verificando-se no entanto um maior número de casos e a criação de uma jurisprudência nacional sobre a matéria a partir dos casos que venham a ser objecto de reconhecimento pelo Tribunal Supremo, instância judicial competente para, com base na harmonização introduzida pela Convenção de Nova York, de 1958, à qual Moçambique aderiu com reserva de reciprocidade, a 10 de Junho de 1998, e do CPC, cujo texto já ajustado pela revisão de 2005, proceder aos reconhecimentos que lhe sejam interpostos.

Muito obrigado

2º Painel

RUI CHANCERELLE DE MACHETE

Admissibilidade e limites da arbitragem voluntária nos contratos públicos e nos actos administrativos
PROF. DOUTOR PAULO OTERO

A arbitragem voluntária no âmbito do Código da Propriedade Industrial
DR. CÉSAR BESSA MONTEIRO

Apresentação do novo Regulamento de Arbitragem do Centro de Arbitragem Comercial
PROF. DOUTOR JOÃO CALVÃO DA SILVA

ADMISSIBILIDADE E LIMITES DA ARBITRAGEM VOLUNTÁRIA NOS CONTRATOS PÚBLICOS E NOS ACTOS ADMINISTRATIVOS[*]

PAULO OTERO[**]

I. DELIMITAÇÃO

1.1. O tema sobre o qual versa a nossa intervenção respeita à arbitragem de litígios emergentes de relações jurídico-administrativas, isto é, de situações jurídicas controvertidas envolvendo a aplicação do Direito Administrativo.

Fora do âmbito de análise situam-se os litígios resultantes de relações jurídicas de Direito Privado em que Administração Pública seja parte, sem prejuízo de, em tais hipóteses, esse Direito Privado aplicado pelas entidades públicas assumir, por imperativo constitucional decorrente da necessária e indispensável prossecução do interesse público, uma publicização (ou administrativização) aplicativa.

1.2. Sublinhe-se, no entanto, que a arbitragem envolvendo pessoas colectivas públicas, desde que tenha por objecto litígios respeitantes a relações de Direito Privado, se encontra expressamente prevista no artigo 1.º, n.º 4, da Lei n.º 31/86, de 29 de Agosto (Lei da Arbitragem Voluntária):

---

[*] O presente texto corresponde, salvo pontuais aditamentos, ao conteúdo da conferência proferida, em 4 de Julho de 2008, no II Congresso do Centro de Arbitragem da Câmara de Comércio e Indústria Portuguesa, num painel moderado pelo Senhor Dr. Rui Chancerelle de Machete, a quem se agradece o honroso convite.

[**] Prof. Catedrático da Faculdade de Direito da Universidade de Lisboa.

formula-se aqui, por conseguinte, um princípio geral de admissibilidade deste tipo de arbitragem voluntária na ordem jurídica portuguesa.

Neste contexto, a arbitragem de litígios que digam respeito a pessoas colectivas públicas no âmbito de relações jurídico-privadas pode incidir sobre dois principais grupos de matérias:

(i) Interpretação, validade e execução de actos jurídicos (unilaterais ou bilaterais) de Direito Privado;

(ii) Responsabilidade civil por actos de gestão privada de entidades públicas.

1.3. Circunscreveremos a análise subsequente, todavia, apenas à arbitragem de litígios emergentes de relações de Direito Administrativo.

II. EVOLUÇÃO DA ARBITRAGEM ADMINISTRATIVA: BREVE SÍNTESE

2.1. Olhando para a perspectiva histórica da evolução da arbitragem administrativa podem recortar-se três fases distintas:

(a) Antes de 1984;

(b) Entre 1984 e 2004;

(c) Após 2004.

Observemos, muito sumariamente, os traços caracterizadores de cada uma destas fases.

2.2. (a) Primeira fase: antes de 1984

Não há durante este período qualquer preceito genérico habilitando a arbitragem administrativa: acolhe-se uma solução originária do contencioso administrativo francês, fundada no entendimento da natureza de ordem pública da competência dos tribunais administrativos e, neste sentido, indisponível por negócio jurídico.

Esse entendimento dominante viria, no entanto, a sofrer três excepções:

(i) A partir de meados do século XX, a jurisprudência do Supremo Tribunal Administrativo veio reconhecer a validade de cláusulas compromissórias em contratos de concessão de serviço público;

(ii) Essa jurisprudência, sem prejuízo da crítica que lhe foi diri-
gida pelo Prof. Marques Guedes, obteve o acolhimento do
Prof. Marcello Caetano, definindo claramente, no entanto, a
exclusão das questões do contencioso de anulação do domínio
da arbitragem;

(iii) Em 1969, o novo regime da empreitada de obras públicas viria
a reconhecer, por via legislativa, a sujeição à arbitragem de
aspectos periciais no domínio deste tipo de contratos administrativos.

2.3. (b) Segunda fase: entre 1984 e 2004

Com a emanação do novo Estatuto dos Tribunais Administrativos
e Fiscais, aprovado pelo Decreto-Lei n.º 129/84, de 27 de Abril, operou-
se uma revolução no domínio da arbitragem administrativa: o artigo 2.º,
n.º 2, consagrou uma cláusula geral de admissibilidade da arbitragem
administrativa ao nível dos contratos administrativos e da responsabilidade civil por prejuízos decorrentes de actos de gestão pública, incluindo
o contencioso das acções de regresso.

Não obstante este assinalável progresso de afirmação da arbitragem no domínio das relações jurídico-administrativas, continuava ainda
presente o entendimento tradicional a dois níveis:

(i) Fora da esfera de acção da arbitragem ficava o recurso contencioso dos actos administrativos, incluindo dos actos destacáveis
do procedimento pré-contratual e ainda dos actos administrativos de execução dos contratos administrativos;

(ii) Firma-se o entendimento da incompatibilidade entre um juízo
de ilegalidade e o julgamento arbitral segundo a equidade.

Não é verdade, porém, que os tribunais arbitrais durante este
período não emitissem juízos de ilegalidade ou invalidade sobre formas
jurídicas de actuação administrativa:

– Por um lado, a validade dos contratos administrativos, podendo
ser conhecida no âmbito da arbitragem, envolvia a emissão de
um juízo sobre a legalidade ou ilegalidade de uma tal forma de
actuação administrativa – suscita-se aqui, no entanto, uma inevitável interrogação: o que haverá de estruturalmente diferente
entre um juízo de invalidade sobre um contrato administrativo e
um idêntico juízo se formulado a respeito de um acto administrativo?

84   *II Congresso do Centro de Arbitragem da Câmara de Comércio e Indústria*

– Por outro lado, era mesmo possível que o juízo de invalidade do tribunal arbitral incidisse sobre actos administrativos, a título incidental, isto no âmbito das acções de responsabilidade extra-contratual por actos de gestão pública: o que é aferir a existência de um acto lícito ou ilícito se não, afinal, um juízo sobre a validade ou a invalidade do acto em causa?

Apesar de tais "aberturas" da arbitragem administrativa ao controlo da legalidade de condutas jurídicas da Administração Pública regidas pelo Direito Administrativo, o certo é, no entanto, que existia um ordenamento globalmente dominado por um espírito de receio ou de desconfiança em permitir que os tribunais arbitrais se pronunciassem, a título principal, sobre a validade/invalidade de actos administrativos.

E esse mesmo espírito acabaria por também estar presente, apesar de algumas excepções, na reforma do contencioso administrativo de 2002/2003.

2.4. (c) Terceira fase: após 2004

A entrada em vigor do novo Código de Processo nos Tribunais Administrativos, aprovado pela Lei n.º 15/2002, de 22 de Fevereiro, permite, nos termos dos seus artigos 180.º e 182.º, extrair quatro ideias nucleares[1]:

1ª) O novo regime da arbitragem acolheu integralmente as soluções do Estatuto dos Tribunais Administrativos de Fiscais de 1984, incluindo agora uma expressa referência, no âmbito das questões respeitantes a contratos, à apreciação dos actos administrativos relativos à respectiva execução: os tribunais arbitrais podem agora conhecer, a título principal, de legalidade ou invalidade deste tipo de actos administrativos;

2ª) Permite-se agora, pela primeira vez, que os tribunais arbitrais possam conhecer de "questões relativas a actos administrativos que possam ser revogados sem fundamento na sua invalidade, nos termos da lei substantiva";

3ª) A existência de contra-interessados que não aceitem o compromisso arbitral trava a existência de arbitragem: aos contra-inte-

---

[1] Para mais desenvolvimentos, cfr. PAULO OTERO, *Legalidade e Administração Pública: o sentido da vinculação administrativa à juridicidade*, Reimp., Coimbra, Almedina, 2007, pp. 1058 ss.

Admissibilidade e Limites da Arbitragem Voluntária nos Contratos Públicos... 85

ressados é conferido, deste modo, um verdadeiro poder de veto sobre a arbitragem administrativa;

4ª) Confere-se aos interessados um direito a exigir da Administração a celebração de compromisso arbitral, "nos termos da lei", retirando-se, por efeito desta última expressão, aplicabilidade directa a um tal direito: o direito dos interessados à outorga de compromisso arbitral encontra-se refém da lei, sem que o interessado tenha meios processuais para exigir do legislador a sua emanação ou condenar a Administração à celebração do compromisso na falta da lei, nem goze, por último, nos termos da nova lei da responsabilidade extracontratual do Estado, de qualquer direito a ser indemnizado pela omissão legislativa.

2.5. Idem: sequência

Tendo presente o regime hoje vigente da arbitragem administrativa, a nossa intervenção subsequente vai centrar-se na análise dos três seguintes aspectos referentes à intervenção dos tribunais arbitrais sobre contratos públicos e actos administrativos:
– O controlo da legalidade;
– O controlo do mérito;
– A relevância da equidade.

III. REGIME VIGENTE DA ARBITRAGEM ADMINISTRATIVA E CONTROLO DA LEGALIDADE

3.1. Nos termos do Código de Processo nos Tribunais Administrativos, aprovado pela Lei n.º 15/2002, de 22 de Fevereiro, o controlo da legalidade pelos tribunais administrativos mostra-se passível de incidir sobre três diferentes situações:

(i) A legalidade de contratos de direito público;

(ii) A legalidade de actos administrativos de execução de contratos de direito público;

(iii) A legalidade, a título incidental, dos actos regidos pelo Direito Público que servem de fundamento a questões de responsabilidade civil extracontratual de pessoas colectivas públicas.

3.2. Encontra-se excluído do âmbito da arbitragem administrativa, segundo uma solução legislativa que visa respeitar a tradição jurídica nacional, o controlo da legalidade das seguintes formas de actuação jurídica da Administração Pública:

(i) Os actos administrativos destacáveis do procedimento pré-contratual;

(ii) Os actos administrativos com objecto passível de contrato administrativo;

(iii) Todos os restantes actos administrativos susceptíveis de acção administrativa especial;

(iv) O controlo da legalidade, a título principal, de normas regulamentares.

3.3. A exclusão do âmbito da arbitragem administrativa do controlo, a título principal, da legalidade das normas regulamentares não pode fazer esquecer, no entanto, que, nos termos da ordem jurídica portuguesa, os tribunais arbitrais têm sempre competência para efectuar uma fiscalização incidental da legalidade de normas, isto nos seguintes termos:

(i) Os tribunais arbitrais – à semelhança do que sucede como qualquer outro tipo de tribunais – têm o poder e o dever de recusar a aplicação de quaisquer normas que considerem inconstitucionais: o sistema difuso de fiscalização da constitucionalidade previsto no artigo 204.º da Constituição envolve também o reconhecimento de uma norma de competência a favor dos tribunais arbitrais em matéria de controlo da validade jurídico-constitucional de todas as normas que são chamados a aplicar;

(ii) Em igual sentido, os tribunais arbitrais também procedem a uma fiscalização difusa da legalidade das normas que, previstas no artigo 280.º, n.º 2, da Constituição, sejam chamados a aplicar;

(iii) Mostra-se hoje discutível – ao invés do que antes sucedia face ao artigo 4.º, n.º 3, do Estatuto dos Tribunais Administrativos e Fiscais de 1984 –, que os tribunais arbitrais tenham também uma competência de fiscalização difusa e incidental da legalidade de todas as restantes normas que contrariem outras de hierarquia superior – propendemos, no entanto, a responder em sentido afirmativo, reconhecendo aos tribunais arbitrais o poder de recusar a aplicação de quaisquer normas que considerem ilegais, isto sob pena de se criar um sistema em que (tal como sucede com os órgãos da Administração Pública[2]) os tribunais se encontrariam obrigados a aplicar normas inválidas.

Ora, em qualquer destas hipóteses, verificando o tribunal arbitral a invalidade da norma jurídica que fundamenta a actuação administrativa, haverá aqui lugar a uma invalidade consequente ou derivada dessa mesma actuação: os contratos, os actos e os regulamentos administrativos fundados em normas inválidas estarão, também eles próprios, feridos de invalidade. E os tribunais arbitrais podem conhecer de tais invalidades consequentes ou derivadas, extraindo os devidos efeitos no caso concreto a decidir e, no que respeita à decisão final, ao nível do possível recurso da questão jurídica de constitucionalidade ou legalidade (nos casos do artigo 280.º da Constituição) junto do Tribunal Constitucional.

Mais: uma vez que, desde de 1976, a Constituição confere a todos os tribunais essa competência de fiscalização difusa da constitucionalidade, pode afirmar-se que desde então os tribunais arbitrais podem conhecer de tais situações de invalidade consequente ou derivada de actuações administrativas fundadas em normas inconstitucionais[3].

3.4. A circunstância de, ao contrário do entendimento tradicional, a ordem jurídica portuguesa conferir também aos tribunais arbitrais a faculdade de determinar a invalidade derivada ou consequente de actos administrativos, desde que fundados em normas inválidas cujo conhecimento integra a competência dos tribunais arbitrais, pode mostrar-se especialmente importante para a futura configuração legislativa dos centros de arbitragem permanentes previstos no artigo 187.º do Código de Processo nos Tribunais Administrativos: em matérias de funcionalismo público, protecção social pública e urbanismo, o legislador poderá estender a arbitragem a questões de legalidade de actos administrativos.

Oxalá o legislador tenha a coragem para o fazer.

---

[2] Para mais desenvolvimentos, neste sentido, cfr. PAULO OTERO, *Legalidade e Administração Pública*, pp. 639 ss., em especial, pp. 707 ss.

[3] Em boa verdade, uma vez que a própria Constituição de 1933 também tinha um sistema de fiscalização difusa da inconstitucionalidade material, igualmente durante o seu período de vigência se poderia ter assistido a um desenvolvimento deste tipo de fiscalização incidental e derivada da legalidade das condutas administrativas fundadas em normas materialmente contrárias ao texto constitucional por parte dos tribunais arbitrais. Nada disso, porém, se verificou.

IV. REGIME VIGENTE DA ARBITRAGEM ADMINISTRATIVA E CONTROLO DO MÉRITO

4.1. O artigo 3.º, n.º 1, do Código de Processo nos Tribunais Administrativos estabelece o princípio geral de que os tribunais administrativos julgam do cumprimento pela Administração Pública da juridicidade a que se encontra vinculada, encontrando-se excluído do seu âmbito julgar da conveniência ou da oportunidade da actuação administrativa.

Pode, todavia, colocar-se a questão de saber se, no âmbito da arbitragem administrativa, será possível o conhecimento de vícios de mérito: será que através dos tribunais arbitrais o legislador permite que, em matéria de litígios jurídico-administrativos, o julgador conheça da conveniência ou oportunidade da actuação administrativa?

Será que através da arbitragem administrativa a lei permite introduzir uma excepção ao princípio geral formulado no artigo 3.º, n.º 1, do Código de Processo nos Tribunais Administrativos?

4.2. Tendo presente o disposto no artigo 180.º, n.º 1, alínea c), do Código de Processo nos Tribunais Administrativos, respondemos em sentido afirmativo à interrogação colocada: estando em causa "questões relativas a actos administrativos que possam ser revogados sem fundamento na sua invalidade, nos termos da lei substantiva", a lei permite que os tribunais arbitrais – ao invés do que sucede com os tribunais do Estado – possam conhecer de questões de inconveniência ou inoportunidade relativas a actos administrativos revogatórios.

Com efeito, olhando para o disposto na mencionada disposição legal, verifica-se que um acto administrativo pode ser revogado sem fundamento na sua invalidade, nos termos da lei substantiva, em dois cenários:

(i) Tratando-se de um acto válido – não se pode revogar como inválido aquilo que é válido;

(ii) Tratando-se de um acto anulável, depois de consolidada essa invalidade na ordem jurídica, a sua revogação com fundamento em invalidade passa a ser proibida por lei.

Em qualquer desses cenários, salvo tratando-se de actos constitutivos de direitos ou de interesses legalmente protegidos ou ainda de actos de existência obrigatória por lei, a Administração Pública pode, por razões de inconveniência ou inoportunidade, proceder à sua revogação. Em tais casos, o artigo 180.º, n.º 1, alínea c), do Código de Processo nos

Tribunais Administrativos abre agora a possibilidade de os tribunais arbitrais conhecerem da inoportunidade ou da inconveniência da revogação de tais actos administrativos.

4.3. Por esta via, conclua-se, o ordenamento jurídico veio introduzir a figura dos vícios de mérito no Direito Administrativo português, atribuindo à competência dos tribunais arbitrais o conhecimento de tais situações perante actos administrativos revogáveis com fundamento em inconveniência e inoportunidade.

Cerca de cinquenta anos depois de o Prof. Rogério Soares ter defendido a existência de vícios de mérito no Direito Administrativo, nos termos da sua dissertação de doutoramento, "Interesse Público, Legalidade e Mérito", datada de 1955, eis que, por via da reforma do regime da arbitragem administrativa, passou essa concepção a ter expressa consagração legal.

V. REGIME VIGENTE DA ARBITRAGEM ADMINISTRATIVA E RELEVÂNCIA DA EQUIDADE

5.1. Importa começa por esclarecer que, tal como já tivemos oportunidade de escrever[4], a equidade pode, no âmbito da arbitragem administrativa, assumir um papel *contra legem*:

(i) Esse é o sentido histórico subjacente à sua origem, desde Aristóteles, S. Tomás de Aquino e Francisco Suárez, sendo o iluminismo e o posterior positivismo legalista que promoveram o banimento da equidade, subordinando-a à lei[5]: na sua origem, porém, a equidade assume "uma função rectificadora da justiça legal"[6], e, por essa via, passível de desempenhar uma postura *contra legem*;

---

[4] Cfr. PAULO OTERO, *Legalidade e Administração Pública*, pp. 1062 ss.

[5] Para mais desenvolvimentos sobre a origem e evolução histórica da equidade, cfr. PAULO OTERO, *Equidade e arbitragem administrativa*, in *Estudos em Homenagem ao Prof. Doutor Paulo Cunha* (no prelo).

[6] Cfr. ARISTÓTELES, *Ética a Nicómaco*, Quetzal Editores, Lisboa, 2004, 1137b10 (p. 129).

(ii) Esse é também o sentido sistemático da equidade no Direito Público português: o artigo 282.º, n.º 4, da Constituição e o artigo 76.º, n.º 2, do Código de Processo nos Tribunais Administrativos permitem observar que a equidade, sendo passível de "temperar" ou "mitigar" os efeitos decorrentes da violação dos princípios da constitucionalidade e da legalidade, pode comportar uma função habilitante da existência de efeitos *contra legem* ou *contra constitutionem* no ordenamento jurídico[7] – o sistema jurídico possibilita que, no domínio do contencioso constitucional e administrativo, a equidade, rectificando ou corrigindo a solução típica da norma jurídico-positiva, exerça, desde que exista intervenção judicial, uma função *contra legem* ou contra *constitutionem*.

5.2. No âmbito da arbitragem administrativa, a relevância da equidade pode traduzir-se nos seguintes principais aspectos:

(i)   Envolver a adaptabilidade, suavização ou correcção da solução emergente da lei, isto atendendo a razões de justiça do caso concreto;

(ii) Pode incidir em termos substantivos, isto quanto ao julgamento do mérito das questões colocadas pelo litigio, ou ao nível das regras adjectivas reguladoras do processo de decisão arbitral;

(iii) A intervenção *contra legem* da equidade representa sempre, todavia, ainda uma forma de aplicar a lei que permite submeter o julgamento de certo tipo de litígios à equidade;

(iv) A equidade pode mesmo mostrar-se especialmente operativa ao nível da moldagem ou reconfiguração dos efeitos típicos da invalidade administrativa.

Centremos a nossa atenção, por um breve instante, neste último aspecto.

---

[7] Neste sentido, e para mais desenvolvimentos, cfr. PAULO OTERO, **Legalidade e Administração Pública**, pp. 1010 ss. e 1061-1062.

5.3. Olhando para o ordenamento jurídico português, podemos registar dois exemplos de relevância da equidade ao nível da reconfiguração dos efeitos típicos da invalidade:

   (i) Um primeiro exemplo pode designar-se como sendo de equidade expressamente incorporada na ordem jurídica: trata-se da solução contida do artigo 134.º, n.º 3, do Código do Procedimento Administrativo, permitindo que, por razões de decurso do tempo, e segundo os princípios gerais de Direito, se reconheçam certos efeitos de facto a actos nulos – trata-se aqui, em boa verdade, de conferir projecção à equidade como fundamento último de "desvio" os efeitos típicos da nulidade;

   (ii) Um segundo exemplo será de equidade não incorporada: perante o efeito anulatório de uma situação de anulabilidade, gerando a consequente eliminação retroactiva dos efeitos do acto da Administração Pública, o tribunal arbitral poderá, em nome da equidade – segundo um argumento por maioria de razão face às situações de nulidade e de inconstitucionalidade –, restringir o carácter retroactivo dos efeitos da anulação.

Em qualquer das situações, a equidade permitirá sempre ao julgador, atendendo a razões decorrentes da justiça do caso concreto, reconfigurar os efeitos típicos da invalidade administrativa.

A ARBITRAGEM NA PROPRIEDADE INDÚSTRIAL

CÉSAR BESSA MONTEIRO[*]

Código da Propriedade Industrial em vigor desde 1 de Julho de 2003 foi o primeiro diploma legal a prever expressamente o recurso à arbitragem para a resolução de litígios na área da Propriedade Industrial. Nem o Código de 1940 nem o de 1995 previam tal recurso.

No entanto, antes de 2003 não era, por principio, vedado às partes recorrerem à arbitragem para a resolução de litígios no âmbito da Propriedade Industrial.

Podiam fazê-lo ao abrigo da legislação sobre arbitragem, designadamente a Lei 31/86 de 29/08 – Lei de Arbitragem Voluntária.

A ausência do recurso á arbitragem nestas matérias fica a dever-se à falta de iniciativa dos interessados e não à falta de enquadramento legal ou à inexistência de entidades vocacionadas para o efeito.

O n.º 1 do art.º 1.º da Lei 31/86 dispõe que qualquer litigio – e portanto os relacionados com a Propriedade Industrial – pode ser submetido à arbitragem voluntária, desde que por lei especial não seja submetido exclusivamente a tribunal judicial, arbitragem necessária, e não respeite a direitos indisponíveis.

Existem, por outro lado, desde há muito, Centros de Arbitragem Institucionalizada com competência para resolver litígios relacionados com a Propriedade Industrial.

É o caso do Centro de Arbitragem Institucionalizada da APDI – Associação Portuguesa de Direito Intelectual que tem como função promover com carácter especializado, a resolução por via arbitral ou de

---

[*] Advogado

mediação, de litígios relacionados directa ou indirectamente com a Propriedade Intelectual, nomeadamente no domínio da Propriedade Industrial.

Funcionam outros Centros com a mesma competência, nomeadamente o ARBITRARE – Centro de Arbitragem para a Propriedade Industrial, Nomes de Domínio, Firmas e Denominações, criado por despacho de 22/10/2008 do Secretário de Estado da Justiça.

O próprio centro de Arbitragem Comercial da Câmara de Comércio e Indústria Portuguesa tem competência para promover a resolução por via arbitral de litígios relacionados com a Propriedade Industrial.

E seria sempre possível o recusrso à arbitragem AD HOC para a resolução destes litígios.

De acordo com a redacção dos art.ºs 48.º e 49.º do Código da Propriedade Industrial em vigor, pode ser constituído Tribunal Arbitral para o julgamento de todas as questões susceptíveis de recurso judicial.

Excepcionam-se os casos em que existem contra-interessados, salvo se estes aceitarem o compromisso arbitral.

O interessado na arbitragem pode requerer celebração de compromisso arbitral, nos termos da Lei da Arbitragem.

O requerimento para a celebração de compromisso arbitral suspende o prazo de recurso judicial.

A outorga de compromisso arbitral por parte do Instituto Nacional da Propriedade Industrial é objecto de despacho do respectivo Presidente do Conselho Directivo.

Pode ser determinada a vinculação genérica do Instituto a Centros de Arbitragem Voluntária institucionalizada por meio de portaria do Ministério da Justiça.

A portaria estabelecerá o tipo e o valor máximo dos litígios.

O Tribunal Arbitral é constituído e funciona nos termos previstos na Lei da Arbitragem Voluntária.

A inclusão, de modo algo atabalhoado, de tais artigos no Código da Propriedade Industrial teve, a nosso ver, a intenção de prever, de forma expressa, a possibilidade do uso da arbitragem em sede de recurso das decisões do Instituto Nacional da Propriedade Industrial, designadamente dos despachos de concessão, recusa ou extinção dos direitos privativos de propriedade industrial.

A criação do Centro de Arbitragem ARBITRARE veio ao encontro da referida intenção.

A Arbitragem na Propiedade Indústrial 95

Todavia, será conveniente confrontar a possibilidade de recurso à arbitragem para sindicar as decisões do INPI com o disposto nos arts. 39.º e 40.º do Código da Propriedade Industrial.

Dispõe o artigo 39.º do Código da Propriedade Industrial que cabe recurso, de plena jurisdição, para o tribunal competente, das decisões do Instituto Nacional da Propriedade Industrial:

➢ Que concedam, recusem direitos de Propriedade Industrial.
➢ relativas às transmissões, licenças, declarações de caducidade ou quaisquer outros actos que afectem, modifiquem ou extingam direitos de propriedade industrial.

Por sua vez, estipula o artigo 40.º do mesmo diploma que para os recursos previstos no art. 39.º é competente o Juízo da Propriedade Intelectual do Tribunal da Comarca de Lisboa, salvo quando exista na comarca respectiva, juízo da propriedade intelectual.

Sem pretendermos entrar, nesta sessão, na questão da obscuridade e imprecisão da redacção deste artigo 40.º – afinal não se percebe o que se pretende significar quando se diz "salvo quando exista na comarca..." quando se sabe que o INPI se situa em Lisboa – conclui-se que a competência para decidir dos recursos sobre decisões do INPI que concedam, recusem, modifiquem direitos privativos de Propriedade Industrial é cometida, por lei, ao Juízo de Propriedade Intelectual do Tribunal da Comarca de Lisboa, designadamente por força do art. 40.º do Código da Propriedade Industrial.

Ora tal imperativo parece por em causa a intenção expressa no art. 48.º e 49.º do Código da Propriedade Industrial, relativo à possibilidade de uso da arbitragem nos recursos das decisões do INPI, uma vez que pelo mesmo diploma legal é atribuída jurisdição ao Juízo de Propriedade Intelectual da Comarca de Lisboa para apreciar de tal matéria.

A Jurisprudência e a Doutrina irão resolver, se for caso disso, o que nos parece ser um imbróglio causado pelo menor cuidado no tratamento da questão por quem devia fazer as leis com clareza.

Como já se referiu, a nova redacção do art. 48.º do C.P.I. que refere expressamente a possibilidade de a impugnação dos actos do INPI ser decidida por arbitragem tem de ser apreciada conjuntamente com a criação do ARBITRARE – Centro de Arbitragem para a Propriedade Industrial, Nomes de Domínio, Firmas e Denominações.

96 *II Congresso do Centro de Arbitragem da Câmara de Comércio e Indústria*

O ARBITRARE foi, já se disse, criado por despacho de 22 de Outubro de 2008 e tem como particularidades:

A possibilidade de a arbitragem ser processada on-line e haver audiências por videoconferência;

A faculdade de utilização da língua portuguesa ou inglesa, sendo a decisão proferida em português;

> O Centro poderá resolver litígios internacionais, entre duas entidades estrangeiras;

> O Tribunal Arbitral é composto, em principio, por um árbitro único, designado da lista de árbitros do Centro de Arbitragem;

> Se as partes o desejarem, podem designar cada uma o seu árbitro (não precisa ser árbitro da lista) e, nesse caso, suportarão os honorários do árbitro que escolherem.

São princípios fundamentais a observar pelo Tribunal os geralmente obrigatórios para qualquer arbitragem, como sejam:

Igualdade entre as partes; o contraditório; a citação para defesa e a audiência prévia à decisão.

Está prevista a possibilidade de o tribunal Arbitral poder decretar providências cautelares, sendo a decisão proferida no prazo máximo de 10 dias.

A criação, estruturação e funcionamento do ARBITRARE inspirou--se, fundamentalmente, no Centro de Arbitragem e Mediação da OMPI – Organização Mundial da Propriedade Intelectual – com sede em Genebra, e nomeadamente no UDRP (regras adoptadas pela ICANN que regulam conflitos de nomes de domínios), e no Centro de Arbitragem para a resolução de litígios relacionados com o nome de domínio. EU com sede em Praga.

Como na ARBITRARE, nos Centros de Arbitragem da OMPI e de Praga, privilegia-se o uso da arbitragem on-line e um só árbitro.

A importância destes Centros de Arbitragem tem vindo a crescer consideravelmente na proporção da cada vez maior relevância dos assuntos que neles de discutem.

Os direitos privativos de propriedade industrial, designadamente as patentes e marcas, constituem activos valiosos das empresas que têm de ser optimizados e salvaguardados, e é inevitável, que sejam cada vez mais frequentes os conflitos relacionados com tais direitos, quer no que respeita à sua titularidade e à sua infracção quer nas questões emergentes de contratos relacionados com os mesmos, vg. contratos de licença, assistência técnica, agência e distribuição.

Certo é, igualmente, que a Internet veio exponenciar a possibilidade da infracção dos direitos privativos e criar novas formas de materialização de elementos contratuais que são regulamentados no aspecto substantivo por diplomas como a Lei do Comércio Electrónico e a Lei de Venda de Bens à Distância.

Neste circunstancialismo a arbitragem tem naturalmente um papel fundamental a desempenhar e a própria arbitragem não escapa à nova realidade trazida pela Internet.

São cada vez mais frequentes as arbitragens on-line, nomeadamente nos Centros de Arbitragem da OMPI e de Praga.

No próprio Centro de Arbitragem da Câmara de Comércio Internacional os assuntos relacionados com a Propriedade Intelectual já representam cerca de 10% dos litígios.

No âmbito da Propriedade Industrial coloca-se, como em outras áreas, a questão da arbitrabilidade dos litígios e tal questão gira à volta de questões como:

- ➤ O interesse publico.
- ➤ A possibilidade de transacção sobre o litigio.
- ➤ A patrimonialidade.
- ➤ Disponibilidade dos direitos.
- ➤ Competências dos tribunais Arbitrais em sede de providências cautelares.

Como se sabe de acordo com a própria Convenção de Nova Iorque sobre o reconhecimento e execução das decisões arbitrais pode ser recusado tal reconhecimento e execução das decisões se no pais da execução se reconhecer que a matéria não é arbitravel [art.º V, 2 a)].

A área da Propriedade Intelectual é uma área em que, em geral, a arbitragem não está excluída e até se justifica.

É indiscutível a possibilidade do recurso à arbitragem em determinadas matérias, tais como a relativa à interpretação e execução de contratos relacionados com direitos privativos: cessão, licença, penhora, franchising, merchandising.

Não se afigura, igualmente, ser controversa a possibilidade de se usar a arbitragem nos litígios sobre a infracção de direitos privativos a dirimir entre titular e infractor. Neste aspecto o que se pode dizer é que o mais difícil será obter o acordo das partes para a realização da arbitragem, nomeadamente o do infractor.

Mais problemático, no entanto, se afigura o uso da arbitragem na apreciação e decisão sobre a invalidade dos direitos privativos de propriedade industrial.

Em Portugal o registo dos direitos privativos é constitutivo e tem efeitos *erga omnes*.

Como, então, sujeitar à arbitragem voluntária a questão da validade de tais direitos? Não nos parece possível.

O Direito Comparado ensina-nos que ao contrário dos países da União Europeia, nos EUA e Suiça têm sido aceites decisões arbitrais sobre invalidade nestes direitos.

O Direito Comparado também nos ensina que as legislações internas aceitam melhor a arbitrabilidade quando o registo não é constitutivo (v.g. Direitos de Autor e Direitos Conexos)

Infelizmente em Portugal, é escassa a discussão sobre esta matéria e não se conhece Doutrina e Jurisprudência relevante sobre a mesma.

No entanto, a arbitragem é um meio por excelência para resolução de conflitos nesta área, nomeadamente, por geralmente se discutirem, como, por exemplo, no caso de infracção de patentes, questões muito especializadas que melhor serão percebidas e avaliadas por árbitros com conhecimentos específicos.

Não é de menor relevância, igualmente, a questão da confidencialidade e, por isso, o art. 52.º do regulamento do Centro da OMPI disciplina de forma muito detalhada a confidencialidade das informações constantes do processo e a sua eventual divulgação.

Finalmente, o recurso mais frequente à arbitragem poderia permitir aliviar os tribunais judiciais de muitos dos processos que neles se encontram pendentes e permitir uma mais rápida realização da justiça.

No entanto, é manifestamente evidente que os interessados só recorrerão à arbitragem se "Quem de Direito" tiver a preocupação e o saber de lhes proporcionar um quadro legal claro e fiável e, igualmente, Centros especializados com prestigio e competência. O que, infelizmente, nem sempre se tem verificado!

Destarte, terminaria com as palavras sábias proferidas pelo Prof. Marc Blessing, Presidente da ASA (Swiss Arbitration Association), na

Conferência sobre Arbitragem e Mediação organizada, em Geneve, em 20 de Janeiro de 1995 pela OMPI (Organização Mundial de Propriedade Intelectual), e na qual tive a oportunidade de participar:

"An arbitration centre, what does it consist of? What is needed for a successful arbitration centre? I submit that, in essence three distinctive elements are required:

(1) First, an arbitration centre needs a perfect, capable and productive back-office administration and organization.

(2) Second, an arbitration centre needs an impeccable and recognized reputation.

(3) Third, and this is in my view by far the most important element – the arbitration centre needs life-blood, it needs a face. In fact, what is the value of an arbitration centre which only has a perfect organization, but does not as such "live"?

What I wish to express here is the thought that I know of no successful arbitral institution, which has gained a world-wide reputation and recognition, except through the outstanding personalities that run the centre and with which the centre and with the centre is identified on the market place of the work.

For instance the **ICC**: What would the ICC be, hat it not had the charismatic Frédéric Eisemann? What would the ICC be without what Me Yves Derains, present with us, has thereafter contributed to it? What would the ICC be without Stephan Bond, also present with us today, and what would the ICC be today without our friend Eric Schwarz who will be a panellist in the today's Conference.

Another example, the **London Court of International Arbitration (LCIA)**: What would the LCIA be without the team of Sir Michael Kerr and Bertie Vigrass; what would it be today without Professor Karl-Heinz Böckstiegel? You cannot imagine it!

Or the **American Arbitration Association**: Could you imagine the AAA without the names of the unforgettable Robert Coulson and without Michael Hoellering?

Other examples: The **Cairo Regional Centre**: What would it be without our friend Mahamed Aboul-Enein, or the **Hong Kong Centre**: What could it be without Beil Kaplan and Peter Caldwell? Of course, this list could be prolonged...

And what about the WIPO Center? Well, here, I would like to congratulate Dr. Arpad Bogsch who, during 1994, made a very wise decision when he decided to entrust the management of the WIPO Arbitration Centre to Francis Gurry".

3º Painel

BASTONÁRIO ANTÓNIO PIRES DE LIMA

**A constituição do tribunal arbitral: características, perfis
e poderes dos árbitros**
BASTONÁRIO JOSÉ MIGUEL JÚDICE

A prova em arbitragem: perspectiva de direito comparado
DR. FILIPE ALFAIATE

**Decisões interlocutórias e parciais no processo arbitral;
possível natureza e objecto**
DR. ANTÓNIO SAMPAIO CARAMELO

A CONSTITUIÇÃO DO TRIBUNAL ARBITRAL: CARACTERÍSTICAS, PERFIS E PODERES DOS ÁRBITROS

JOSÉ MIGUEL JÚDICE[*]

1. RAZÃO DE ORDEM

A reflexão sobre constituição do tribunal arbitral e características, perfis e poderes dos árbitros, pode parecer um tema pouco relevante para quem tenha uma concepção da arbitragem que chamarei arqueológica. Realmente, para quem entenda os tribunais arbitrais como mero sucedâneo dos tribunais judiciais, este tema será considerado – como sobre a Biblioteca de Alexandria pensava o Califa Omar – irrelevante ou perigoso.

Tradicionalmente – e o regime da arbitragem em Portugal antes da Lei 31/86 (Lei da Arbitragem Voluntária ou LAV) apontava claramente nesse sentido – as arbitragens eram entendidas como uma curiosidade a tratar com todas as cautelas, admissíveis quando muito como auxiliares do trabalho dos tribunais verdadeiros e próprios, que deviam ser toleradas como algo que infelizmente seria um sinal dos tempos, mas nunca como possuindo uma justificação em si mesmo. O regime do Título I do Livro IV, "Do tribunal arbitral voluntário" do Código de Processo Civil (CPC), que regulava as arbitragens antes da LAV, e a primeira jurisprudência sobre o tema[1] são disso expressão clara.

---

[*] Advogado e membro da Corte Internacional de Arbitragem da CCI. jmj@plmj.pt www.plmj.com

[1] Ver, pelo interesse histórico os acórdãos do Tribunal da Relação de Lisboa de 21/11/91, relator Pires Salpico e do STJ de 23/3/94, relator Santos Monteiro, de 21/9/95,

104 *II Congresso do Centro de Arbitragem da Câmara de Comércio e Indústria*

Entendendo-se as arbitragens com estes restritos e conservadores critérios, o tema não possui autonomia conceitual que permita distingui--lo do tema do "Bom Juiz". O Juiz becado deveria ser assumido como paradigma e razão de ser do sistema de árbitros; nessa medida, o árbitro deveria copiá-lo, para ser, apenas, um sucedâneo do Magistrado Judicial, mero epifenómeno ou emanação intelectual desse paradigma.

Admitir que o Árbitro possa ser diferente do Juiz em medida suficiente para justificar uma reflexão intelectual e uma autonomização conceitual era, como disse atrás, considerado como um esforço irrelevante (como seria possível outro modelo que não o do Juiz estatal?) ou perigoso (afastar o modelo seria abrir a porta a uma situação desconhecida, criando-se assim um perigoso precedente cujo preço seria provavelmente a denegação de "boa justiça"), pelo que por qualquer destas razões o melhor seria evitar entrar-se por essa via.

Esta filosofia tinha claras implicações práticas. Entre outras, permito-me realçar a opção "natural" pelas arbitragens "ad hoc" (que conduz à escolha do Arbitro Presidente pelo Presidente do Tribunal da Relação na falta de acordo entre as partes ou dos árbitros por elas indicados), a existência de recurso para as decisões arbitrais[2], a tendência inicial dos tribunais para escrutinarem as sentenças arbitrais para além dos restritos casos previstos na LAV[3], o hábito de escolher magistrados judiciais jubilados ou reformados para árbitros e em especial para árbitros presidentes, a defesa da arbitragem apenas como uma necessidade derivada da morosidade da justiça estatal.

Esta tendência arqueológica não foi atributo exclusivo do sistema jurídico português e da sua prática. Pelo contrário, foi uma fase natural e se calhar inevitável no processo de afirmação da arbitragem como forma especial de resolução de litígios, antes de poder passar a ser considerada mais do que isso, uma real forma alternativa à do sistema judicial estatal.

---

relator Costa Marques, de 11/3/99, relator Roger Lopes, e de 17/5/2001, relator Sousa Lopes, todos eles aparentemente tributários de uma – hoje ultrapassada – suspeição por parte do STJ em relação à arbitragem.

[2] Que ainda subsiste como regra geral, no silêncio das partes, para as chamadas arbitragens nacionais nos termos do artigo 34 da LAV, *a contrario*.

[3] Vd por ex. acórdão já citado, relatado por Roger Lopes, onde se limita fortemente os poderes dos árbitros e, por isso, se exprime uma intervenção da Justiça estatal no escrutínio substantivo da decisão arbitral.

Mas em Portugal os efeitos disso decorrentes foram (e são) mais gravosos, devido ao facto do sistema judicial português ser muito formalista, processualista e ineficiente quando comparado com outros.

Realmente se o modelo de "bom juiz" – a ser criado pela formação inicial e pelas inspecções que definem o ritmo das carreiras – fosse em Portugal tributário de uma concepção mais eficiente e moderna, seguramente que os efeitos nefastos para as arbitragens da utilização do paradigma em questão seriam menores. Se aos árbitros fosse pedido que copiassem um Juiz que desse mais relevo à substância do que à forma, à eficácia do que às rotinas, que usasse o CPC como uma inspiração e não como um livro sagrado, se isso acontecesse, podia-se entender (mas esta não é a minha opinião) que não seria essencial tentar criar um paradigma de árbitro e continuar a tratar a arbitragem como sucedâneo e não como alternativa ao sistema judicial.

Infelizmente – apesar do tempero que a qualidade média elevada dos Magistrados Judiciais portugueses pode aportar – a formação inicial dos magistrados, as inspecções para avaliações e o processo de carreira criam um paradigma de Juiz que se mantém, à imagem do CPC, fiel a uma concepção pré-moderna do acto de julgar, através do relevo excessivo à forma, da lógica dos incidentes e dos despachos, da falta de oralidade, que se refugia no CPC aceite de forma literal, que não pondera muito a realidade à luz da jurisprudência dos interesses. Esse Juiz--tipo formatado ideologicamente, que temos em Portugal, responderá quiçá a necessidades sistémicas[4], mas é totalmente inadequado para as necessidades da arbitragem comercial e de investimento.

Parece-me, porém, irrelevante justificar autonomamente a minha tese de que essa diferença se justifica seja qual for o paradigma concreto de Juiz. É que entendo que a distinção paradigmática tem a ver com uma diferença de natureza e não com uma mera necessidade prática e causada por factores historicizados.

Por isso é que se torna essencial começar por assumir metodologicamente a irredutível diferença de natureza entre o Juiz e o Árbitro, para

---

[4] A previsibilidade das decisões num modelo em que os precedentes não são tão relevantes, a má preparação que domina na advocacia, a tendência para questionar o papel do Juiz e para das suas decisões e despachos recorrer ou arguir nulidades, tantas vezes "por dá cá aquela palha", tudo isso talvez justifique, nomeadamente em processos crime, a mencionada formatação.

106 II Congresso do Centro de Arbitragem da Câmara de Comércio e Indústria

depois como é natural e evidente encontrar os pontos de contacto e/ou de sobreposição e ir buscar inspiração sempre que conveniente aos atributos adequados da função judicial.

Esta a primeira nota que teria de ser realçada porque ela vai habitar toda a reflexão seguinte e dar-lhe uma coerência lógica e sistemática que são essenciais ao processo de construção de um qualquer modelo e, no caso concreto, do modelo do Árbitro.

2. O ÁRBITRO "VALE" UM JUIZ

O Árbitro, em minha opinião e até à luz do sentido imanente do sistema jurídico português, é um "não Juiz". Quero com isto dizer que a essência da função arbitral deve ser procurada noutro lado que na heurística ou na arqueologia da Judicatura. A arbitragem apela a características definidoras que são muito distintas das que se espera da função judicial, pelo menos no campo da realidade prática.

Nada disto significa, como é evidente, que a análise e a aplicação do paradigma do "bom Juiz" não deva ser um instrumento auxiliar precioso para definir o conteúdo exacto dos poderes/deveres que caracterizam a função arbitral. Muita da axiologia da Judicatura deve ser trazida para o universo da Arbitragem, como adiante melhor definiremos. O que se pretende realçar é que são entidades distintas e que como tal devem ser tratadas.

A função arbitral é expressão de um sistema alternativo ao judicial para a resolução de litígios. Por isso tem uma ontologia diversa da função judicial. Mas possui idêntica dignidade e poder[5] pois desempenha um papel social equivalente em dignidade e racionalidade.

O Árbitro não sofre, por isso, de qualquer *capitis diminutio* em relação ao Juiz. Quando instalado na função de julgar, o Árbitro "vale" o mesmo que um Juiz, ou até vale "mais", sociológica e juridicamente,

---

[5] Se excluirmos o poder sancionatório e o privilégio executório, em regra exclusivo da Judicatura, embora a jurisprudência portuguesa – pelo menos num caso, num acórdão da Relação do Porto, de 2005, relator Emídio Costa – tenha admitido, e bem, a possibilidade de providências cautelares determinadas por tribunal arbitral se não exercitarem *ius imperii* e as partes o tenham admitido.

sobretudo no plano das relações internacionais, na medida em que a regra geral das arbitragens é a inexistência de recurso contra a sentença arbitral e a executoriedade internacional das sentenças arbitrais é mais fácil, devido à Convenção de Nova Iorque de 1958, do que a executoriedade de sentenças judiciais, pois para estas não existe um convenção internacional que abranja tantos países.

Essa realidade axiológica está embebida no sistema jurídico e revela-se por elementos muito diversos. Para além da questão da não recorribilidade e da mais fácil executoriedade, a LAV dá manifestamente muito maior latitude aos árbitros do que aos juízes para a conformação das regras processuais aplicáveis a cada caso concreto. Com excepção de um acórdão antigo, a jurisprudência dos tribunais superiores portugueses é unânime nesse sentido. Aliás, a cultura judicial e arbitral fazem com que na sua concretização a diferenciação de graus de liberdade de conformação seja acentuada de forma inequívoca na prática.

Este tema é em Portugal pacífico no que se refere à relevante aceitação pela Judicatura dessa identidade de valor. É justo reconhecer que o sistema judicial como um todo tende a respeitar a autonomia, a especificidade e o valor intrínseco da decisão arbitral e do iter que ela conduz. Nesse sentido vai a jurisprudência dos tribunais superiores[6]. Este *favor arbitratis*, que honra a Magistratura Judicial portuguesa, e em geral a dos países com sistemas legais mais aperfeiçoados[7], é um factor essencial para o funcionamento do sistema arbitral e constitui uma aceitação com naturalidade do valor operacional idêntico do Juiz e do Árbitro.

A "valia" idêntica é acompanhada, como já se referiu, de certos atributos que o Juiz não tem ou culturalmente prefere não exercer. O "valor"

---

[6] Ver, entre outros, Acórdãos STJ de 30/1/90, relator Pereira da Graça, de 16/6/98, relator Brochado Brandão, de 17/5/2001 (relator não mencionado), de 9/10/2003, relator Pires da Rosa, de 21/10/2003, relator Moreira Alves, de 24/6/2004, relator Salvador da Costa.

[7] Veja-se por exemplo a posição de Lord Wilberforce, que foi decisivo na aprovação do Arbitration Act de 1996: "I have never taken the view that arbitration is a kind of annex, appendix or poor relation to court proceedings. I have always wished to see arbitration, as far as possible, and subject to statutory guidelines no doubt, regarded as a free standing system, free to settle its own procedure and free to develop its own substantive law – yes its substantive law", citado por Lord Steyn, "England: The Independence and/or Impartiality of Arbitrators in International Commercial Arbitration", in "Independence of Arbitrators", ICC Bulletin, 2007 Special Supplement, pág. 92-3.

é idêntico, o poder e a liberdade são maiores – sobretudo nos países de *civil law* – do que acontece com o Juiz. O que deve ser uma razão adicional para justificar o tema deste texto: Não deve haver poderes sem deveres, nem liberdade sem responsabilidade.

3. PODERES/DEVERES, LIBERDADE/RESPONSABILIDADE DOS ÁRBITROS

É entendimento pacífico da doutrina e da jurisprudência[8] que os poderes dos árbitros resultam da vontade contratual das partes e da vontade do sistema jurídico. Esta origem híbrida é um elemento genético crucial para a compreensão e definição do modelo teórico do "Bom Árbitro". Sem a vontade contratual das Partes não haveria arbitragens; mas sem a vontade do sistema normativo, a arbitragem não seria mais do que um sistema de mediação "hard", sem qualquer possibilidade de imposição das decisões às partes que as não quisessem respeitar.

Não se desconhece que a doutrina não é unívoca quando pretende realçar a proeminência de uma das facetas acima mencionadas sobre a outra[9]. Mas para a finalidade desta reflexão, isso revela mais de "bizantinismo" ou "prazer intelectual" do que necessidade. Seja qual for o elemento mais determinante, ou seja ou não possível determinar se um deles prevalece sobre o outro, o paradigma do "Bom Árbitro" – e é disso que aqui se trata – não sofre alterações relevantes, pelo que esta querela pode ser aqui evitada.

O que deve ser frisado é que os dois binómios acima mencionados em epígrafe – que também em alguma medida definem o "Bom Juiz", pelo menos e quanto à liberdade nos sistemas de *common law* – são conaturais à função arbitral, pelo que quando são esquecidos o resultado provável é que as decisões arbitrais venham a padecer de fragilidades ou, pelo menos, tendam a não servir adequadamente o prestígio e divulgação do sistema arbitral para resolução de litígios.

---

[8] Ver, por exemplo, Fouchard, Gaillard, Goldman, na sua obra clássica ainda hoje incontornável, "On Commercial International Arbitration", Kluwer Law, 1999, pág. 11 e autores aí citados e em geral sobre a temática deste artigo as págs. 560-627.

[9] Ver, entre outros, Luis Lima Pinheiro, "Arbitragem Transnacional", Almedina, 2005, pág. 128-33.

A Constituição do Tribunal Arbitral: Características, Perfis e Poderes dos Árbitros 109

Depois do momento genético da sua nomeação por cada um das Partes ou da selecção do Presidente por uma das várias formas possíveis, os árbitros – sobretudo quando constituídos já em tribunal – são depositários de vastíssimos poderes para pacificar relações e situações juridicamente relevantes. Estes poderes, como atrás se mencionou, têm em primeiro lugar um importante conteúdo procedimental. A melhor doutrina portuguesa inclina-se claramente para a tese de que o regime previsto no CPC (com excepção apenas das normas procedimentais que tenham conteúdo substantivo ou integrem a ordem pública) não vincula os árbitros, que poderão – a menos que explicitamente isso seja impedido pela vontade das partes – criar as normas processuais que julguem mais adequadas ou convenientes ao litígio concreto que devem resolver e que devem poder decidir com menos formalismos do que um Juiz[10].

Para além disso, basta realçar o princípio Kompetenz/Kompetenz[11], ou a menor necessidade de fundamentação de decisões[12], para se concluir com facilidade que os poderes de que se reveste a função arbitral são superiores aos que integram o âmbito conformador dos poderes de cada Juiz num processo que lhe tenha sido alocado.

Mas os poderes que definem por contraste a função arbitral resultam ainda de um factor muito relevante que é mais tributário da psicologia e de outras ciências do comportamento do que do âmbito do Direito: o facto de os Árbitros serem escolhidos pelas Partes (ou pelos seus Mandatários) outorga-lhes um grau de poder conformador bem superior ao que detém um magistrado judicial que não foi objecto de selecção pelas partes no processo. Um árbitro é supostamente seleccionado entre um universo muito elevado de possibilidades porque se entende que tem atributos muito especiais para fazer adequada justiça naquele caso concreto. Isso provoca um ascendente que só quem nunca esteve numa arbitragem (sobretudo quando internacionais) é que desconhece. É na prática mais fácil a um advogado arguir nulidades em despachos judi-

---

[10] Nesse sentido veja-se um importante Acórdão da Relação do Porto, de 21/2/2002, relator Mário Fernandes.

[11] Para uma definição veja-se, por exemplo Fouchard, cit, pág. 395 e segs. Há jurisprudência portuguesa que acolhe a relevância deste princípio, por ex. o Acórdão da Relação de Lisboa de 7/11/2002.

[12] Nesse sentido, por exemplo, Acórdãos citados relatados por Brochado Brandão e Mário Fernandes, e o Acordão STJ de 11/5/95, relator Joaquim de Matos.

ciais do que fazer algo semelhante no decurso de uma arbitragem, mesmo descontando o facto da chicana processual e as manobras dilatórias serem menos prováveis com o tipo de advogados que surgem sobretudo em arbitragens internacionais.

Há por vezes poder sem liberdade, quando o programa normativo que define os poderes é de tal modo delimitado e estruturado que não oferece ao aplicador do Direito nenhuma latitude para concretizar os comandos jurídicos com alguma variabilidade. Era assim que se queria definido o Juiz-Funcionário oitocentista, que Monstesquieu chamou a "boca da lei" com base na ideologia da separação poderes[13]. E muitas vezes há liberdade sem poder: o que caracteriza a advocacia como profissão liberal é uma situação de liberdade/responsabilidade que altera os binómios definidos.

O Árbitro está longe do Juiz Boca da Lei e também se afasta do Advogado. Neste sentido é um verdadeiro *tertium genus*. O múnus especial do Árbitro resulta precisamente dessa especial conformação que o caracteriza: por um lado uma intensificação dos poderes, obrigando eticamente a uma acrisolada valorização dos deveres correspondentes; por outro, a inafastável liberdade que exercita e que tem de ser acompanhada por um elevado sentido da responsabilidade.

Por tudo isso é que as arbitragens valem o que valerem os árbitros, ao passo que o sistema judicial está mais preparado (maior formalismo, maior peso à interpretação conservadora das normas, sistema de recursos) para sobreviver mesmo que concretos juízes não tenham as qualificações supostamente essenciais para o desempenho da função.

4. A RACIONALIDADE IMPLICITA DO SISTEMA ARBITRAL DE RESOLUÇAO DE CONFLITOS

Qualquer sistema, mesmo quando disso não haja consciência plena, tem imanente uma racionalidade que lhe é própria. Se isso não ocorresse, o sistema não conseguia diferenciar-se e existir em si mesmo. Mais do que isso, provavelmente não teria surgido ou, ao menos, não teria evoluído para se tornar numa realidade com força e presença.

---

[13] Ver por exemplo Paulo Rangel, "Repensar o Poder Judicial", 2001, Porto, Publicações Universidade Católica.

O sistema arbitral não foge à regra. Embora este texto não tenha a ambição de detalhar ou aprofundar o sentido do sistema arbitral, não será possível encontrar o paradigma do "Bom Árbitro" se não tivermos subjacente e claro o sentido sistémico e racional da arbitragem.

A arbitragem tem como razão do seu inequívoco sucesso – sobretudo nas relações comerciais e de investimento internacionais – em primeiro lugar a possibilidade de separar o processo decisório jurídico das condicionantes e constrangimentos, reais ou imaginadas, da justiça estatal. As partes, oriundas de diferentes países, muitas vezes com culturas jurídicas bem distintas, querem uma justiça que surja autonomizada e independente, neutral, em relação aos sistemas jurídicos e judiciais que poderiam sentir-se capazes de aceitar no seu seio o litígio.

Em segundo lugar, a arbitragem constitui uma "justiça de comerciantes", ou seja uma justiça que se afeiçoa às realidades do mundo empresarial de uma forma que nunca os juízes estatais seriam capazes de fazer, mesmo quando a tradição jurídica e judicial conduz a que os juízes não sejam uma profissão autónoma, antes uma emanação de outras profissões jurídicas, como a advocacia. A arbitragem pretende resolver litígios que são inevitáveis de um modo que torne evitável a ruptura e a subida aos extremos, que tantas vezes é o resultado mais provável de um conflito judicial em que nenhum factor de moderação existe.

Em terceiro lugar, a arbitragem aposta num modelo *sui generis* de resolução de litígios, que está nos antípodas do conceito do "juiz natural" com que o liberalismo tentou assegurar uma justiça livre e independente, por estar livre do bom querer do soberano, e depois se tentaram evitar os tribunais de excepção[14]. Do que se trata é de escolher decisores que sejam adequados a uma justa e pacificadora decisão que aplique o brocardo latino *suum cuique tribuere*.

Os árbitros não são chamados de acordo com o princípio do acaso ou do sorteio, nem da regra que faz escolher o julgador com base em factores supostamente objectivos, como são os critérios da competência territorial ou em razão da matéria. Pelo contrário, os árbitros são seleccionados para cada litígio concreto em função de atributos que supostamente possuem e que os tornam especialmente habilitados a fazer justiça

---

[14] Para a definição do principio do "juiz natural" ou "juiz legal", veja-se Gomes Canotilho e Vital Moreira, "Constituição da República Portuguesa Anotada, 2007, Coimbra Editora, pág. 525.

no caso em questão. Esta regra da especialização (que melhor seria dizer adequação) é um dos segredos do sucesso da arbitragem... ou, quando fracassa, talvez a principal das causas que leva muitos empresários, gestores e advogados a desconfiar do sistema.

Em quarto lugar o racional imanente à justiça arbitral reside, como atrás já foi aludido, no abandono do paradigma formalista, uniformizado, processualista, da justiça estatal, que contribui para doses elevadas de irracionalidade e para demoras e injustiças que também se pretendem evitar com o recurso ao processo arbitral. Uma boa arbitragem é sempre aquela em que árbitros foram mandatados para, ou exigiram que lhes fosse dada latitude vasta para que possam afeiçoar as regras procedimentais às especificidades do litígio que lhes compete resolver e em que os árbitros percebam e concretizem a regra "time is money" que os tribunais estatais em regra não valorizam ou não têm condições para valorizar.

Esta racionalidade do sistema habita de forma inafastável a função dos árbitros e deve ser trazida sempre à colação na definição dos seus perfis e poderes. Neste sentido, a racionalidade atrás mencionada é o factor mais relevante para justificar a diferenciação entre o Juiz e o Árbitro e para criar autonomia científica e metodológica do tema.

5. VALORES COMUNS AO ÁRBITRO E AO JUIZ

Clarificámos, portanto, que o paradigma do Juiz e do Árbitro são diferentes, que entre ambos há uma identidade de valor, que o Árbitro possui mais poder e liberdade do que o Juiz e, por isso, têm de se realçar os seus deveres e responsabilidades acrescidas, e que há uma racionalidade imanente ao sistema arbitral. Chegamos agora ao momento em que – definida de forma inequívoca a diferença e a especificidade – podemos avançar no sentido de aprofundar as características que têm em comum e, nessa medida, retirar do universo metodológico da Judicatura inspirações que auxiliem a construção do modelo do "Bom Árbitro".

Três atributos definem de forma indelével o Magistrado Judicial: a independência, a imparcialidade e a neutralidade ou isenção[15]. Tal condição

---

[15] Melhor seria talvez falar da independência e imparcialidade apenas, reservando-se o conceito de neutralidade para as arbitragens internacionais, como significando a regra de que os árbitros devem tendencialmente ser de países diferentes das partes. Mas

A *Constituição do Tribunal Arbitral: Características, Perfis e Poderes dos Árbitros* 113

constitui mesmo um direito fundamental dos Cidadãos[16]. Estes três valores estão próximos, mas são capazes de se distinguir. Curiosamente foi na reflexão sobre o Árbitro que talvez mais avanço terá ganho essa relevante distinção. De facto, como vimos, em alguns sistemas jurídicos (por exemplo em certos Estados dos EUA) admitem-se árbitros que não sejam independentes, mas não que não sejam imparciais; e a falta de neutralidade pode ser compatível com a mais total independência.

Seja como for, todo o sistema da Judicatura se baseia na aceitação axiomática de que o Juiz deve possuir estes três atributos, sob pena de lhe falecer a condição mais básica para ser um "Bom Juiz". Um juiz pode ser pouco qualificado tecnicamente e até ser pouco inteligente. Mas se for independente, imparcial e neutro tenderá a ser um bom juiz; pelo contrário, um magistrado judicial altamente qualificado e experiente, que possua uma elevadíssima capacidade intelectual, será um mau juiz se lhe faltarem esses atributos.

Para além destes elementos – dir-se-iam estruturais ou éticos – existem outros mais práticos e operacionais que devem ser trazidos à colação e que adiante abordaremos. Concentremo-nos por agora nestes três que são, repete-se, essenciais.

A tradição portuguesa é claramente no sentido de que as três qualidades essenciais devem ser aceites como um postulado (ou mesmo como um axioma) no que se refere à Judicatura. É por idênticas razões que muitos juízes consideram que um Código Deontológico dos Juízes não é necessário, bastando para balizar os respectivos comportamentos as regras legais que definem o Estatuto dos Magistrados Judiciais[17]. Por causa deste apriorismo, os incidentes de suspeição de juízes são em regra condenados ao fracasso se o próprio juiz se não considerar impedido[18].

---

a American Arbitration Association (AAA), nas suas "Commercial Arbitration Rules", distingue entre "party appointed arbitrators" e "neutral arbitrators", nada havendo na lei portuguesa que impeça árbitros não neutrais, pelo que optamos pela manutenção do conceito como instrumento analítico. Ver, sobre os mencionados princípios, Giovanni Etore Nanni, "A Responsabilidade Civil do Juiz", Max Limonad, 1999, e Orlando Afonso, "Poder Judicial - Independência in Dependência", Almedina, 2004.

[16] Declaração Universal dos Direitos do Homem, artigo 10.º, e Convenção Europeia dos Direitos Humanos, artigo 6.º.

[17] Lei n.º 21/85 de 30 de Julho.

[18] O respeito da magistratura judicial pela arbitragem e a sua memória "genética" contra as suspeições terá conduzido a discutíveis decisões nas duas únicas caso sobre

E também por isso acontece que suscitar o incidente de suspeição é mal recebido pelos magistrados contra quem seja invocado e casos existem em que a resposta ao incidente é uma participação criminal contra o advogado que ousou atacar a presunção inilidível de inexistência de enviesamento.

Noutras jurisdições não se passa nada de semelhante. Nisso, como em muitas outras coisas, o sistema dos EUA é talvez o mais avançado no escrutínio da independência, imparcialidade e neutralidade dos magistrados. Recordo, entre outros, o caso de uma Juíza que teve de se afastar de um processo porque – embora casada no regime de separação de bens – o seu marido detinha algumas poucas acções de uma empresa que era autora no processo judicial. Nada de semelhante existe entre nós quanto a escrutínio de impedimentos e/ou incompatibilidades de juízes e não é seguro que se houvesse daí resultasse qualquer efeito, dada a fragilidade normativa com que o tema é tratado no CPC, nos artigos 122 a 124, com a agravante de que a inexistência de um Código Deontológico dos Magistrados Judiciais não permite que os conceitos que constam desses três artigos sejam densificados.

Para além disso, há atributos que são semelhantes e que devem estar presentes no Juiz e no Árbitro. É o caso da experiência profissional, capacidade de manter atenção aos factos, estudo dos assuntos, boa memória, formação jurídica adequada nas áreas sobre as quais têm de decidir, capacidade de decisão, sentido do Justo, ponderação, resistência à fadiga, serenidade perante as tensões dos litígios, sentido de autoridade, capacidade de diálogo e abertura aos pontos de vistas que lhe sejam apresentados, recusa de posições apriorísticas ou capacidade de as ultrapassar.

6. A ESPECIFICIDADE DOS ÁRBITROS EM RELAÇÃO AOS JUIZES

O que este nível tem de especial o Árbitro quando comparado com o Juiz é o seu processo genético. De facto, os Árbitros são em regra

---

suspeição de árbitros que são registadas na jurisprudência portuguesa, o Acórdão da Relação de Lisboa de 18/2/2002, relator Santana Guapo, e o Acórdão STJ de 12/11/2003, Relator Silva Salazar, e a que voltaremos.

A Constituição do Tribunal Arbitral: Características, Perfis e Poderes dos Árbitros 115

escolhidos pelas Partes, directa ou indirectamente[19], e de um modo geral – pelo menos nos mercados mais maduros – a lista de árbitros habitualmente seleccionados não é muito grande, o que leva alguns a afirmar que se trata de um mercado mais ou menos fechado[20].

Nesta especificidade genética reside, para o bem e para o mal, o essencial da diferença entre os dois tipos de decisores, pelo que nisso se deve centrar parte essencial da distinção de paradigma entre o Bom Juiz e o Bom Árbitro. E ela não só existe como não pode ser sofismada, negada, antes enquadrada e valorizada.

A ingenuidade é claramente uma qualidade comovedora. Mas quando aplicada em campos de conflito, de emoções intensas ou de interesses fortes, é muito perigosa, pois cria ilusões que se pagam caro, desnecessariamente. Ou, o que não deixa de ser também perigoso e não tem a vantagem da pureza de espírito, a ingenuidade é uma arma que se usa como expressão cimeira de hipocrisia.

O mundo da selecção de árbitros é um excelente microcosmo para analisar a pertinência da frase anterior. Se lermos autores respeitados que abordaram o tema e códigos ou praxes de conduta de instituições prestigiadas (como a IBA e a CCI), e o fizermos sem cautela, corremos o risco de nos equivocarmos gravemente.

Dêem-se as voltas que se derem, quando enfrentam uma arbitragem, as Partes querem que seja escolhido um árbitro favorável à posição que defendem e o mesmo seguramente se passa com os advogados que mandataram. O que é desejado, no fundo, implica em alguma medida a recusa das três regras de ouro do Bom Árbitro (independência, imparcialidade, neutralidade), o que se levado às suas naturais consequências afectaria o sistema arbitral que nesses valores rigorosamente aplicados pelos árbitros se baseia quanto à sua credibilidade de meio de resolução de litígios[21].

---

[19] Mesmo o Arbitro Presidente o poderá ser, na medida em que as Partes aceitem a escolha feita por consenso dos seus mandatários ou dos árbitros que escolheram ou se for escolhido no âmbito de uma instituição a que as Partes cometeram a gestão da arbitragem. Excepção a isso são as arbitragens *ad hoc*, quando o Presidente seja escolhido pelo Tribunal da Relação, ou as arbitragens multipartes.

[20] Maria Cláudia Procopiak, "As Directrizes da IBA sobre Conflitos de Interesse na Arbitragem Internacional", Revista Brasileira de Arbitragem, Ano IV, n.º 16, Out/Dez 2007, pág. 8.

[21] Ahmed Kosheri e Karim Youssef, "The Independence of International Arbitrators: an Arbitrator's Perspective", in "Independence of Arbitrators, ICC Bulletin, 20007 Special

116 II Congresso do Centro de Arbitragem da Câmara de Comércio e Indústria

O tempero que permite conter esta tendência (ou tentação) reside no facto dos árbitros – sobretudo em países onde a arbitragem esteja desenvolvida e no caso de arbitragens institucionalizadas – constituírem e se integrarem num "mercado" onde a sua credibilidade e seriedade são valores tão prezados como a sua qualidade técnico-juridica e experiência.

Por isso um árbitro pode ser seleccionado com a esperança ou convicção de que seja parcial, não neutral e não independente. Mas se o árbitro escolhido satisfazer essa (mais ou menos explicita) agenda, o resultado provável será exactamente o oposto do desejado, a menos que do outro lado se esteja perante outro árbitro com as mesmas negativas características. Um árbitro parcial descredibiliza-se perante o árbitro presidente, passando as suas posições a ser desvalorizadas por deixar de haver confiança na sua capacidade de contribuir para que seja dito o Direito, como os factos e a lei determinam, e não como será a vontade de cada um dos contendores. E, além disso e que não é pouco, a imagem externa desse árbitro fica afectada em termos que – na comunidade arbitral, se esta existir – o passam a marcar com um ferrete de inadequação que se irá reflectir na sua carreira profissional futura.

É claro que nada disto significa que o sistema exija que os árbitros normalmente designados como "de parte" não sejam sensíveis, não estejam atentos e não tenham em alguma medida uma certa predisposição favorável a quem o indicou[22]. O sistema arbitral tem também nisso algumas das suas virtualidades e por aí se distingue do sistema judicial, no qual – fora de situações de apriorismos mais ou menos conscientes, faltas de ética ou casos em que o Juiz deveria considerar-se impedido – o Magistrado que vai julgar nada tem a ver com as partes, sendo-lhe em absoluto indiferente o resultado do processo, desde que o seu sentido de justiça seja respeitado.

Supplement: "parties commonly have a twofold approach to independence. They have a legitimate expectation of independence and judge-like behavior from the arbitrator appointed by the opposing party, while they expect partiality from their own arbitrator".

[22] "When I am representing a client in arbitration, what I am really looking for in a party nominated arbitrator is someone with the maximum predisposition towards my client, but with the minimum appearance of bias", escreveu Martin Hunter em "Arbitration", 1987, pág. 222-3, apud "Independence of Arbitrators", pág. 48-9. E ver também José Maria Alonso, "La Independencia e Imparcialidad de los Árbitros", Revista Peruana de Arbitraje, n.º 2, 2006, pags. 97-106 ou Horacio Griguera Naón, "Party-Appointed Arbitrators: a Latin American Perspective?", IBA Arbitration Day Presentation, São Paulo, Fevereiro 2004.

Tenho sido Presidente em várias arbitragens nacionais e internacionais. Tive a sorte de nunca nelas ter sido obrigado a viver com árbitros que não se comportassem com rigor ético absoluto. Nunca, apesar disso, esqueci que eles tinham sido indicados pelas Partes e, nessa indicação, residia – para além das qualidades de decisores que possuíam – uma parte substancial da sua manifesta utilidade para a boa decisão da causa. Umas vezes descodificaram pontos de vista, outras iluminaram perspectivas menos aparentes mas relevantes, outras ainda com as elevadas qualificações que em regra possuíam foram capazes de desmontar certos argumentos (e nem só da parte que os não nomeou, com o que perderiam credibilidade), e com isso sempre me reforçaram na convicção de que é preferível um tribunal arbitral colectivo do que um árbitro único, visto então se não poder beneficiar desses contributos.

O mesmo se tem passado com a minha experiência nas arbitragens em que fui advogado de uma das partes. Todos os árbitros que ajudei a escolher foram propostos e aceites pelas suas qualidades de independência e imparcialidade. Seguramente que estou convencido de que todos eles – qualificados e experientes profissionais – foram capazes de ser sensíveis ao meu ponto de vista, iluminar aspectos que realçara mal, desmontar argumentos, isto é, corrigir as minhas falhas e imperfeições. Mas foram sempre também capazes de decidir em termos que nem sempre me agradaram, e assim me confirmaram nas qualidades que neles vira.

7. INDEPENDÊNCIA, IMPARCIALIDADE E NEUTRALIDADE DOS ÁRBITROS

Este texto não pretende abordar em detalhe as características que permitem isolar os três referidos conceitos e torná-los operacionais[23].

---

[23] Entre outros, para a análise da forma como a Lei Modelo UNCITRAL, diversas legislações e regulamentos arbitrais distinguem os conceitos, veja-se a já citada obra de Fouchard, Gaillard e Goldman, págs. 564-76, Selma Ferreira Lemes, Árbitro – Princípios da Independência e da Imparcialidade" (RTL, São Paulo, 2001), José Maria Alonso, citado, e Maria Cláudia Procopiak, passim, estes dois últimos em especial sobre as IBA Guidelines e a jurisprudência CCI na matéria. Veja-se também as "Recomendaciones Relativas a la Independencia e Imparcialidad de los Àrbitros del Club Español de Arbitraje" (www.clubarbitraje.com) e o trabalho em curso para a implementação de um

II Congresso do Centro de Arbitragem da Câmara de Comércio e Indústria

Do que se trata aqui é da definição das características, perfis e poderes dos árbitros. Mas, como é evidente, é essencial ter presente tais conceitos, visto que uma das características essenciais que têm de definir o "Bom Árbitro" e um dos factores decisivos da sua selecção é a possibilidade de se obterem respostas positivas quanto a tais aspectos.

A doutrina arbitral internacional tem definido, de um modo geral, a "independência" como uma característica razoavelmente objectiva – de um teste objectivo para detectar a existência de enviesamento, falam alguns autores – e que se mede pelo grau de relação com uma das partes e de interesse financeiro que possam retirar do resultado da arbitragem[24]. Ou, como de forma lapidar escreveu Pierre Lalive[25],"independence implies the courage of displease, the absence of any desire specially for the arbitrator appointed by a party, to be appointed once again as arbitrator". Na sua essência, a "independência" é instrumental do valor da "imparcialidade" e da aparência das coisas que é essencial ao prestígio e ao desenvolvimento do sistema arbitral de resolução de conflitos. Um árbitro não independente pode, apesar disso, ser imparcial, pois esta é uma característica mais subjectiva. Um árbitro nomeado por uma das partes pode, como atrás se referiu, ter uma predisposição favorável à tese da parte que o nomeou, até porque muitas vezes a escolha é feita tendo por base posições anteriores sobre questões de direito[26]. Mas a sua imparcialidade será confirmada se isso não afectar a sua consciência profissional e se for capaz de decidir contra quem o indicou se a outra parte, afinal e no caso concreto, demonstrou ter razão ("to have a better

---

Código Deontológico dos Árbitros que a Associação Portuguesa de Arbitragem está a desenvolver (www.arbitragem.pt)

[24] Ver, por exemplo, a obra fundamental de Alain Redfern e Martin Hunter, "Law and Practice of International Commercial Arbitration", Sweet and Maxwell, 1991, pág. 222-3 (e em geral para a temática deste artigo, págs. 191-237), Rodrigo León Letort, "Independência de los Árbitros", in Arbitraje Comercial Y Arbitraje de Inversión, pág. 343-59).

[25] "The Arbitral Process and the Independence of Arbitrators", ICC Publishing, Junho 1991, pág. 121.

[26] "Se admite que el árbitro de parte pueda, sin cambiar su condición de imparcial, facilitar a que el tribunal arbitral entienda de mejor manera la posición jurídica, cultural, con el entorno de negócios, de la parte que lo designe. Se admite incluso una predisposición del árbitro de parte a favor de quien lo nombró, sin que tal predisposición pueda significar falta de independência ni parcialidad", Rodrigo León Letort, citado, pág. 354.

A *Constituição do Tribunal Arbitral: Características, Perfis e Poderes dos Árbitros* 119

case" como se costuma dizer nos sistema de *common law*). Há quem diga que o árbitro é imparcial "in his own way"[27].

No que se refere a "neutralidade", a expressão só tem autonomia conceitual se for referida como exprimindo uma forma diversa de potencial enviesamento, o que decorre de uma proximidade acima da média com a posição de uma das partes, maxime se com ela coincidir em nacionalidade ou enquadramento cultural. Não é forçoso que um árbitro oriundo do mesmo país de uma das partes seja afectado por algum vício mais ou menos oculto que o torne impróprio para integrar esse tribunal arbitral. Mas a experiência revela que, sobretudo em relação ao árbitro presidente, nas arbitragens internacionais a tendência é cada vez mais no sentido de escolher árbitro de diferente nacionalidade, nomeadamente para o proteger e para que o enquadramento cultural em que se insere não afecte, ainda que inconscientemente, o seu julgamento.

Mas o conceito de "neutralidade" é mais amplo do que se acabou de mencionar. Visa provocar a análise de todos os factores objectivos de potencial enviesamento que se não integrem nas categorias de "independência" ou de "imparcialidade", desse modo se tornando um instrumento conceitual útil na busca de condições cada vez mais rigorosas para a selecção de árbitros.

Estes atributos são essenciais, porque as dúvidas sobre eles obrigam a um processo de "disclosure" a encetar pelo potencial árbitro, que pode ser fonte de perdas de tempo e origem de atritos, ou podem na sua falta gerar situações de "challenge" do árbitro que poderão acabar por afectar os laudos arbitrais em que participe[28]. Como se pode retirar de textos sobre decisões de centros de arbitragens institucionalizadas, relativos a situações de "disclosure" que conduzam ou possam conduzir a "challenge" do árbitro[29], não é possível estabelecer regras gerais e abstractas para

---

[27] Apud Dominique Hasher, "A Comparison between the Independence of Stae Justice and the Independence of Arbitration", in Independence of Arbitrators citado, pág. 86.

[28] "Non-disclosure plants the seed of nullity", nas expressivas palavras de Hunter e Paulsson, "A Code of Ethics for Arbitrators in International Commercial Arbitration", International Business Lawyer, Julho de 1985; ou como afirma Whitesell "Any doubt should be resolved in favor of disclosure", ob cit., pág. 11.

[29] Ver, por todos, o suplemento do Boletim ICC já citado, e em concreto o texto de Anne Marie Whitesell, págs 7-41 e José Maria Alonso, "El Deber de Revelación del Árbitro", em "Arbitraje Comercial Y Arbitraje de Inversión", Peru, pág. 323-332.

120 II Congresso do Centro de Arbitragem da Câmara de Comércio e Indústria

este tipo de situações e é por isso que as IBA Guidelines são sobretudo úteis para arbitragens UNCITRAL ou "ad hoc", ainda que sirvam de utilíssima inspiração nas arbitragens institucionalizadas, desde que não transformadas numa regra que tudo integra.

Acresce que em alguns países, como acontece com Portugal[30], não existem quaisquer regras legais minimamente consistentes e úteis, para quem tenha de interpretar as leis, sobre conflito de interesses de árbitros, sobre a concretização das regras supra-mencionadas ou até sobre a sua relevância. A consequência da inexistência de tais regras é o aumento dos riscos de que a parte a que desagrade a decisão arbitral venha posteriormente suscitar, em sede de recurso ou de anulação da sentença arbitral, questões de suspeição ou de impedimentos que, devido à falta de reflexão doutrinária e de jurisprudência, pode suscitar surpresas imprevisíveis. Ou pode ter como efeito que, em casos de que se justificava plenamente admitir a probabilidade de um incidente de suspeição ter sucesso, a dificuldade cultural da Magistratura Portuguesa em aceitar um requerimento de suspeição como um facto natural da vida pode originar decisões discutíveis, como me parecem as duas conhecidas e que atrás se mencionam.

Por todos estes motivos, em minha opinião na decisão sobre escolha de árbitros deve dar-se primacial relevo ao teste sobre independência, neutralidade e imparcialidade, tentando respeitar-se o que se pode colher na abundante doutrina e jurisprudência arbitrais e em "guidelines" como as da IBA e de algumas instituições arbitrais. Deste modo se evitam potenciais problemas, mas sobretudo se criam as condições para uma boa decisão arbitral.

8. OUTRAS CARACTERISTICAS DEFINIDORAS DO BOM ÁRBITRO EM CADA CASO CONCRETO

Em certas arbitragens comerciais – devido ao conteúdo da convenção da cláusula arbitral ou da legislação nacional – certas condições devem

---

[30] A Associação Portuguesa de Arbitragem decidiu, no final do ano de 2008, que o Código Deontológico dos Árbitros que venha a adoptar será vinculativo para os associados, o que criará a primeira "soft law" na matéria no nosso país a qual poderá abrir o caminho para uma densificação das regras deontológicas da actividade.

A Constituição do Tribunal Arbitral: Características, Perfis e Poderes dos Árbitros 121

estar reunidas para alguém poder ser indicado como árbitro, como por exemplo ser nacional do País, ser advogado, estar no pleno gozo de direitos civis e políticos no país da sede da arbitragem[31]. Tais regras têm sido gradualmente afastadas, dando lugar a uma tendência generalizada para atribuir às partes a mais total liberdade na escolha dos árbitros, sendo essa uma regra essencial na definição da especificidade e da razão de ser do sistema arbitral.

Em Portugal não existe, nas arbitragens comerciais, qualquer limitação à liberdade das partes, para além do regime dos impedimentos previsto no artigo 10.º da LAV, da necessidade, nos termos do artigo 8.º da LAV, de que os árbitros sejam "plenamente capazes" e da impossibilidade de uma pessoa colectiva ser nomeada árbitro. Por isso, a questão tem relevo apenas na medida em que certas condições ou características podem e devem ser ponderadas por quem tem de indicar um árbitro. Trata-se, porém de regras pragmáticas e de adequação, que não têm de ser seguidas com automatismo, embora a experiência prática demonstre que é errado não as ter presente.

O Bom Árbitro é, em primeiro lugar, uma personalidade que possa aspirar a ser respeitada e ouvida pelos outros árbitros, devido às características do seu ser moral e profissional. Deve ser alguém, como refere Doak Bishop[32], com personalidade e capacidade de relacionamento com os outros árbitros.

Nada justifica, *a se*, que os árbitros não sejam em regra muito jovens, para além da experiência acumulada e do prestígio acrescido que resulte de uma longa carreira profissional escrutinada pelos seus pares. Um árbitro sem prestígio desvaloriza imediatamente tudo aquilo que diga e, com isso, pode ajudar a que se forme um bloco entre os dois outros árbitros. E um árbitro presidente sem força moral e respeitabilidade profissional está pouco apetrechado para a sua missão, muitas vezes espinhosa e complicada.

Em segundo lugar, o árbitro deve ser escolhido em função das suas especiais qualidades para o processo arbitral, alguém com experiência de prática arbitral (por isso o *cursus honorum* mais frequente continua a ser

---

[31] Ver Fernando Cantuarias Salaverry, "Requisitos para ser Árbitro", Revista Peruana de Arbitraje, n.º 2 (2006), págs. 67 e segs.

[32] "Harmonized Approach to Advocacy in International Arbitration" in "The Art of Advocacy in International Arbitration", Júris Publishing, 2004.

começar como "counsel" e terminar como árbitro), visto que as especificidades do sistema de justiça arbitral obrigam a uma aprendizagem que se deve tentar que não seja feita à custa de quem nomeia. E, sobretudo o árbitro de parte, deve ser alguém com as capacidades específicas que se pedem sempre a um árbitro (inteligência emocional, capacidade argumentativa, jeito para forjar consensos – sobretudo quando a posição de quem nomeia seja provavelmente mais fraca nessa específica arbitragem – que coincida com fortes convicções e coragem para as defender). Em minha opinião é sempre inadequado o árbitro que não seja capaz de influenciar ou ajudar a formar a convicção do Árbitro Presidente.

Em terceiro lugar, é da maior utilidade que o árbitro seja inteligente e tecnicamente competente na específica área jurídica que esteja em análise na concreta arbitragem. Essa característica é sobretudo relevante nas arbitragens comerciais em que as questões de interpretação jurídica prevaleçam. Mas naquelas em que a matéria de facto seja mais importante, deve dar-se prioridade a árbitros com experiência de tribunal e da sua particular identidade. Isso é mais importante em Portugal do que noutros países, dada a tendência para transportar para as arbitragens os truques e os tiques do sistema processual comum, podendo se não houver essa cautela o árbitro não habituado a eles sentir-se perdido e ter de dedicar mais (e demasiada) inteligência, memória e energia aos aspectos formais e processuais em detrimento dos substantivos.

Uma quarta característica essencial que deve ser pedida a um árbitro é a disponibilidade temporal, a capacidade de trabalho, a atenção aos detalhes e aos pormenores, a dedicação ao dossier. Em regra nas arbitragens comerciais surgem advogados altamente qualificados, experientes e determinados. Todos os árbitros, mas sobretudo o árbitro presidente, devem dominar o processo pelo menos com tanta profundidade quanto os advogados das partes, sem o que correm sérios riscos de ser influenciados sem auto determinação suficiente. A atenção aos detalhes e o domínio do dossier são factores do sucesso de um árbitro, pois desse modo pode ser muito persuasivo e determinante na decisão final.

Uma quinta característica muito relevante é o domínio da língua da arbitragem e a capacidade de se exprimir em outras línguas veiculares, maxime inglês, espanhol, francês ou alemão, consoante o caso. Este aspecto é de primacial importância para arbitragens internacionais que interessem a empresas do espaço lusófono. Muitas vezes a falta de cautela em ponderar a questão do idioma dos árbitros pode conduzir a fragilidades e a inadequações, não sendo raras as situações em que embora as partes tenham escolhido a língua portuguesa como língua do contrato, pela escolha concreta dos árbitros se acabe com outra língua também como língua de trabalho. Um árbitro que tenha sido escolhido sem ponderar esse factor pode acabar isolado e com menor capacidade argumentativa ou de influência perante dois outros árbitros que estão mais à vontade noutra língua do que no português[33].

Finalmente uma sexta característica deve ser ponderada. O árbitro – sobretudo o presidente – sempre que possível deve ser nas arbitragens internacionais (e ainda mais nas que sejam institucionalizadas) de uma nacionalidade diversa das partes e dos seus mandatários. A credibilidade e a experiência do árbitro é reforçada com isso. Os nossos colegas brasileiros – apesar da enorme qualidade e diversidade de especialistas em arbitragem que existe no Brasil – estão quanto a isso muito à frente dos portugueses na concretização deste princípio.

9. OS DEVERES DEONTOLÓGICOS DOS ARBITROS: "DISCLOSURE", QUALIFICAÇÕES E DISPONIBILIDADE

Tenham as partes sido ou não prudentes na escolha do árbitro, tenham não aplicado as regras imediatamente atrás mencionadas para a concretização do modelo do "Bom Árbitro", existem ainda e sempre as obrigações deontológicas dos árbitros potenciais. Isso deve levar a que escrutinizem com toda a cautela os factores que os devem impedir de aceitar o encargo, podem gerar suspeições ou tragam probabilidade relevante de que o contrato que a aceitação da função arbitral pressupõe possa ser incumprido (por cumprimento defeituoso, mora ou incumprimento definitivo).

Também como factor da maior relevância (embora distinguindo-se de factores deontológicos) existe a necessidade dos árbitros seguirem as "melhores práticas" que se foram formando ao longo dos tempos pela

---

[33] Mostra a experiência que, em arbitragens internacionais em que participei como árbitro, se usou nos debates entre os árbitros no final da produção de prova o inglês ou o francês, ainda que a língua da arbitragem fosse o português.

jurisprudência, pelas decisões de instituições arbitrais como a ICC, a LCIA, a SAC e a AAA e por "Guidelines" com especial relevo para as da IBA já mencionadas[34].

A fase inicial do desenvolvimento dos sistemas arbitrais foi, um pouco por todo o lado, caracterizada pela pouca ou nenhuma relevância dada a esta temática[35], como se a origem contratual do processo genético do tribunal arbitral fosse em si mesmo uma garantia ou gerasse uma decorrência automática de inexistência de problemas[36].

A experiência que se foi acumulando ao longo dos anos, o papel sistematizador das instituições arbitrais, a reflexão teórica de nível universitário e a própria tendência das sociedades modernas para dar relevo autónomo a questões éticas[37], tudo isso fez com que esta temática se tivesse tornado uma das mais importantes – se não a mais importante – na investigação do regime jurídico das arbitragens[38], sendo crescentemente consensualizado que, como se refere no Regulamento ICC, artigo 7.º (2), as questões devem ser analisadas "in the eyes of the parties".

---

[34] Michael Buhler and Thomas Webster, "Handbook of ICC Arbitration", Thomson, 2008, pág. 122.

[35] Sinal claro disso é o regime de impedimentos e suspeições previsto no art 10.º da LAV, que regista a total falta de autonomia da questão, ao fazer à remissão dos impedimentos e suspeições para o regime aplicável aos juízes, que é manifestamente inadequado para servir de referência, uma vez por excesso e outras por defeito, e sobretudo por limitar tal regime aos árbitros não nomeados por acordo das Partes.

[36] O regime do art 10.º da LAV, pelos motivos mencionados na nota anterior e pela previsão de uma inaplicabilidade geral do regime de recusa de árbitro em relação ao árbitro pelas Partes nomeado, demonstra essa insensibilidade.

[37] "What the public was content to accept many years ago is not necessarily acceptable in the world of today" afirmou-se em *Lawall vs Northern Spirit Ltd* na Câmara dos Lordes, segundo citação de Lord Steyn, em "Independence of Arbitrators" citado, pág. 94.

[38] Ver, por exemplo, o já mencionado suplemento do Boletim da ICC, de Selma Ferreira Lemes, o importante livro atrás citado, de Leon Trakman, "The Impartiality and Independence of Arbitrators Reconsidered" (International Arbitration Law Review, vol 10, pag. 999 e segs., 2007), e da Desembargadora brasileira Fátima Nancy Andrighi (BDJur) "O perfil do Árbitro e a regência da sua conduta pela Lei da Arbitragem", e autores aí citados. Para além disso, os grandes manuais sobre direito de arbitragem já citados e outros, como "Arbitragem e Processo" de Carlos Alberto Carmona (Editora Atlas, São Paulo, 2006), as leis de arbitragem nacionais, os regulamentos de instituições arbitrais e os códigos deontológicos de instituições arbitrais nacionais e internacionais são elementos de estudo essenciais.

Como já referi, a qualidade da arbitragem define-se pela qualidade dos árbitros, visto que nesse sistema de resolução de litígios não existem os mecanismos compensadores que caracterizam o sistema judicial. Os factores éticos sobrelevam, por isso, todos os outros, visto que se falharem podem ter efeitos devastadores na arbitragem em questão e no sistema como um todo.

Um pequeno exemplo ajudará a perceber-se o que afirmo. A melhor doutrina internacional (e que num pequeno mercado como o português ainda fará maior sentido) defende que nada impede que seja escolhido como árbitro alguém que tenha relações de proximidade com um dos advogados ou que ocorram casos em que o advogado nomeou um árbitro que noutra arbitragem concretizou uma espécie de reciprocidade. E o mesmo acontece com a escolha recorrente do mesmo árbitro por uma sociedade de advogados. Mas estas matérias devem ser ponderadas pelo árbitro, se o não forem pelas partes e seus advogados, na medida em que possam tais situações afectar o seu julgamento ou a sua imparcialidade.

Algo de semelhante se passa com a capacidade técnica e com a disponibilidade temporal. Em meu entendimento o âmbito dos deveres deontológicos inclui, no caso da arbitragem, o auto-escrutínio sobre se em consciência o potencial árbitro se sente habilitado técnico-juridica-mente para decidir na área de especialização jurídica em apreço e sobre se a previsão de ocupação do seu tempo de trabalho no futuro próximo é compatível com a aceitação do dever de contribuir para uma boa e célere decisão.

Dizem os autores que um bom princípio é que se a independência ou a imparcialidade forem suscitadas no início do processo, a opção do árbitro deve ser afastar-se, a menos que as objecções sejam claramente inadequadas[39]. É aquilo a que chamam "the rule of thumb of steping aside". Esta opção baseia-se sobretudo na vontade de não criar problemas, de não deixar que os outros árbitros possam ter dúvidas sobre a independência ou a imparcialidade e com isso o árbitro em questão fique psicologicamente diminuído, passando a pairar sobre o processo um desagradável receio de posterior anulação do laudo arbitral.

Uma área muito complexa da deontologia arbitral tem a ver com os contactos com os advogados. Não subscrevo posições fundamentalistas

---

[39] Ver Laurence Shorre and Justin d'Agostino, "Conflict Rules, Legal Business Arbitration Report, 2007, pág. 18-21.

126   *II Congresso do Centro de Arbitragem da Câmara de Comércio e Indústria*

que defendem que entre árbitro e advogado devem cessar as relações pessoais de convivência, que os árbitros não devem aceitar convites para seminários ou conferências em um dos advogados do processo participe ou integre a comissão organizadora, que convidarem-se para festas de aniversário, serem colegas na mesma universidade ou terem os filhos na mesma escola sejam factores impeditivos. Mas isto dito, as aparências são factor determinante na respeitabilidade da arbitragem e da força persuasiva de um árbitro. Por isso, não havendo regras gerais nesta sensível matéria, a consciência moral do árbitros e a sua sensatez são factores relevantes para evitar situações equívocas e prejudiciais, mesmo que nada seja possível apontar de menos próprio ao profissional.

A doutrina e as instituições arbitrais, mesmo quando não assumem posições fundamentalistas, estão a evoluir numa direcção em que as exigências éticas se tornam mais relevantes e exigentes. Isso resulta também de (e em certa medida de forma perversa favorece) tácticas e manobras que nalguns casos os advogados praticam tendo visto adiar o processo, complicá-lo ou arranjar argumentos para futura acção de anulação.

Por estas e idênticas razões é que reverter para as IBA Guidelines on Conflicts of Interest in Commercial Arbitration, aprovadas em Maio de 2004 pode ser uma "maligne practice"[40], se e na medida em que se tente aplicá-las com automatismo, procurando enquadrar a situação em uma das três cores previstas (vermelho, laranja e verde) e disso tirando a conclusão sem ponderação do caso concreto. O artigo de Anne-Marie Whitesell já citado deverá ser lido por todos os árbitros e candidatos a sê-lo, precisamente porque revela que é difícil criar uma regra geral de aplicação automática a todas as situações que na vida real possam ocorrer.

Por esses motivos, é altamente recomendável que um árbitro potencial revele com alguma latitude os possíveis factores que podem ser considerados – do ponto de vista da entidade que não o nomeou – como

---

[40] Ver sobre as Guidelines, para além do já citado artigo de Procopiak, Judith Gill, "The IBA Conflicts Guidelines – Who's using them and How?", em Dispute Resolution International, vol 1, n.º 1, Junho 2007, pág. 58-72 e Otto de Witt Wijnen – que foi o Chairman do Comité que as elaborou – "The IBA Guidelines Three Years on", em "Independence of Arbitrators" citado, pág. 107-12.

podendo afectar a independência, a imparcialidade e a neutralidade, pois com isso – de acordo com a tendência jurisprudencial – evitará que acções de suspeição sejam levantadas com hipótese de sucesso no futuro pela parte a quem desagrade a decisão, ou antes disso venha a afectar a forma como o processo irá a evoluir.

Pelas mesmas razões, é muito sensato que durante o processo arbitral o árbitro evite contactos com os mandatários das partes. Claro que o contacto inicial é essencial, sendo essa a ocasião para dar ao potencial árbitro alguma informação sobre as questões que serão decididas, as partes envolvidas e seus advogados, pois sem isso dificilmente seria possível ao potencial árbitro fazer o auto-escrutínio que atrás referi. Não me parece adequado que o advogado pergunte de forma explícita a quem está a convidar se está de acordo com a posição de direito em que a parte sustenta a sua pretensão. Mas é razoável que este decline o convite se, à partida e em justiça, entender que não está em condições de assumir em total imparcialidade o mandato por já ter uma posição sustentada que no caso concreto não poderá ser alterável e sobretudo se isso for contra a posição que irá defender quem o está a convidar. Imparcialidade e independência não corresponde a falta de lealdade.

Durante o processo deverá evitar-se falar do processo com os advogados e o mais sensato é nada dizer sobre a evolução da produção de prova, solidez dos argumentos jurídicos invocados, pontes fortes e fracos e pontos a realçar ou não realçar. No entanto esta concepção é talvez demasiado rigorosa, havendo autores e não dos menores que consideram razoável que o árbitro alerte o advogado da parte que o indicou de aspectos que se não forem bem (ou melhor) tratados poderão prejudicar a parte, assim como sugerir linhas estratégicas que não estejam a ser desenvolvidas[41].

---

[41] Conforme refere Hugo Ibeas, "A Escolha dos Árbitros", in "A Arbitragem Interna e Internacional" (Ricardo Almeida coordenador), Renovar, Rio de Janeiro, 2003, pág. 193-8, "Quando muito, se for o caso, excepcionalmente, o árbitro indicado poderá advertir o advogado de que este ou aquele aspecto grave da controvérsia, até então não desenvolvido, deva receber atenção".

10. OS PODERES DOS ÁRBITROS

A especificidade do processo arbitral, no que se refere a poderes de árbitros, já foi atrás abordada, pelo que não se torna necessário acrescentar seja o que for a nível teórico. Mas no plano prático alguma coisa pode ser aduzida, que me parece ter algum interesse, sobretudo à luz do que é a prática dos processos judiciais, que me parece muito pouco adequada ao processo arbitral.

A primeira regra essencial é a coesão entre os árbitros. Tendo distintos processos genéticos, após a formação do tribunal passam a ter um "vested interest" que a todos é comum: que o processo decorra bem, sem perdas de tempo, com o respeito integral das regras essenciais (igualdade de armas, principio do contraditório, etc), mas sem abusos. Assim sendo, se conseguirem manter a coesão, a disciplina do processo e das audiências é aumentada, a probabilidade de uma boa decisão ampliada e as condições para que a decisão pacifique o conflito muito acentuadas.

A segunda regra que costumo valorizar é a importância de um procedimento participativo – respeitando o princípio da cooperação – que seja acompanhado por um sistema de decisão determinado e frontal. Não há bons processos se os julgadores não mandarem no "seu" tribunal, mas se abusarem desse poder acabam por obter exactamente o oposto do pretendido. Neste âmbito favoreço fortemente uma reunião inicial dos árbitros com os mandatários (nas arbitragens internacionais por razões de agenda e de poupança pode usar-se a vídeo-conferência ou a "conference call"), na qual se definam as regras de funcionamento em complemento das que resultem de cláusulas contratuais (calendário e número de submissões, elaboração ou não de documento de saneamento do processo e seus termos, prazo máximo para junção de documentos, decisão sobre depoimentos das testemunhas serem ou nâo escritos, pré-planeamento da produção de prova, definição de prazos da arbitragem, etc).

Esta reunião pode ser seguida de uma outra, por ocasião da assinatura nas arbitragens CCI dos "termos de referência", ou "ato de missão" como no Brasil lhe preferem chamar. Nesta segunda reunião serão sobretudo questões logísticas as que será necessário consensualizar (ou decidir, se o consenso for inviável). Temas como a forma de realizar perícias (se for caso disso), de estruturar a inquirição de testemunhas (depoimentos escritos, ou não, *direct* ou só *cross examination*), se e em que termos deve haver alegações finais (em matéria de facto e direito, por escrito e/ou orais, simultâneas ou sucessivas), devem ficar resolvidos para evitar problemas futuros.

Um terceiro princípio quero realçar. Os poderes que não são exercidos no processo arbitral tendem a extinguir-se. A deplorável tendência de muitos advogados em questionar decisões de juízes, recorrer de decisões por tudo e por nada, não respeitarem as regras que estejam definidas, são em parte um resultado da recusa dos magistrados em definir as regras processuais em conjunto, mas também são um resultado da separação das profissões e da formação enviesada, que pressupõe o conflito e não a cooperação, que recebem no inicio das carreiras os juízes e os advogados.

No mundo da arbitragem essa cultura é ainda mais intolerável e inadmissível. Mas se os árbitros não forem capazes de fazer entender aos outros sujeitos processuais que não admitirão a cultura processual chicaneira e processualista que domina nos tribunais portugueses, cedo ou tarde ela entrará em acção afectando gravemente a eficácia do sistema arbitral no caso concreto.

11. CONCLUSÃO

Creio que se justifica que algumas conclusões sejam tiradas no final desta reflexão. As mais importantes são, em minha opinião, as seguintes:

a) A justiça arbitral tem a mesma dignidade e valor que a justiça dos tribunais estatais, sendo ambas soluções entre si alternativas de resolução de litígios.

b) O paradigma do Bom Juiz e o do Bom Árbitro são diferentes, embora para a definição de cada um deles seja sempre útil ter presente o outro.

c) A qualidade da arbitragem, como meio de resolução de litígios, depende da qualidade e adequação dos árbitros.

d) Os valores deontológicos dos árbitros são muito mais essenciais na prática do que os dos juízes para se fazer justiça, atentas as peculiaridades de cada sistema.

e) A eficácia da arbitragem depende da experiência e da disponibilidade dos árbitros.

f) O rigor da arbitragem depende da clareza dos poderes dos árbitros e da forma do seu exercício.

g) A aceitação da arbitragem pela comunidade depende da independência, neutralidade e imparcialidade dos árbitros.

Coimbra e Moncarapacho, Natal de 2008

A PROVA EM ARBITRAGEM:
PERSPECTIVA DE DIREITO COMPARADO

FILIPE ALFAIATE[*]

SIMPLIFIQUE-SE! – algumas notas sobre a produção de prova nas arbitragens domésticas nacionais visitando a arbitragem internacional

DESTA INTERVENÇÃO

Ao ser convidado para participar neste ilustre evento, convite que muito me honra e que agradeço, fui desafiado, pelo Dr. António Viera da Silva, a abordar um tema de cariz prático que visasse contribuir para o desenvolvimento de uma prática arbitral mais eficiente.

A preocupação do Centro de Arbitragem Comercial da Câmara de Comércio e Indústria Portuguesa (CA/CCIP) é perfeitamente justificável, tendo em conta que, segundo os seus dados oficiais em 2008 a duração média de uma arbitragem se cifrou nos 507 dias!

Decidi tentar trazer a esta conferência algumas sugestões, inspiradas na prática arbitral internacional, que pudessem ser facilmente adoptáveis pelas partes e pelos tribunais nas arbitragens domésticas nacionais, *ad hoc* ou institucionais, em que participam.

---

[*] Advogado (Portugal e Brasil) e "*Solicitor*" (Inglaterra e País de Gales) com Mestrado (LLM) em Direito Internacional ("*King's College*", Londres). À data desta intervenção, integrava, enquanto Associado Sénior, a sociedade internacional de advogados Clifford Chance, em Londres, a quem agradece o tempo e o financiamento concedido para participar neste evento.

A) DA PRÁTICA ARBITRAL DOMÉSTICA EM PORTUGAL QUANTO À PRODUÇÃO DE PROVA

1. ANÁLISE (POSSÍVEL) DA SITUAÇÃO ACTUAL

No desconhecimento de estudos estatísticos sobre este assunto que incidam tanto sobre arbitragens *"ad hoc"* como "institucionais", conclui-se pela impossibilidade de realizar um diagnóstico rigoroso. Existem, no entanto, outras fontes às quais se pode recorrer para se tentar descortinar as tendências dominantes em Portugal quanto à produção de prova em arbitragem domésticas. Doutrina e jurisprudência nacional, acrescidas da experiência própria e dos colegas consultados durante a elaboração desta intervenção, são as fontes em que esta análise se baseia.

Da análise da prática arbitral doméstica quanto à prova, infiro duas tendências predominantes: (i) a judicialização da prática arbitral probatória e (ii) a postura *"laissez-faire"* do tribunal arbitral na condução da produção da prova.

1.1. A judicialização da prática arbitral probatória

1.1.1. Noção

A judicialização da prática arbitral em Portugal é denunciada por ARMINDO RIBEIRO MENDES, quando este indica:

"No que toca à arbitragem interna, a tendência dos árbitros e dos advogados das partes vai no sentido de moldar o processo arbitral em conformidade com o modelo de processo declarativo acolhido no CPC."[1]

Mais refere o autor, de forma esclarecedora, que:
"É criticável a adopção pura e simples do modelo do processo declarativo, embora se possa aceitar que, nos casos omissos de regulamentação processual adoptada, venha a ser aplicado supletivamente este diploma."[2]

---

[1] Armindo Ribeiro Mendes, *Sumários da disciplina de práticas arbitrais do mestrado forense da Universidade Católica* in http://arbitragem.pt/estudos/sumarios-praticas-arbitrais-mestrado-forensc-da-catolica.pdf, 01/02/2009, págs. 119-120.

[2] Armindo Ribeiro Mendes, *Sumários* cit., págs. 119-120.

A Prova em Arbitragem: Perspectiva de Direito Comparado   133

Esta afirmação é sintomática da tendência dos juristas portugueses nesta matéria, mesmo dos mais experientes nas lides arbitrais, de tornarem para o conforto da lei processual civil sempre que se encontrem situações que não estejam expressamente reguladas pelas partes ou na LAV.

Também a análise da jurisprudência revela que os tribunais judiciais tendem a aplicar a lei processual civil supletivamente em matérias em que a LAV é omissa. Veja-se, por exemplo, o Tribunal da Relação de Lisboa, na senda da prática seguida pelo Supremo Tribunal de Justiça, quando estabelece que "na marcação das audiências de julgamento em processo arbitral também devem ser observadas, quer pelo tribunal, quer pelos mandatários das partes, as regras estabelecidas no art. 155.º do CPC"[3].

1.1.2. Causas

Esta prática judicializante revela a falta de uma cultura verdadeiramente arbitral entre a comunidade jurídica portuguesa. Ainda se encontra em Portugal – cada vez menos, é certo – uma resistência em compreender e aceitar a arbitragem, não como um tribunal judicial sem becas nem togas, mas como um método verdadeiramente alternativo de resolução de conflitos com uma natureza, princípios e fins distintos daqueles que enformam o contencioso judiciário.

Onde esta mentalidade ganha maior visibilidade é em matéria de produção de prova. Aqui, partes e árbitros procuram ainda mais visivelmente o refúgio da lei processual civil e das práticas forenses com que sempre trabalharam. Ora, num país com pouca exposição à arbitragem nos últimos 20 anos – em termos de doutrina, de jurisprudência e de formação técnica – é natural que os juristas portugueses, numa matéria tão importante como a produção de prova, procurem ser prudentes e cautelosos.

Com efeito, o modo como a prova é "produzida" ou "descoberta", conforme o ordenamento jurídico em causa[4], reveste-se de enorme

---

[3] Acórdão 4213/2008 de 16/09/2008.

[4] Para uma análise geral sobre as diferenças entre as várias famílias jurídicas e o seu impacto quanto à prova, recomenda-se, em Portugal, Dário Moura Vicente, *Direito Comparado – Volume I – Introdução e Parte Geral,* Coimbra, Almedina, 2008; e, na

importância. Como a este propósito refere Jan Paulsson, " [...] é verdade que a decisão de muitos casos depende da forma como o tribunal permite que a prova seja apresentada"[5]. Portugal não é caso único. Algumas experiências estrangeiras – como, por exemplo, França, Inglaterra ou os EUA – revelam que é precisamente na fase da produção de prova em arbitragens domésticas que uma cultura verdadeiramente arbitral, por contraposição ao replicar da prática forense utilizada nos tribunais judiciais, demora mais tempo a singrar.

Se não é criticável que a comunidade jurídica portuguesa tenha procurado o conforto do Código de Processo Civil (CPC) nos seus primeiros contactos com a Arbitragem, já é preocupante que esta prática permaneça dominante em Portugal, sendo inclusivamente considerada como razoável e legítima, volvidos mais de 20 anos desde a aprovação da LAV.

1.1.3. Efeitos desta prática

A prática judicializante que aqui se analisa implica carrear para a arbitragem os problemas dos tribunais judiciais que as partes procuraram obviar quando convencionaram o recurso à arbitragem, nomeadamente a lentidão, os custos elevados e a pouca eficiência do contencioso judiciário. Por outras palavras, esta prática defrauda as expectativas das partes que convencionaram recorrer à arbitragem ao invés de dirimirem os seus litígios nos tribunais judiciais.

Também os propósitos da LAV são defraudados por esta prática judicializante. Com a promulgação da LAV, o legislador português pretendeu divorciar o modo de funcionamento do processo civil declarativo do modo de funcionamento da arbitragem.

---

doutrina internacional, *inter alia,* Jan Paulsson, *Overview of methods of presenting evidence in different legal systems,* Congresso da ICCA n.º 7, 1996, Kluwer, pág. 113, Pierre Mayer, *Comparative Analysis of Power of Arbitrators to determine Procedures in Civil and Common Law systems,* Congresso da ICCA série n.º 7, Haia/Londres, Kluwer Law International, 1996, pág. 24 e segs; mais centrado nas diferentes abordagens quanto à arbitragem, sugere-se Christian Borris, *Common law and civil law: fundamental differences and their impact on Arbitration* in *ADR Law Journal,* 2.º quadr., 1995, págs. 92 e segs.

[5] Tradução livre de: " [...] *it is* [...] *true that the outcome of many a case depends on how the tribunal allows the evidence to be presented*". Jan Paulsson, *Overview of methods of presenting evidence in different legal systems* cit, pág. 113.

A Prova em Arbitragem: Perspectiva de Direito Comparado   135

Apesar da observação atenta de LOPES DO REIS[6] quanto às intenções do legislador pré-1986 de autonomizar a arbitragem, a verdade é que o tratamento legal da arbitragem antes da LAV era marcadamente judicializante. Só com a LAV é que se consolidou a autonomia da arbitragem em Portugal face ao contencioso judiciário.

A Exposição de Motivos da proposta de Lei n.º 34/IV (EM), que viria depois a ser aprovada, com poucas alterações, como LAV, é a esse respeito esclarecedora. Em lugar algum da EM se indica que deve o tribunal arbitral seguir supletivamente o disposto na lei de processo civil. Antes pelo contrário: reconhece-se na EM da LAV a "autonomia privada como fundamento da arbitragem voluntária e o facto de tal reconhecimento moldar a disciplina do instituto em aspectos tão importantes como (...) escolha das regras do processo". Assim, confiou a LAV "à livre estipulação das partes a disciplina de múltiplos aspectos relativos [ao] funcionamento do tribunal arbitral"[7].

Concluo, chamando a atenção para o que escreve ARTUR MARIOTT sobre a arbitragem em Inglaterra num excerto que pode ser aplicado, *mutatis mutandis*, a Portugal:

"[o]s árbitros tem que aprender a ser inovadores. É simplesmente inaceitável que um árbitro em Inglaterra se limite a dizer que fará aquilo que um juiz faria quando toma decisões processuais. Isso é uma renúncia às responsabilidades e poderes que a nova lei [de arbitragem de 1996] lhe confere. A adesão servil às [...] regras processuais dos tribunais judiciais quase resultou no desastre da arbitragem doméstica em Inglaterra, e eu avanço que isso teve lamentavelmente um efeito semelhante nos outros países influenciados pelo sistema inglês de *common law*"[8].

---

[6] LOPES dos REIS defendia, com razão a meu ver, que "mesmo a judicialização da arbitragem, que vigorou até ao efémero D-L n.º 243/84, de 17 de Julho, nunca foi concebida como limitação da jurisdição arbitral, mas como instrumento dirigido à sua eficácia e funcionalidade." Lopes dos Reis, *Representação Forense,* Coimbra, Coimbra Editora, 2001, pág. 123, nota de rodapé n.º 237.

[7] Parágrafo 3.º, 4.º e 10.º da Exposição de Motivos sobre a Proposta de Lei n.º 34/IV, a qual esteve na origem da aprovação da Lei n.º 31/86, de 29 de Agosto. A Exposição de Motivos foi publicada no Diário da Assembleia da Republica, 2.ª série, n.º 83, de 2 Julho de 1986.

[8] "[...] *arbitrators must learn to be innovative. It is simply unacceptable for an arbitrator in England when making procedural decisions simply to say that he would do*

1.2. A postura *"laissez-faire"* do tribunal arbitral na condução da produção de prova

1.2.1. Noção

A prática dominante em Portugal quanto à condução da produção de prova pode ser definida como a postura *"laissez-faire"* do tribunal arbitral. Trata-se de uma forma de adjectivar o comportamento do tribunal arbitral que evita tomar decisões que não sejam consensuais, até sobre as matérias mais corriqueiras, acomodando muitas vezes pedidos pouco razoáveis e transigindo com incumprimentos de prazos e regras processuais previamente acordados ou estabelecidos.

1.2.2. Causas

Muitas vezes, o tribunal arbitral adopta uma postura passiva – relegando tacitamente para as partes a definição do modo e do passo da produção de prova – por razões de extrema e injustificada cautela. Ou seja, o tribunal arbitral, com a sua passividade, procura minimizar o cometimento de erros que possam *a posteriori* fundamentar a anulação da sua decisão arbitral. Prefere, por isso, aceitar a junção de documentos submetidos por uma das partes fora do prazo estabelecido e acordado, por recear que a sua recusa em receber tais documentos possa ser depois utilizada como fundamento de anulação da sentença arbitral, nos termos do art. 27.º da LAV.

Contudo, esta é uma falsa vantagem da abordagem *"laissez-faire"*. Em primeiro lugar, porque tal não impede de todo que uma das partes venha a invocar falta de imparcialidade ou violação do princípio do contraditório em sede de impugnação da decisão arbitral. Depois, porque nem toda e qualquer violação desses princípios permite a anulação da sentença – apenas são anuláveis as inobservâncias que tenham tido uma "influência decisiva na resolução do litígio"[9]. Creio que dificilmente se

---

what a judge would do. That is an abdication of the responsibilities and power which the new [Arbitration] *Act gives him. Slavish adherence to [...] court rules led English Domestic arbitration almost to disaster; and I suggest that this had an unfortunate and like effect in other countries influenced by the English common law system"* (tradução livre). Arthur Marriott QC, "Less is More: Directing Arbitration Procedures" in *Arbitration International*, vol. 16, n.º 3, LCIA, Londres, 2000, pág. 354.

[9] Nos termos do art. 27.º n.º 1 alínea c) da LAV.

verá uma sentença arbitral anulada por um tribunal judicial com fundamento, por exemplo, na fixação pelo tribunal arbitral de um número
máximo de horas igual para ambas as partes para a inquirição de testemunhas.

Outras vezes, esta postura *"laissez-faire"* radica na concepção que
os árbitros têm de que a arbitragem "pertence" às partes e que, portanto,
cabe a estas últimas ditar o ritmo e a forma como, nomeadamente, a
produção de prova decorrerá. Se uma das partes, ou ambas, conseguem
impor modelos de produção de prova pouco eficientes, estão no seu
inteiro direito, não cabendo ao tribunal qualquer dever de garantir a
eficiência e rapidez do processo arbitral, para além de responder com
diligência ao que é solicitado pelas partes.

Esta argumentação não pode ser aceite, como demonstrarei mais
adiante. Nem a natureza consensual da arbitragem impede que o tribunal
dirija efectivamente a produção de prova, nem a LAV deixa de impor ao
tribunal, quer directamente, quer implicitamente, deveres nesta matéria
(nomeadamente de celeridade processual).

1.2.3. Efeitos

A cautela e a ponderação são virtudes a enaltecer em qualquer
tribunal arbitral, na justa medida em que não impeçam a gestão eficiente
do processo arbitral. Caso contrário, fica o tribunal "refém" das possíveis manobras dilatórias das partes, acabando por se ver obrigado, para
não confrontar as partes, a contemporizar com atrasos e custos desnecessários. A postura *"laissez-faire"* do tribunal arbitral retira flexibilidade à
arbitragem, atrasando-a e encarecendo-a, defraudando assim as próprias
expectativas das partes.

Por outro lado, a postura *"laissez-faire"* descredibiliza a arbitragem
junto dos seus utilizadores.

Veja-se a situação, nada incomum, do demandante que se vê for-
çado a chegar a um acordo com o demandado, preferindo um mau
acordo hoje do que uma boa decisão daqui a largos meses. Pois os custos
da arbitragem ainda antes da audiência arbitral são já excessivos, tendo
em conta o montante em disputa. Custos que foram empolados devido
à passividade do tribunal, o qual permitiu ao demandado realizar várias
manobras dilatórias.

Interroga-se certamente o demandante de que serviu ter recorrido à
arbitragem em vez de recorrer aos tribunais judiciais. A resolução do

138 *II Congresso do Centro de Arbitragem da Câmara de Comércio e Indústria*

litígio foi porventura mais dispendiosa do que se tivesse recorrido aos tribunais judiciais, para além de ter obtido um acordo pouco vantajoso. É, por isso, natural que o demandado se pergunte se não terá comprado "gato por lebre".

A esta situação já de si pouco lisonjeira para a arbitragem (e para todos aqueles que trabalham em arbitragem), acresce a questão da (quase inexistente) redução dos honorários dos árbitros quando as partes chegam a acordo antes de a decisão arbitral ser proferida (e, muitas vezes, antes da realização da audiência arbitral). Com efeito, não é difícil imaginar o que as partes pensarão quando constatarem que terão de pagar ao tribunal arbitral praticamente os mesmos honorários que seriam devidos caso este tivesse efectivamente proferido a decisão arbitral (especialmente nos casos em que nem sequer foi realizada a audiência arbitral).

Segundo os dados que recolhi, esta é, infelizmente, a prática dominante em Portugal em matéria da redução dos honorários dos árbitros, a qual é, aliás, permitida pelo regulamento do CA/CCIP. Segundo este regulamento, fica inteiramente à descrição do tribunal arbitral determinar se há lugar à redução dos honorários (art. 48.º n.º 5), e crê-se ser esta a regra geralmente seguida nas arbitragens *ad hoc*, sempre que outra coisa não seja convencionada pelas partes, antes da aceitação dos árbitros, ou depois, com o acordo destes.

Os árbitros não podem deixar de saber que a sua inoperância leva quase inevitavelmente ao escalar dos custos e que este aumento dos custos incentiva fortemente as partes a procurarem um acordo. Também sabem os árbitros que, em muitos casos, este acordo ocorre antes de a audiência arbitral se realizar, de forma a evitar mais custos – tendo em conta que a audiência é uma das fases mais dispendiosas de toda a arbitragem. E não podem os árbitros ignorar que é da audiência arbitral em diante que o seu trabalho verdadeiramente se intensifica, especialmente para os co-árbitros.

Donde, a não ser que exista uma redução proporcional e não meramente simbólica dos honorários do tribunal, este está a ser pago por inteiro por um trabalho feito pela metade (e, a meu ver, mal feito). O que é a todos os títulos censurável.

Pelo exposto, creio que todos concordaremos que, nas situações ora assinaladas, as partes pensarão duas vezes antes de voltar a assinar uma convenção arbitral. E com muitíssima razão, acrescente-se.

1.3. O recurso à arbitragem doméstica em Portugal desde 1986

A tímida adesão à arbitragem em Portugal, nos últimos 23 anos, é especialmente rcalçada quando confrontada com o desenvolvimento da arbitragem no espaço europeu, ou até mesmo em países que, até há pouco tempo, eram marcados por uma cultura de décadas de hostilidade à arbitragem, como é o caso dos países da América Latina.

Saliente-se o exemplo ilustrativo da Câmara de Comércio de Lima, no Perú, cujo centro de arbitragem, entre 1993 e 2007, recebeu a cifra de 1368 pedidos de arbitragem, tendo, em finais de 2007, 150 arbitragens pendentes, na sua esmagadora maioria arbitragens domésticas[10]. Em Portugal, entre 1990 a 2008, a CA/CCIP, que é indubitavelmente o centro de arbitragem com maior expressão no país[11], administrou apenas 150 arbitragens. Em 2008, foram iniciadas 15 arbitragens e concluídas 16 arbitragens[12]. Os números são reveladores e falam por si.

Considerando os seus efeitos, já devidamente identificados atrás, não posso deixar de concluir que a judicialização da produção de prova em arbitragens, conjugada com a postura *"laissez-faire"* do tribunal arbitral, contribuiu decisivamente para tornar o recurso à arbitragem em Portugal pouco atractivo, tendo certamente culpas na reduzida utilização da arbitragem em Portugal desde 1986.

Como alterar este estado de coisas? É a resposta a essa pergunta-chave que irei procurar de seguida.

---

[10] Informação obtida em http://www.camaralima.org.pe/arbitraje, a 1/1/2009.

[11] Excluem-se os centros de arbitragem com competência especializada, como, por exemplo, os centros de arbitragem especializados em conflitos de consumo ou emergentes de seguros.

[12] Dados oficiais facultados pelo secretariado da CA/CCIP.

2. COMO ALTERAR A PRÁTICA ARBITRAL PREVALECENTE NA PRODUÇÃO DE PROVA EM PORTUGAL NO MAIS CURTO ESPAÇO DE TEMPO POSSÍVEL?

2.1. Mediante a reforma da LAV actual ou uma nova LAV?

Vários autores portugueses[13] afirmam que o Governo arrancou já com o processo da reforma da LAV, o que, a ser verdade, só peca por ser tardio. A reforma pode, sem dúvida, facilitar o desenvolvimento da arbitragem, doméstica e internacional, em Portugal, se for realizada por técnicos efectivamente especializados na matéria, munidos da bagagem teórica e experiência prática necessárias.

Contudo, o principal entrave à modernização da actual prática arbitral em Portugal quanto à produção de prova não é, a meu ver, legal, mas sim cultural – o que facilmente pode ser demonstrado.

Por um lado, tanto uma nova LAV como uma LAV reformada pouco modificariam o regime actual quanto à produção de prova em arbitragens domésticas. Dificilmente se concebe que a amplitude concedida pela LAV às partes e ao tribunal arbitral para regular a produção de prova fosse merecer revisão, dado que obedece aos padrões internacionais mais modernos sobre esta matéria, nomeadamente à Lei Modelo sobre arbitragem comercial internacional da Comissão das Nações Unidas para o Direito Comercial Internacional (CNUDCI), de que se tratará adiante.

Por outro, as práticas dominantes quanto à produção de prova (*i.e.*, judicialização e condução "*laissez-faire*") não têm base legal, nem pretendem seguir uma qualquer interpretação da LAV ou de outro dispositivo legal. São práticas que resultam da forma como, ainda hoje em dia, a maior parte da comunidade jurídica portuguesa pensa o instituto da arbitragem. Assim, considero que promulgar uma nova LAV ou reformar a lei actual, sem ao mesmo tempo tratar de mudar mentalidades, é como "pôr vinho novo em odres velhos".

---

[13] Entre outros, Armindo Ribeiro Mendes, "Balanço dos Vinte Anos de Vigência da Lei de Arbitragem Voluntária" in *I Congresso do Centro de Arbitragem da Câmara de Comércio e Indústria Portuguesa*, Coimbra, Almedina, 2008, pág. 52.

A Prova em Arbitragem: Perspectiva de Direito Comparado

Entendo que, não sendo possível mudar mentalidades por decreto, apesar de ser um indispensável estímulo, é possível aperfeiçoar um decreto através de uma cultura arbitral forte. Veja-se o exemplo do crescimento vertiginoso da arbitragem no Brasil nos últimos anos, apesar de a lei brasileira de arbitragem apresentar diversas dificuldades de ordem técnica. Ainda é mais surpreendente este desenvolvimento se atendermos à hostilidade que existia no Brasil até há bem pouco tempo em relação à arbitragem.

2.2. Mediante a promoção de debates e de formação técnica especificamente sobre arbitragem?

A promoção de debates e de formação técnica é uma condição essencial para o desenvolvimento de uma cultura arbitral em Portugal. Sublinho que, nos últimos três anos, despontaram várias iniciativas que vão nesse sentido. Refira-se os debates e conferências promovidos pela Associação Portuguesa de Arbitragem e pelo CA/CCIP, que cabe elogiar e incentivar.

Saliento, por outro lado, a criação do Laboratório de Resolução Alternativa de Litígios na Faculdade de Direito da Universidade Nova de Lisboa, uma plataforma temática de académicos e advogados que, entre outras coisas, lançou o primeiro curso de pós-graduação em Arbitragem, que já vai na segunda edição. Para além da componente teórica, este curso promove a prática arbitral através da realização de simulações conduzidas por advogados experientes – portugueses e estrangeiros –, pelo director da LCIA e pelo "*chairman*" da CCI. Outras iniciativas poderiam ser também aqui referidas.

Debalde a sua relevância, os efeitos da promoção de debates e de formação técnica manifestam-se apenas a médio prazo, não podendo *per se* proceder à alteração urgente da prática arbitral dominante em Portugal quanto à produção de prova.

---

[14] "[...] *contributed largely to an increase in the use of arbitration for resolving disputes arising out of international commercial contracts*" (tradução livre). P. Sanders, *Quo Vadis Arbitration? Sixty years of arbitration practice*, Haia/Londres, Kluwer Law International, 1999.

2.3. Ponderar seguir alguma das soluções da prática arbitral internacional em matéria de produção de prova?

2.3.1. Do interesse da prática internacional

Nem a arbitragem internacional é uma panaceia, nem a prática arbitral internacional apresenta sempre soluções melhores do que aquelas que são utilizadas na prática arbitral nacional.

Contudo, o crescimento económico verificado desde o pós II Guerra Mundial até aos nossos dias, com um incremento fortíssimo do comércio internacional, "contribuiu largamente para o aumento do uso da arbitragem para a resolução de conflitos oriundos de contratos comerciais internacionais"[14]. Actualmente, "é a prática arbitral e não considerações de índole nacional que conforma presentemente o funcionamento da arbitragem"[15].

Do confronto entre partes e árbitros oriundos de países diferentes, com diferentes concepções quanto ao melhor modo de produzir prova, surgiu a necessidade de reavaliar as soluções existentes em cada país de forma a seleccionar as mais eficientes delas, ou encontrar soluções ecléticas, aptas a serem recebidas por juristas das mais diversas proveniências.

Assim, a primeira vantagem de recorrer às soluções da prática arbitral internacional é permitir ao árbitro português concentrar-se nas questões substantivas, não tendo de "reinventar a roda" para encontrar, em matéria de produção de prova, soluções que promovam a celeridade e a economia processual.

De facto, poucas razões, se é que há alguma, podem ser apresentadas para justificar que um árbitro português não estude e tome em consideração as reflexões e conclusões que peritos internacionais e nacionais realizaram nos últimos 17 anos sobre quais são as abordagens mais eficientes em termos de produção de prova[16]. Principalmente quando a LAV permite uma ampla margem de manobra quanto à produção de prova.

---

[15] "[...] *it is the practice of arbitration rather than the national's considerations that now controls the arbitration framework*" (tradução livre). Lew, Mistellis, Kroll, *Comparative International Commercial Arbitration,* Haia/Londres, Kluwer Law International, 2003, pág. 82.

[16] Extraem-se importantes lições dos muitos estudos que se realizaram sobre a prova na arbitragem internacional, tendo especial interesse para Portugal os que foram

A Prova em Arbitragem: Perspectiva de Direito Comparado 143

Da comparação das soluções portuguesas, em matéria de produção de prova, com as de outros países, constato não existir um método certo, infalível e indiscutível para produzir a prova dos factos alegados. Desse confronto só é possível concluir que, pelo contrário, o que existe são diferentes abordagens e metodologias passíveis de serem utilizadas dependendo das especificidades da arbitragem em concreto.

Esta é uma das conclusões que JAN PAULSSON veicula num artigo provocador, no qual, após utilizar uma elucidativa metáfora sobre as diferenças entre a prova nos direitos de matriz continental civil e nos de matriz anglo-saxónica, a que chama "grande divisão", afirma:

"Talvez não exista qualquer Grande Divisão. Talvez tenhamos que reconhecer que tudo o que for local e arreigado a instituições com séculos tenderá a ser peculiar. Poderemos então verificar que, neste contexto, existe uma miríade de sistemas locais, todos tendendo a impor a necessidade de uma aproximação universal a um sistema de prova confiável mas também eficiente em termos de custos [...]"[17]

Por fim, uma última razão justificativa do interesse do recurso à prática internacional. Esta permite aos árbitros portugueses terem um ponto de comparação válido e testado, contra o qual podem avaliar da justeza e da eficiência das práticas probatórias seguidas no seu país. Podem, assim, afastar-se com segurança daquelas práticas probatórias cuja utilização se deve mais à rotina do que à sua eficiência e economia.

Infelizmente, apesar das razões apresentadas, existe uma resistência em Portugal quanto à adopção, em sede da arbitragem doméstica, das soluções provenientes da arbitragem internacional.

Parece-me que esta resistência tem as suas raízes no modo como Portugal, seguindo a opção francesa – muito criticada e pouco implementada internacionalmente –, trata de maneira diferenciada a arbitragem doméstica e a internacional. A generalidade dos países segue uma opção

---

realizados no princípio da década de noventa, antes da revisão dos regulamentos dos principais centros de internacionais (*ie.* LCIA, CCI e AAA/ICDR).

[17] *"Perhaps there is no Great Divide at all. Perhaps we need to recognize that anything that is local and bound up in centuries-old institutions is likely to be peculiar. We might then see that in this sense there is a myriad of local systems, all tending to impede the emergence of an universal approach to a reliable yet cost-efficient weighing of evidence [...]".* Jan Paulsson, *Overview of methods of presenting evidence in different legal systems* cit, pág. 113.

144 *II Congresso do Centro de Arbitragem da Câmara de Comércio e Indústria*

dita monista, tratando do mesmo modo arbitragens internacionais e arbitragens domésticas.

Mas, em Portugal, talvez devido à abordagem dualista da LAV, predomina uma cultura que trata a arbitragem doméstica e a internacional como se fossem realidades profundamente distintas, quase impermeáveis uma à outra, levando distintos juristas, como Armindo Ribeiro Mendes, a entender que deve deixar para "os especialistas de Direito Internacional Privado a ponderação sobre [a revisão da LAV quanto à Arbitragem Internacional]"[18].

Esta resistência deve ser combatida, pois é injustificável. A influência da arbitragem internacional no regime da arbitragem doméstica em Portugal é profunda. Porque o tempo previsto para esta intervenção não me permite mais, passo a descrever, rapidamente, três instrumentos normativos da arbitragem internacional que tiveram e que têm uma influência substancial no regime legal da arbitragem doméstica em Portugal.

Em primeiro lugar, a Convenção de Nova Iorque sobre o Reconhecimento e a Execução de Sentenças Arbitrais Estrangeiras (CNI) de 1958, que foi concebida para facultar um mecanismo rápido e eficiente para o reconhecimento e execução das convenções e das decisões arbitrais em todo o mundo, naturalmente condicionadas à observância de alguns aspectos fundamentais. E fê-lo com enorme sucesso – a CNI foi ratificada por mais de 140 países[19], incluindo Portugal[20]. O sucesso da CNI é incontornável. Segundo Dário Moura Vicente, "a proporção de sentenças arbitrais cujo reconhecimento é recusado nesses Estados [Estados signatários da CNI é] inferior a 5%"[21]. Quanto à sua influência na arbitragem doméstica em Portugal, refira-se que a CNI influenciou a redacção da LAV, o que é expressamente reconhecido na EM da LAV.

---

[18] Armindo Ribeiro Mendes, *Balanço dos Vinte Anos de Vigência da Lei de Arbitragem Voluntária* cit, pág. 55.

[19] V. www.uncitral.org.

[20] Convenção sobre o Reconhecimento e a Execução de Sentenças Arbitrais Estrangeiras celebrada em Nova Iorque, EUA, a 10 de Junho de 1958, tendo sido ratificada, até 1 Fevereiro de 2009, por mais de 142 países (*v.* www.uncitral.org). Portugal ratificou esta Convenção em 1994, a qual entrou em vigor, em território nacional, a 16 de Janeiro de 1995.

[21] Dário Moura Vicente, "Portugal e as Convenções Internacionais em matéria de Arbitragem" in *I Congresso do Centro de Arbitragem da Câmara de Comércio e Indústria Portuguesa*, Coimbra, Almedina, 2008, pág. 75.

A Prova em Arbitragem: Perspectiva de Direito Comparado 145

Em segundo lugar, refira-se o regulamento de arbitragem da CNUDCI de 1976[22], adoptado por diversas instituições arbitrais[23], marco incontornável da arbitragem institucional em todo o mundo. Este regulamento tem "a vantagem de ter sido preparado por uma comissão com uma composição internacional"[24], e, por isso, é capaz de estabelecer "regras para arbitragens *ad hoc* que são aceitáveis em países com diferentes sistemas legais, sociais e económicos"[25].

São as arbitragens domésticas em Portugal regidas por disposições influenciadas pelo regulamento CNUDCI? A resposta só pode ser afirmativa. Os redactores da LAV reconhecem na sua EM a existência deste regulamento, e algumas das suas soluções, reconheça-se ou não, estão incorporadas no texto da LAV. Por outro lado, não é possível enjeitar a influência do regulamento CNUDCI tanto no seu novo como no antigo Regulamento do CA/CCIP, como uma leitura atenta do regulamento CNUDCI permite constatar.

Em terceiro e último lugar, a já referida Lei Modelo sobre arbitragem comercial internacional da CNUDCI (LM), aprovada em 21 de Junho de 1985 para estabelecer uma "sólida e promissora base para a desejada harmonização e melhoria das leis nacionais"[26], definindo "*standards* uniformes para o processo arbitral"[27]. Esta harmonização reduz os custos das transacções internacionais derivados da incerteza sobre o regime aplicável à arbitragem[28].

---

[22] *V.* www.uncitral.org.

[23] A Inter-American Commercial Arbitration Commission, a Asian-African Legal Consultive Commission, o Australian Institute of Arbitration, o Singapore International Arbitration Centre e o Permanent Court of Arbitration (in P. Sanders, *The work of UNCITRAL on Arbitration and Conciliation*, Haia/Londres, Kluwer Law International, pág. 14.

[24] "[...] *the advantage of having been prepared by a Commission with an international composition*" (tradução livre). P. Sander, *idem*, pág. 2.

[25] "[...] *rules for ad hoc arbitration that are acceptable in countries with different legal, social and economic systems*" (tradução livre), in Preâmbulo do regulamento de arbitragem da CNUDCI, parág. 2.

[26] "[...] *sound and promising basis for the desired harmonization and improvement of national laws*" (tradução livre), in Nota explicativa do secretariado da CNDUDI (documento da CNUDCI identificado como A/40/17, Anexo I).

[27] "[...] *uniform standards of arbitral procedure*" (tradução livre), in documento da CNUDCI identificado como A A/CN.9/169, parág. 6.

[28] Dário Moura Vicente, *Portugal e as Convenções Internacionais em matéria de Arbitragem* cit, pág. 71.

A LM já foi adoptada em mais de 40 países[29], nos quais também regula as arbitragens domésticas. Outros tantos países tomaram como boas as suas soluções, mas preferiram redigir um texto próprio – tal é o caso de Portugal, Brasil e Inglaterra. É inegável que a LAV incorpora soluções oriundas da LM. Aliás, na sua Exposição de Motivos, reconhece-se a relevância da LM[30].

Fica demonstrada, ainda que sumariamente, a influência dos principais instrumentos normativos da arbitragem internacional na arbitragem doméstica em Portugal e, consequentemente, na prática arbitral doméstica portuguesa.

Pelo exposto, reitera-se que a adopção pelos árbitros e pelos representantes das partes de algumas das práticas internacionais quanto à produção de prova é uma forma prática e exequível de começar desde já a modificar a prática arbitral prevalecente em Portugal. Cabe agora analisar a eventual existência de entraves legais à adopção de soluções oriundas da prática arbitral internacional em matéria de produção de prova.

2.3.2. Existe algum entrave legal à adopção de soluções oriundas da prática arbitral internacional, em matéria de produção de prova?

a) O regime legal português

A lei fundamental permite, no seu artigo 212.º n.º 2, a existência de tribunais arbitrais em Portugal. O artigo 18.º n.º 1 da LAV estabelece que "pode ser produzida perante o tribunal arbitral qualquer prova admitida pela lei de processo civil". No art. 16.º da LAV, constam os princípios inderrogáveis a observar na produção de prova, cuja violação implica a anulação da decisão arbitral, nos termos do artigo 27.º n.º 1 alínea c) da LAV, caso essa violação tenha tido influência decisiva na resolução do litígio. Esses princípios são: (i) a igualdade das partes, (ii) a citação do demandado para se defender, (iii) a estrita observância do princípio do contraditório e (iv) a exigência de que ambas as partes sejam ouvidas, oralmente ou por escrito, antes de ser proferida a decisão final.

A vontade das partes, quanto à produção de prova, está ainda limitada pelo disposto no artigo 1.º da LAV e pelos limites gerais à

---

[29] www.uncitral.org.
[30] Parágrafos n.º 1 e n.º 2.

autonomia privada estabelecidos no artigo 281.º do Código Civil Português (ilegalidade, contrariedade à Ordem Pública e ofensa aos bons costumes). Por sua vez, o tribunal arbitral está também limitado, na sua actuação, ao acordado pelas partes – quer directamente, quer mediante a adesão a um regulamento de arbitragem[31].

b) Interpretar o artigo 18.º da LAV

Em primeiro lugar, cumpre determinar o escopo deste artigo.

Ao indicar que "pode ser produzida perante o tribunal arbitral qualquer prova admitida pela lei de processo civil", o legislador regula apenas a admissibilidade dos meios de prova – a produção de prova está, assim, fora do escopo deste artigo. Deste modo, a produção de prova fica na livre disponibilidade das partes e, no seu silêncio, do tribunal, ou até de ambos (caso queiram chegar a acordo nesta matéria).

A autonomia da vontade das partes quanto à produção de prova é limitada pelos princípios do artigo 16.º da LAV e pelos limites gerais à autonomia privada estabelecidos no Direito Português. Por exemplo, a decisão arbitral numa arbitragem onde, por absurdo, tivesse sido acordado que se inverteria o princípio do ónus da prova ("[à]quele que invocar um direito cabe fazer a prova dos factos constitutivos do direito")[32]

---

[31] Os árbitros têm conhecimento do que foi acordado pelas partes sobre esta matéria antes de aceitarem a sua nomeação. Quando aceitaram a sua nomeação, aceitaram também esses termos. Assim, se o que as partes tiverem acordado for algo, por exemplo, inexequível ou marcadamente inoperativo e ineficiente, não pode o tribunal substituir-se à vontade das partes e conduzir a arbitragem contrariamente aos termos desse acordo. Se o fizer, a decisão arbitral poderá ser anulada – artigo 27.º n.º1 alínea b) da LAV.

Todavia, podem os árbitros pressionar as partes para alterarem tal acordo, condicionando a aceitação da sua nomeação à alteração do acordado anteriormente pelas partes. Geralmente, as partes acedem a este pedido do tribunal.

Se o acordo das partes for posterior à constituição do tribunal arbitral, pode este recusar-se a aplicá-lo, caso se demonstre que os árbitros não teriam aceite o encargo de serem árbitros se esse acordo existisse à data em que o fizeram. Esta situação paralisa o funcionamento do tribunal, pois não parece razoável que as partes sejam obrigadas a fazer algo diferente daquilo que foi convencionado por ambas. Nessa situação, deve(m) o(s) árbitro(s) avisar atempadamente as partes que se pretende escusar justificadamente do exercício da função de árbitro e dar-lhes um prazo para reverem os termos dos seu acordo, antes de renunciar(em). Parece-me que poderão fazê-lo depois sem incorrerem em qualquer responsabilidade. Caberá às partes designarem novo(s) árbitro(s). Esta é uma situação extrema e disfuncional que deve ser usada com muita parcimónia.

[32] Artigo 342.º n.º 1 Código Civil Português.

seria, crê-se, anulável. O princípio do ónus da prova é um princípio estrutural da ordem jurídica portuguesa e, portanto, a sua preterição é contrária à ordem pública[33].

Apesar de termos já referido que o objecto desta intervenção – a produção de prova – fica fora do âmbito de aplicação do art. 18.º da LAV, importa analisar, ainda que brevemente, se este artigo impõe que apenas se possam utilizar os meios de prova previstos no CPC.

O artigo 18.º deve ser interpretado nos termos do artigo 9.º do Código Civil português. Porquanto, deve-se assumir a competência técnica do legislador, que terá sabido "[...] exprimir o seu pensamento em termos adequados." Mas como nem a confiança é cega, nem a presunção de competência do legislador inilidível, não deve o intérprete ficar aferrolhado à letra da lei. Por isso, o legislador de 1966 manda o intérprete "reconstituir a partir dos textos o pensamento legislativo, tendo sobretudo em conta a unidade do sistema jurídico, as circunstâncias em que a lei foi elaborada e as condições específicas do tempo em que é aplicada"[34].

Da aplicação de tais regras interpretativas resulta que o artigo 18.º da LAV estabelece apenas uma faculdade e não uma limitação à autonomia das partes na arbitragem em matéria de admissibilidade de meios de prova[35].

A primeira justificação para esta interpretação funda-se na letra da lei. O Legislador – podendo iniciar o artigo com "deve" ou "tem que", ou mesmo "só pode", o que lhe daria um teor prescritivo – preferiu

---

[33] Acompanha-se, por isso, LIMA PINHEIRO, quando este conclui que, apesar de o art. 27.º da LAV não eleger a contrariedade à Ordem Pública como fundamento de anulação da decisão arbitral, se deve considerar que, no quadro do direito existente, é possível anular uma decisão arbitral com base nesse fundamento nas situações excepcionais em que a contrariedade com a Ordem Pública conduza "a um resultado manifestamente incompatível com normas e princípios fundamentais da ordem jurídica local". Lima Pinheiro, "Recurso e Anulação da Decisão Arbitral", *I Congresso do Centro de Arbitragem da Câmara de Comércio e Indústria Portuguesa*, Coimbra, Almedina, 2008, pág. 189.

[34] "Art. 9.º [...] 1. A interpretação não deve cingir-se à letra da lei, mas reconstituir a partir dos textos o pensamento legislativo, tendo sobretudo em conta a unidade do sistema jurídico, as circunstâncias em que a lei foi elaborada e as condições específicas do tempo em que é aplicada. [...]".

[35] Em sentido convergente, Mariana França Gouveia, "Resolução Alternativa de Litígios – Relatório sobre o programa, os conteúdos e os métodos do seu ensino teórico e prático", policopiado, 2008.

utilizar o verbo "pode", que significa "ter a faculdade, a possibilidade de". Não podia o legislador ignorar que, ao redigir o artigo deste modo, não estaria a limitar a admissibilidade de meios de prova em arbitragens ao disposto na lei de processo civil, mas a dar apenas a faculdade às partes de recorrem à "prova admitida pela lei de processo civil" (e, ao fim e ao cabo, recordando-as dessa faculdade).

Esta interpretação é confirmada pelo facto de a LAV, conforme já se referiu, aquando da sua promulgação, ter procurado, em claro contraste com a legislação anterior, proceder a um divórcio entre o modo de funcionamento do processo civil declarativo e o modo de funcionamento da arbitragem.

Neste contexto, não é razoável concluir que o legislador tenha pretendido atar o tribunal e as partes à prova admitida na lei de processo civil. Parecer ter sido esta também a conclusão da comissão que redigiu o artigo 30.º do novo Regulamento do CA/CCIP, onde se lê que "[p]ode ser produzida perante o tribunal arbitral qualquer prova admitida pela lei aplicável ou convencionada pelas partes".

É permitido, assim, às partes – por acordo[36], ou, na sua falta, ao Tribunal arbitral – utilizarem os meios de prova dispostos na lei processual civil e/ou outros que entendam adequados, desde que respeitem o art. 16 da LAV e os limites gerais da autonomia privada.

d) Conclusão

Conclui-se, então, que não existe qualquer entrave legal à adopção pela arbitragem doméstica de soluções oriundas da prática arbitral internacional, em matéria de prova, desde que as soluções em concreto respeitem os limites gerais que o ordenamento jurídico português impõe à autonomia privada, bem como os limites operativos específicos do artigo 16.º da LAV.

---

[36] Acordo que regula directamente ente as partes ou por referência para um regulamento de arbitragem ou outro documento.

3. QUAIS SÃO OS "FARÓIS" QUE DEVEM GUIAR A CONDUÇÃO DO PROCESSO ARBITRAL EM SEDE DE PRODUÇÃO DE PROVA?

No seu artigo 15.º, a LAV permite uma ampla autonomia às partes, assim como, falhando o acordo destas, ao tribunal arbitral, quanto à determinação das regras do processo. A EM da LAV é esclarecedora relativamente às razões subjacentes a tal decisão de política legislativa: "Julgou-se não dever o legislador formular pormenorizadas regras supletivas em matéria de processo, dada a diversidade de tipos de litígios cuja resolução pode ser cometida a tribunal arbitral."[37]

Nos mais de 40 países onde a LM da CNUDCI foi adoptada como lei nacional, é também esta a opção que vigora.

Quanto à arbitragem institucional, opção idêntica é a adoptada nos regulamentos da CCI, da LCIA e da AAA/ICDR, bem como no artigo 15.º n.º 1 do regulamento CNUDCI – fonte de inspiração de tantos outros regulamentos, como, por exemplo, o da Câmara de Comércio Suíça[38]. Em Portugal, o regulamento do CA/CCIP afina pelo mesmo diapasão (vide artigo 29.º n.º 2). Com efeito, apesar de se estabelecerem algumas regras estruturantes sobre a marcha do processo e a produção de prova, a generalidade dos regulamentos de arbitragem deixa ao acordo das partes – ou, na falta deste, ao tribunal arbitral – a regulação detalhada do modo como a produção de prova se desenrolará.

Apesar de ampla, essa autonomia não é irrestrita, como bem explica o legislador português:

"[...] definiram-se no artigo 16.º [da LAV] os princípios fundamentais que neste domínio não poderão ser postergados, seja pelas partes, seja pelos regulamentos das entidades chamadas a intervir em matéria de arbitragem, seja pelos árbitros."[39]

O artigo 16.º da LAV estipula os princípios fundamentais a observar durante o processo arbitral, cuja inobservância pode implicar a anulação

---

[37] Parágrafo 11.º, pág. 22.

[38] Cfr. art. 15.º n.º 1 do Regulamento de Arbitragem Internacional da Câmara de Comércio Suíça.

[39] Parágrafo 11.º da Exposição de Motivos sobre a Proposta de Lei n.º 34/IV, a qual que esteve na origem da aprovação da Lei n.º 31/86, de 29 de Agosto. A Exposição foi publicada no Diário da Assembleia da Republica, 2.ª série, n.º 83, de 2 Julho de 1986.

judicial da decisão arbitral[40], a saber: a igualdade das partes (alínea a), a citação do demandado para se defender (alínea b), a estrita observância do princípio do contraditório (alínea c) e a exigência de que ambas as partes devem ser ouvidas, oralmente ou por escrito, antes de ser proferida a decisão final (alínea d). Estes princípios inderrogáveis facultam – como verdadeiros "faróis" – linhas mestras de orientação para a navegação da arbitragem, nomeadamente em sede de produção de prova. Se forem respeitados, previnem que a arbitragem naufrague a jusante, em sede de anulação da decisão arbitral.

Apesar de inafastáveis pelas partes, estes "faróis" não são dogmas, devendo ser devidamente contextualizados aquando da sua aplicação, a qual deve ponderar outros factores limitativos do seu âmbito de aplicação. O tempo concedido para esta intervenção não me permite mais do que enunciar resumidamente apenas dois exemplos.

O primeiro exemplo é o facto de a LAV apenas permitir a anulação judicial de uma decisão arbitral quando a inobservância desses "faróis" possa ser qualificada como tendo tido uma "influência decisiva na resolução do litígio". O que significa *a contrario* que a inobservância dos "faróis" que não tenham uma influência decisiva na resolução do litígio não resulta na anulação da decisão e, porquanto, poderão ser consideradas como permitidas, mesmo para aqueles que as possam qualificar como irregulares[41].

Evita-se assim – e bem – uma aplicação meramente literal dos "faróis" do artigo 16.º da LAV, onde coubesse toda e qualquer insignificância. Tem, assim, o tribunal arbitral maleabilidade para, por exemplo, estabelecer um prazo diferente para as partes quando o demandado tem de entregar um relatório pericial de elaboração complexa e o do demandante apenas tenha de juntar ao processo cópias simples de documentos que já tenha em sua posse.

O segundo exemplo resulta do confronto entre dois deveres do tribunal arbitral: (i) o de observar os ditames dos "faróis", sob pena de

---

[40] *V.* Artigo 27.º n.º 1 alínea c) da LAV.

[41] Nas arbitragens domésticas sem qualquer conexão internacional, mas onde existe a forte possibilidade de a decisão arbitral ser executada no estrangeiro – dado que o demandado tem a maior parte do seu património no exterior do país –, deve o tribunal, se desta situação for avisado ou se dela se aperceber, tomar em consideração os fundamentos de recusa de execução de sentença arbitral estrangeira impostos pela CNI, ou outros eventualmente aplicáveis.

anulabilidade da sua decisão arbitral, e (ii) o de proferir a sua decisão no prazo legal supletivo ou no prazo convencionado pelas partes[42], sob pena da caducidade da convenção arbitral quanto ao litígio em questão[43].

Este confronto não é de todo incomum na prática arbitral. Ocorre tipicamente quando, no decurso de uma arbitragem, em que é aplicável o prazo legal supletivo de 6 meses, o tribunal ou as partes requerem a assistência dos tribunais judiciais na produção de determinada prova. Dado o congestionamento dos tribunais judiciais, é apenas normal que estes não consigam responder ao pedido de assistência probatória dentro do curto prazo legal supletivo de seis meses (contados a partir da aceitação do último árbitro).

Sugiro, por isso, que nestes casos, não sendo possível o acordo das partes sobre a prorrogação do prazo supletivo de seis meses, o tribunal afira, primeiro, se é expectável que a prova para a qual se requereu assistência judiciária venha a ter uma influência decisiva na decisão arbitral.

Se o tribunal arbitral entender, considerando a prova entretanto já produzida, que essa prova não terá influência decisiva na decisão arbitral, deve então proferir de imediato a sua decisão. Mas, se entender o inverso, e não sendo de todo possível produzir a prova sem a assistência do judiciário, deve o tribunal arbitral suspender a arbitragem até receber a assistência judicial requerida. Entendo que, de acordo com o texto da LAV, é possível desta forma interromper a contagem do prazo para proferir a sua decisão arbitral.

Porém, antes de o fazer, o tribunal arbitral deverá reunir com as partes tentando promover um acordo sobre a prorrogação do prazo para o proferimento da decisão arbitral. Geralmente, uma das partes tende a estar pouco motivada para evitar a caducidade da convenção arbitral de forma a ganhar tempo e, assim, fortalecer a sua posição negocial num hipotético acordo com a contraparte. Em qualquer caso, deste modo o tribunal arbitral evita ser acusado de injustificadamente obstar a que a decisão seja proferida dentro do prazo fixado e, com isso, ser responsabilizado por danos causados, nos termos do n.º 5 do artigo 19.º da LAV.

Situação diferente é quando uma das partes – apesar de saber perfeitamente do prazo existente para o proferimento da decisão arbitral – não cuidou de proceder de forma atempada às diligências necessárias

---

[42] Artigo 19.º da LAV.
[43] Artigo 4.º n.º 1 alínea c) da LAV.

A *Prova em Arbitragem: Perspectiva de Direito Comparado*   153

para produzir a prova que lhe competia, de forma a respeitar esse prazo. E, quando o tribunal se depara com esta situação, já não é possível produzir prova dentro do prazo – pois já não é possível prorrogar o prazo, nos termos da LAV, ou as partes não chegam a acordo sobre essa matéria. João Calvão da Silva afirma que, nestas situações, deve o tribunal arbitral proferir a sua decisão dentro do prazo aplicável, o que não acarreta a violação do princípio do contraditório. A parte em causa teve oportunidade de exercer o contraditório dentro dos parâmetros temporais da arbitragem que conhecia, mas decidiu não o fazer, não podendo agora "*venire contra factum proprio*"[44].

Reconhece-se a pertinência da responsabilização das partes subjacente a esta argumentação, bem como os seus efeitos positivos na promoção de uma arbitragem mais célere em Portugal, mas entendo não ser este o caminho permitido pela LAV. Uma decisão arbitral proferida sem a produção de prova que, de acordo com a prova e alegações produzidas no processo, é susceptível de influenciar decisivamente a decisão arbitral é uma decisão arbitral anulável. Não pode o tribunal entender que a parte, ao não exercer o direito ao contraditório que lhe assistia, dentro dos parâmetros temporais legalmente fixados para a arbitragem, renunciou a tal direito. A "estreita observância do princípio do contraditório" não é um princípio derrogável pelas partes, quer expressa, quer tacitamente. A LAV é nisso muito clara.

Por outro lado, o direito ao contraditório é um princípio fundamental a observar no processo e, porquanto, vincula também o tribunal arbitral. Independentemente da incúria das partes, deve o tribunal fazer todos os possíveis para acautelar que a prova, susceptível de influenciar decisivamente a decisão arbitral, é produzida dentro dos parâmetros temporais estabelecidos. Se, mesmo assim, tal não for possível, deve o tribunal suspender a arbitragem, ou renunciar à sua posição, alegando causa superveniente que impossibilita o exercício da sua função.

Quanto às situações em que a inobservância do princípio do contraditório não tem influência decisiva na decisão arbitral, deve o tribunal arbitral proferir a decisão arbitral sem mais demoras.

---

[44] João Calvão da Silva, "Medidas cautelares decretadas em arbitragem: competências do tribunal arbitral e competências do tribunal judicial", *I Congresso do Centro de Arbitragem da Câmara de Comércio e Indústria Portuguesa*, Coimbra, Almedina, 2008, págs. 99 e sgs.

Em suma, o explanado até agora permite demonstrar cabalmente que a navegação do tribunal arbitral em matéria de prova é, acima de tudo, uma "navegação à vista", onde cada caso é um caso. Porque os "faróis" não facultam directrizes quanto ao modo de tornar o processo arbitral mais eficiente e, dada a ampla autonomia das partes e do tribunal na produção de prova, proponho, de seguida, algumas "práticas de navegação", inspiradas em soluções prosseguidas na arbitragem internacional, que se espera poderem vir a ser de alguma assistência nas arbitragens domésticas em Portugal.

4. PRÁTICAS DE NAVEGAÇÃO

4.1. "Manda quem pode, obedece quem deve"

Desafio
Pelas razões que já apresentei, a prática dominante em Portugal quanto à condução do processo arbitral e, consequentemente, quanto à produção de prova, pode ser definida, em meu entender, como a do tribunal arbitral "*laissez-faire*".

Prática recomendada
Recomenda-se que, em matéria de produção de prova, "mande o tribunal arbitral e obedeçam as partes" em tudo aquilo que não for regulado pelas partes, quer por acordo expresso, quer por via da adesão a um regulamento de arbitragem.

A natureza consensual da arbitragem não impede que o tribunal arbitral assuma um controlo efectivo da condução da produção de prova, flexibilizando-a de forma a adequá-la às necessidades probatórias do conflito a ser dirimido. Só assim se alcançam a celeridade e a eficiência pretendidas pelo legislador quando permitiu o recurso à arbitragem no ordenamento jurídico português, atribuindo à sentença arbitral valor equivalente ao da sentença judicial. Mas também só assim o tribunal cumpre fielmente o mandato que recebeu das partes. Como indica J. GILLS WETTEN:

> "O árbitro nunca deve perder de vista os principais objectivos pretendidos pelas partes quando elegeram a arbitragem como o seu

A Prova em Arbitragem: Perspectiva de Direito Comparado

mecanismo favorito para a resolução de litígios. Estes podem incluir rapidez e economia mas também *'expertise'* [...]. É o dever de um árbitro procurar alcançar os objectivos gerais das partes (quer sejam presumidos ou declarados) quando celebraram a sua convenção arbitral."[45]

Em Inglaterra, a condução proactiva do processo arbitral pelo tribunal é, aliás, um dos seus deveres legais, expressamente indicado na lei de arbitragem daquele país, onde se estipula que o tribunal arbitral tem de adoptar as "medidas processuais adequadas às circunstâncias particulares do caso, evitando atrasos e custos desnecessários, de forma a providenciar uma forma justa para a resolução das questões a serem decididas"[46].

Nas arbitragens internacionais, tem-se concluído pela vantagem de um tribunal arbitral activo e firme na condução da produção de prova. Neste sentido, veja-se os poderes que as regras da IBA sobre a produção de prova[47] concedem aos tribunais arbitrais em sede de audiência arbitral (*"evidentiary hearing"*):

"O tribunal arbitral terá um controlo constante e completo sobre a audiência de produção de prova. O tribunal arbitral poderá limitar ou excluir qualquer questão posta a uma testemunha, ou resposta dela ou a sua comparência (o termo testemunha inclui, para os fins deste Artigo, as testemunhas de facto e quaisquer peritos), se considerar tal questão, resposta ou comparência irrelevante, despropositada, opressiva, repetida ou coberta por um fundamento de

---

[45] *"The arbitrator should never lose sight of the principal objectives typically sought to be attained by the parties when electing arbitration as their preferred resolution mechanism. These may include speed and economy but also expertise [...]. It is the duty of an arbitration to strive to achieve those overall aims of the parties (whether notional or factual) at the time when they made their arbitration agreement"*. J. Gillis Wetten, *Procedures for avoiding unexpected legal issues*, Congresso da ICCA, Série n.º 7, págs. 87-99.

[46] Lei de Arbitragem Inglesa ("English Arbitration Act") de 1996: *"section 33 (General duty of the tribunal) (1) The tribunal shall — […] (b) adopt procedures suitable to the circumstances of the particular case, avoiding unnecessary delay or expense, so as to provide a fair means for the resolution of the* matters *falling to be determined […]."* Martin Hunter e Toby Landau, *The English Arbitration Act 1996 – Text and Notes,* Haia/ Londres, Kluwer Law International, 1998.

[47] *IBA Rules on the Taking of Evidence in International Commercial Arbitration*, aprovada em 1 de Junho de 1999 e disponível em www.iobanet.org.

oposição previsto no artigo 9.º n.º 2. As questões postas a uma testemunha na inquirição ou na instância não devem ser indevidamente sugestivas."[48]

Em Portugal, sublinhe-se (e elogie-se), neste âmbito, o n.º 2 do artigo 29.º do novo regulamento do CA/CCIP, o qual estipula:

"O Tribunal Arbitral procederá à instrução no mais curto prazo possível, podendo recusar diligências que as partes lhe requeiram se entender não serem relevantes para a decisão ou serem manifestamente dilatórias."

Do exposto, fica demonstrado que o tribunal deve adoptar uma postura activa e interveniente, em contraste com a postura *"laissez-faire"* prevalecente, por agora, em Portugal, de forma a cumprir com as expectativas das partes e as intenções do legislador quanto à arbitragem.

Demonstrou-se também que a proactividade e o poder de direcção do tribunal é um aspecto de enorme importância para o regular funcionamento da arbitragem, tanto que é elevado a dever legal na Inglaterra e expressamente enfatizado nas regras da IBA. Quanto a Portugal, o novo regulamento do CA/CCIP permite directamente aos árbitros recusarem diligências, se ainda restassem dúvidas quanto ao regime bastante permissivo que LAV estabelece nesta matéria.

Por fim, sublinho uma vez mais que o tribunal arbitral deve "capitanear" a arbitragem de forma informada, ouvindo sempre as partes e dentro do espaço permitido pelos "faróis", de forma a evitar a anulação da decisão arbitral, nos termos do artigo 27.º da LAV.

4.2. "O que nasce torto tarde ou nunca se endireita"

Desafio

Trata-se de saber como responder ao seguinte desafio feito pela comissão de peritos internacionais da CNUDCI, que redigiriam as "notas sobre como organizar o processo arbitral" (Notas da CNUDCI) de 1996:

"[...] O tribunal arbitral deve dar às partes uma indicação atempada de como o processo será organizado e o modo como o tribunal

---

[48] Tradução de Armindo Ribeiro Mendes, *Sumários* cit., págs. 140-141.

tenciona proceder [...]. Sem essa orientação as partes poderão considerar alguns aspectos do processo imprevisíveis e ter dificuldades na sua preparação. Isto poderá provocar desentendimentos bem como atrasos e custos acrescidos."[49]

Práticas recomendadas

Como já se viu, a LAV permite grande amplitude às partes e ao tribunal na condução da produção de prova. Assim, para cumprir com o desafio da CNUDCI, considere-se o recurso às seguintes figuras: "Reunião Preparatória", "Audiência Preliminar" e "Acto Arbitral", que se passa de seguida a explicar, ainda que de forma muito sucinta.

Reunião Preparatória

Nas arbitragens internacionais, é comum que o tribunal arbitral tenha uma reunião preparatória com as partes logo no início da arbitragem, por vezes presenciais, mas muitas vezes por telefone e, em certos casos, por vídeo-conferência[50]. Discutem-se assuntos de índole processual e logística, resolvem-se questões pendentes e explica-se às partes quais serão os próximos passos.

É a sede adequada para, por exemplo, (i) confirmar os contactos dos árbitros, partes e seus representantes, (ii) estabelecer o modo como a correspondência e a entrega dos documentos em falta deve ser realizada, (iii) abordar eventualmente questões de provisão para honorários e despesas, (iv) inquirir sobre disponibilidades de agenda das partes e seus representantes, peritos e testemunhas (se o rol já tiver sido submetido) e (v) inquirir sobre a receptividade das partes a alguns dos mecanismos para a redução do volume de prova e para a aceleração do processo arbitral que irei sugerir mais adiante.

---

[49] "[...] *the arbitral tribunal to give the parties a timely indication as to the organization of the proceedings and the manner in which the tribunal intends to proceed.* [...] *Without such guidance, a party may find aspects of the proceedings unpredictable and difficult to prepare for. That may lead to misunderstandings, delays and increased costs*" (tradução livre). Parágrafo 5.º das Notas da CNUDIC sobre como organizar o processo arbitral, publicadas como documento A/CN.9/423.

[50] J. Gillis Wetter, *Procedures for avoiding unexpected legal issues* cit., pág. 99.

Audiência Preparatória

Considerando que esta figura, sob a denominação de audiência preliminar, recebe um tratamento adequado no novo regulamento do CA/CCIP (artigo 28.º), recomendo que as arbitragens domésticas nacionais, quer *ad hoc,* quer institucionais sob a égide de outros regulamentos, sigam, no que for possível, o disposto no artigo 28.º, onde se estabelece que "se a arbitragem prosseguir, o Tribunal Arbitral convocará as partes para uma audiência preliminar" (n.º 1). Se "as partes tiverem atribuído poderes conciliatórios ao tribunal arbitral", devem ser estes aqui exercidos (n.º 2).

Caso contrário, deve o tribunal arbitral analisar a prova documental já produzida no requerimento de arbitragem, na defesa e na resposta ou nas respostas[51]. Se o tribunal entender necessário a produção adicional de prova, deve, em sede de audiência preparatória ou até 30 dias depois desta, estabelecer, ouvidas as partes, as questões litigiosas a decidir e "os meios de prova que as partes poderão fazer uso, as regras e prazos quanto à sua produção" (alínea b).

Apesar da sua manifesta utilidade, entendo, porém, que pode não fazer sentido recorrer à audiência preparatória em arbitragens relativamente simples ou de valor diminuto, pois a sua realização implica custos que podem não se justificar nesses casos.

Acto Arbitral

Em arbitragens domésticas *ad hoc* ou institucionais em Portugal, o tribunal arbitral pode querer elaborar – logo que possível e conjuntamente com as partes – o Acto Arbitral, que é uma importação dos "*terms of reference*" do artigo 19.º do regulamento da CCI ("acto de missão", como se traduz na variante brasileira do Português). Esta figura tem tido uma enorme receptividade internacionalmente, sendo adoptada tanto em arbitragens *ad hoc,* como em arbitragens institucionais sob a égide de centros de arbitragem para além da CCI – prova suficiente da sua popularidade.

O Acto Arbitral é um documento preparado – preferencialmente – pelas partes e pelo tribunal, em conjunto. Caso tal não seja possível, competirá ao tribunal arbitral elaborar o Acto Arbitral. Neste procura-se,

---

[51] Art. 21.º n.º 1 do regulamento CA/ACIP.

sumariamente, definir a missão do tribunal, esclarecer a posição e as pretensões das partes, cristalizando o objecto do processo, assim como estabelecer regras e prazos processuais.

Assim, refira-se, a título de exemplo, que o acto Arbitral deve conter: (i) identificação das partes, dos seus representantes e dos membros do tribunal arbitral, (ii) as regras processuais aplicáveis e os princípios a que, por exemplo, a produção de prova irá obedecer, (iii) a lista dos factos não controvertidos mais relevantes, (iv) a indicação da missão do tribunal arbitral com referência aos pontos litigiosos a decidir e a ordem de decisão, (v) o sumário da posição das partes (preferencialmente mediante um sumário facultado por estas).

Muitas outras matérias podem ficar estabelecidas no Acto Arbitral, das quais saliento apenas as seguintes: (i) que, após a assinatura do Acto Arbitral, nenhuma das partes poderá formular novos pedidos ou reconvenções, a não ser que seja autorizada a fazê-lo pelo tribunal arbitral; (ii) que o tribunal arbitral tomará em consideração as condutas dilatórias e irrazoáveis de cada uma das partes aquando da determinação da repartição dos custos da arbitragem entre as partes; e (iii) que o presidente do tribunal arbitral é investido de poderes para fixar e, se necessário, prorrogar todos os prazos para apresentação pelas partes das peças processuais ou das provas, após consultar os árbitros e os representantes das partes.

Adverte-se que questões de carácter exclusivamente processual ou logístico susceptíveis de virem a sofrer modificações ou extensões (por exemplo, prazos, datas e locais para reuniões ou audiências) deverão ser tratadas através de Ordens Processuais. Por uma simples razão: quando o Acto Arbitral é assinado pelas partes e pelo tribunal, qualquer modificação implica o acordo de todos, o que é pouco prático quando se trata de questões dessa natureza. Aliás, é por isso que aconselho que se delegue a competência para tratar destas matérias ao presidente do tribunal arbitral.

É aconselhável que o Acto Arbitral seja assinado por ambas as partes e por todos os membros do tribunal arbitral. Deste modo, não poderão as partes posteriormente requerer a anulação da decisão arbitral com base em matérias que foram previamente acordadas no Acto Arbitral, sem que tenham, nessa altura, registado as suas objecções. De qualquer modo, não havendo acordo das partes, não deve o tribunal arbitral ficar melindrado, devendo adoptar sem receios o Acto Arbitral que tenha elaborado, com ou sem a colaboração das partes, desde que não esteja impedido de o fazer pela convenção de arbitragem e/ou pelo regulamento de arbitragem aplicável.

160 *II Congresso do Centro de Arbitragem da Câmara de Comércio e Indústria*

O Acto Arbitral é uma ferramenta de grande utilidade para a gestão eficiente da arbitragem, nomeadamente da produção de prova. A boa condução da produção de prova exige clareza e certeza quanto aos assuntos a decidir, às matérias que, no entender do tribunal, necessitam de ser provadas e aos factos que já são dados como assentes – informações reunidas no Acto Arbitral. Só com esta informação é possível ajuizar, fundadamente, qual a prova que, em grande medida, é efectivamente necessário produzir.

Acresce que o conhecimento do litígio que o tribunal arbitral irá adquirir durante a elaboração do Acto Arbitral lhe facilitará a tarefa de "separar o trigo do joio" durante a arbitragem, permitindo-lhe indeferir, com segurança, pedidos de produção de prova que não sejam estritamente relevantes para a resolução do litígio. Por outro lado, a promoção do trabalho conjunto entre as partes e o tribunal arbitral, desde o início da arbitragem, pode ter um efeito muito positivo na fluidez da marcha do processo arbitral.

Contudo, apesar das suas múltiplas vantagens, entendo que nem sempre será aconselhável recorrer ao Acto Arbitral nos casos relativamente simples ou de valor diminuto, pois a sua elaboração consome tempo e, consequentemente, o seu impacto nos custos não é despiciendo.

4.3. "Morrer e pagar: quanto mais tarde melhor"

Desafio

Que instrumentos estão ao dispor do tribunal arbitral para que este consiga persuadir as partes a não recorrerem a manobras dilatórias ou pouco eficientes em matéria de produção de prova?

Prática recomendada

Uma das técnicas propostas pela CCI para controlar tempo e custos na arbitragem consiste em o tribunal arbitral deixar bem claro às partes, logo na primeira oportunidade, que "condutas irrazoáveis serão tomadas

---

[52] "[...] *unreasonable conduct will be taken into account by the arbitral tribunal in determining who shall bear what portion of the costs of the arbitration*" (tradução livre), in Publicação da CCI n.º 843, *Techniques for controlling time and costs in arbitration*, parág. 85.

em conta pelo tribunal arbitral na determinação de que parte deverá suportar os custos da arbitragem e em que medida"[52]. Comportamento irrazoável ou dilatório pode incluir, por exemplo, a argumentação jurídica excessiva e redundante, a excessiva inquirição de testemunhas, a submissão de pedidos exagerados, o incumprimento de ordens processuais, requerimentos irrazoáveis e o incumprimento injustificado dos prazos estabelecidos.

Esta prática, de grande eficácia, é permitida no artigo 31.º n.º 3 do regulamento da CCI[53] e no artigo 28.º n.º 3 da LCIA[54]. Em Portugal, o artigo 5.º da LAV também a permite, desde que esteja fixada "na Convenção de Arbitragem ou em documento posterior subscrito pelas partes [...]" ou nos "Regulamentos de Arbitragem" escolhidos pelas partes. E, mais adiante, no artigo 23.º n.º 4 da LAV, indica-se que da decisão arbitral "constará a fixação e a repartição pelas partes dos encargos resultantes do processo".

Quanto às arbitragens *ad hoc* domésticas em Portugal, caberá ao tribunal persuadir as partes a permitir-lhe alguma discricionariedade na decisão sobre a repartição "dos encargos resultantes do processo". O Acto Arbitral mencionado anteriormente seria uma sede adequada para o fazer, conforme já se referiu.

Quanto à arbitragem institucional doméstica, o artigo art. 38.º alínea f) do regulamento do CA/CCIP permite que o tribunal proceda à repartição pelas partes dos encargos da arbitragem na sua decisão arbitral, não indicando todavia qual o critério a ser utilizado nessa repartição. Ora, na ausência de critérios quanto ao modo de repartir os encargos da arbitragem, tanto na convenção arbitral como no regulamento do CA/CCIP e na LAV, não encontro razões que impeçam ou que não aconselhem que

---

[53] "O Laudo final do Tribunal Arbitral fixará os encargos da arbitragem e decidirá qual das partes arcará com seu pagamento, ou em que proporção serão repartidos entre as partes."

[54] O art. 28.º n.º 2 da LCIA estipula que "a menos que seja acordado pelas partes em contrário, por escrito, o Tribunal de Arbitragem determinará as proporções nas quais as partes arcarão com a totalidade ou parte destas custas de arbitragem". Acrescentando no art. 28.º n.º 3 que "[o] Tribunal de Arbitragem também terá poderes para ordenar, na sua sentença, que a totalidade ou parte das custas judiciais ou outros custos em que uma das partes tenha incorrido seja paga pela outra parte, a menos que as partes acordem em contrário por escrito. O Tribunal de Arbitragem determinará e fixará a quantia de cada item que compreenda tais custas nas bases razoáveis que julgue cabíveis."

o tribunal advirta as partes que irá repartir os encargos do processo de forma a penalizar comportamentos dilatórios e impróprios.

A penalização de tais comportamentos dilatórios ou pouco eficientes não será certamente a única consideração a presidir à decisão do tribunal quando decidir sobre a repartição dos custos da arbitragem, mas a sua vocalização pelo tribunal terá certamente um efeito dissuasor para a(s) parte(s) que pretende atrasar ou complicar desnecessariamente a produção de prova.

4.4. "Não se fazem omeletas sem ovos"

Desafio
Uma das técnicas para promover a celeridade e reduzir os custos na arbitragem, proposta pela comissão da CCI para a arbitragem, é a selecção de advogados com experiência e disponibilidade, assim como de árbitros também com disponibilidade, experiência e, preferencialmente, com capacidade comprovada de gestão de processos ("*case-management skills*")[55].

Prática recomendada
Quanto à selecção dos representantes das partes, atente-se no que diz JACQUES WERNER: "o primeiro e mais importante elemento na determinação do ritmo dos trabalhos do tribunal arbitral é certamente a disposição das partes em cooperar em boa-fé para o seu andamento"[56].

As partes e os seus representantes não podem querer "sol na eira e chuva no nabal". Ao mesmo tempo que clamam por rapidez processual e eficiência na produção de prova, não podem inundar o Tribunal com (i) articulados injustificadamente extensos e prolixos, (ii) requerimentos de produção de prova ora descomedidos, ora visando diligências de utilidade probatória questionável, (iii) relatórios de peritos infindáveis e

---

[55] Publicação da CCI n.º 843 cit., parág. 9 a 15.

[56] "[...] [t]*he first and most important element in setting the pace of the arbitral tribunal proceedings is certainly the parties' willingness to co-operate in good faith to their progress*" (tradução livre). Jacques Werner, *Who controls speed? A few reflections on the relationship between parties and arbitrators in ICC arbitration*, Liber Amicorum Michel Gaudet – Ed. Benjamin Davis, ICC Publishing, 1998, págs. 99-103.

A Prova em Arbitragem: Perspectiva de Direito Comparado

163

de difícil leitura e compreensão, (iv) apresentação de testemunhas que apenas "papagueiam" o óbvio e acrescentam pouco, (v) junção de documentos volumosos ou em grande número de interesse acessório, se é que têm algum, para a decisão da causa e (vi) pedidos de adiamento das reuniões e audiências sem justificações verdadeiramente ponderosas.

As partes devem, por isso, escolher representantes com conhecimento e experiência em arbitragem. Noutras palavras, devem escolher especialistas em arbitragem e não meros curiosos que depois trazem para a produção de prova na arbitragem doméstica os vícios e as estratégias processuais do contencioso judicial. Isto porque tais vícios e estratégias criam as ineficiências e os atrasos que as partes quiseram evitar quando elegeram a arbitragem para dirimir os seus conflitos. Quando tal não for possível, devem os representantes das partes, quando não detenham esses requisitos, procurar o apoio, ainda que pontual, de colegas que detenham essa "expertise" – prática que é comum no estrangeiro.

Quanto à selecção dos árbitros, refira-se que escolher um tribunal composto por árbitros com o perfil adequado às exigências do litígio é crucial para garantir, entre outras coisas, a condução eficiente da produção de prova. A escolha deve ser, por isso, informada e esclarecida, pois trata-se de uma matéria de grande complexidade, como bem ensina Horacio Grigera Naón, no seu excelente artigo sobre este tema, cuja leitura se recomenda[57].

Existe uma tendência, algo generalizada, para seleccionar como árbitros juristas de grande notoriedade (e, geralmente, com pouca disponibilidade), o que se justifica perfeitamente em casos de grande complexidade técnica. Todavia, na minha experiência a maioria dos conflitos submetidos à arbitragem não apresenta essa complexidade. E, por isso, muitas vezes ficam as partes mais bem servidas, se, ao invés disso, seleccionarem árbitros com disponibilidade e capacidade de trabalho, experiência efectiva em arbitragem, capazes de responder rapidamente aos requerimentos e que analisem, efectivamente, a prova produzida e carreada para o processo. E que, por fim, sejam práticos, organizados e urbanos.

---

[57] Horacio A. Grigera Naón, *Factors to consider in choosing an efficient arbitrator*, Congresso da ICCA, Série n.º 9, Haia/Londres, Kluwer Law International, 1999, págs. 286-313.

164　*II Congresso do Centro de Arbitragem da Câmara de Comércio e Indústria*

Em suma, é fundamental que as partes escolham, de forma cuidadosa e informada, tanto os seus representantes como os árbitros. Requer-se, para além de conhecimento sobre a matéria em disputa e experiência efectiva em arbitragem, disponibilidade, capacidade de trabalho e de gestão do processo arbitral.

4.5. Acelerar a produção de prova sem comprometer a validade e a qualidade da decisão arbitral

Desafio
Como pode o tribunal arbitral promover a aceleração da condução da produção de prova sem com isso arriscar incumprir os "faróis" e comprometer a validade e a qualidade da decisão arbitral?

Prática recomendada
Os mecanismos de aceleração processual que sugiro, numa primeira abordagem, são o cronograma provisório da arbitragem, a monitorização da observância dos prazos processuais e, por último, a bifurcação da arbitragem.

Cronograma Provisório da Arbitragem
Acompanha-se Mauro Rubino-Sammartano quando este diz: " [...] o segredo da rapidez na arbitragem é [...] planeamento atempado [e] monitorização apropriada dos prazos"[58].

Assim, em termos de planeamento atempado, deve o tribunal definir, ouvidas as Partes (e de preferência com o seu acordo)[59], uma calendarização, o mais detalhada e realista possível, para a produção de prova. Por isso, sugere-se que se redija um cronograma provisório da arbitragem (CPA), tomando de empréstimo, aliás, a figura estabelecida no artigo 18.º n.º 4 do regulamento da CCI.

No CPA deve ficar estabelecido, entre outras matérias, o prazo para a entrega de documentos em falta, dos relatórios periciais, dos depoimentos

---

[58] "[...] *the secret of speed in arbitration is* [...] *timely planning*" (tradução livre). Mauro Rubino-Sammartano, *The arbitrator's role in securing speed in arbitration*, in *Improving International arbitration, Liber Amicorum Michel Gaudet*, ed. Benjamin Davis, ICC Publishing, 1998, págs. 147 e sgs.

A *Prova em Arbitragem: Perspectiva de Direito Comparado* 165

escritos das testemunhas, da data para audiência arbitral (e datas alternativas), assim como a data para as alegações finais. Os prazos devem ser realistas, permitindo às partes tempo razoável, mas não deve o tribunal ser perdulário. Para tal, a melhor prática é redigir o CPA em simultâneo com o Acto Arbitral.

Monitorização da observância dos prazos processuais
Na procura de maior celeridade, é muito importante a organização atempada da produção de prova com a "devida monitorização dos prazos", como indica Mauro Rubino-Sammartano[60]. Efectivamente, de pouco vale o tempo (e, com isso, os custos) utilizados na elaboração de um CPA exequível, se depois existe a percepção, entre as partes, que os prazos aí estipulados serão sempre postergáveis pelo tribunal.

Sugere-se, por isso, que o Tribunal deixe claro no CPA que, apesar do seu carácter provisório, este só será alterado caso ocorram situações ponderosas e imprevisíveis devidamente justificadas e comprovadas. Os árbitros ficam, por seu lado, com a responsabilidade de também eles cumprirem os prazos determinados no CPA. Acrescente-se que, quanto à ponderação das justificações apresentadas pelas partes, deve o tribunal seguir critérios de razoabilidade, sob pena de a sua decisão arbitral ser anulada por violação de um dos "faróis" do artigo 16.º da LAV[61].

---

[59] Saliente-se que, se as partes acordarem noutro cronograma provisório, não poderá o tribunal impor a sua vontade. Não choca, caso o cronograma proposto seja de tal forma inoperante, que possa assistir aos árbitros justificação para renunciarem à sua função, sem poderem ser responsabilizados nas arbitragens *ad hoc* sob a LAV.

[60] Mauro Rubino-Sammartano, *The arbitrator's role in securing speed in arbitration* cit., págs. 147 e sgs.

[61] Recentemente, o Tribunal da Relação de Lisboa anulou o despacho, assim como todo o processado anterior, incluindo a decisão arbitral, de um tribunal arbitral que não admitiu o adiamento nem a suspensão da audiência de discussão, apesar de saber que o mandatário de uma das partes não poderia estar presente. Foi de seguida ordenado o prosseguimento dos autos com a designação de data para a realização da referida audiência. Esta era uma arbitragem especializada – realizada no âmbito do CIMASA (Centro de Informação, Mediação e Arbitragem de Seguros Automóveis) –, mas, ainda assim, este acórdão relembra a necessidade de o tribunal arbitral agir com razoabilidade e prudência. *V.* acórdão do processo n.º 4213/2008-1 de 18/09/2008.

Bifurcação da Arbitragem

Imagine-se uma arbitragem que incida sobre um alegado incumprimento contratual do demandado, pedindo o demandante uma indemnização de cálculo e prova complexos. O demandado argui a incompetência do tribunal arbitral, alegando que a convenção arbitral celebrada pelas partes é nula pois não foi reduzida a escrito[62]. Contesta o demandante, por seu lado, alegando que a convenção arbitral foi acordada mediante a troca de mensagens de *SMS* entre as partes e que tal qualifica, nos termos da LAV, como "reduzido a escrito"[63].

Qual será a forma mais eficiente de organizar a produção de prova?

O tribunal arbitral pode (i) decidir sobre todos as pontos controvertidos a determinar (*i.e.*, competência do tribunal, responsabilidade contratual do demandado e *quantum* indemnizatório) numa mesma decisão arbitral final, ou (ii) bifurcar a Arbitragem e decidir tais pontos em separado, em duas ou, até mesmo, três decisões arbitrais parciais.

A segunda hipótese permite que só se produza a prova efectivamente necessária, evitando assim que se produza prova sobre a eventual responsabilidade contratual do demandado e o eventual "*quantum* indemnizatório" antes de o tribunal ter decidido da sua competência para dirimir essas questões. Poupar-se-á deste modo tempo e custos substanciais, caso o tribunal entenda que não tem competência.

Conclui-se pelo exposto que a bifurcação é especialmente útil nas situações em que é possível autonomizar as várias questões a tratar, por estas terem por base prova e alegações de direito autónomas ou, pelo menos, marcadamente diferenciadas[64]. Contudo, a bifurcação poderá ser contraproducente, atrasando e encarecendo a arbitragem nos casos em que, por exemplo, não for possível analisar da competência do tribunal sem analisar do mérito da causa, nomeadamente quando está em causa a existência de um contrato, onde consta a cláusula arbitral relevante. Neste caso, a bifurcação implicaria a repetição da produção de prova.

---

[62] Acrescente-se, nos termos do art. 2.º n.º 1 e art. 3.º da LAV.

[63] Art. 2.º n.º 2 da LAV.

[64] Ver, entre outros, Thomas Tallerico e J. Adam Behrendt, "The use of bifurcation and direct testimony witness statments in international commercial arbitration proceedings", *Journal of International Arbitration*, vol. 20, n.º 3, Haia/Londres, Kluwer Law International, 2003, págs. 295-305.

A Prova em Arbitragem: Perspectiva de Direito Comparado 167

Advertência final – promova-se a celeridade processual, não o aço-damento processual.

Se é verdade que a celeridade deve ser promovida na Arbitragem, também é verdade que "a pressa é má conselheira". Na arbitragem internacional, é consensual a necessidade de os árbitros promoverem uma marcha de processo expedita, sendo igualmente consensual que – como STEPHEN BOND ilustra, usando uma frase de THOMAS SHADWELL – "a pressa do tolo é a coisa mais lenta do mundo"[65].

Fique então assente que nesta intervenção se procura tratar de práticas que promovam a mais rápida produção de prova possível, atendendo às vicissitudes e exigências do caso concreto, garantido que foi produzida prova suficiente para uma boa decisão da causa, de forma expedita mas sem açodamento.

4.6. "Tudo deve ser feito do modo mais simples possível, mas não mais simples do que isso"[66]

Desafio
Como aplicar este sábio princípio, da lavra de Albert Einstein, à produção de prova nas arbitragens domésticas em Portugal? Pretende-se aqui agilizar a produção de prova, bem como reduzir o volume de prova a ser produzida ante o tribunal arbitral.

Práticas recomendadas
Quanto à prova documental, sugere-se nomeadamente:

(i)   Que se determine na reunião preparatória um sistema coerente para a numeração (ou outra forma de identificação que seja acordada) dos documentos produzidos pelas partes[67].

(ii) Que se evite a duplicação de documentos (é comum as partes produzirem cópias dos mesmos documentos). Pode o tribunal

---

[65] " [...] *the haste of a fool is the slowest thing in the world*". Stephen R. Bond, "Counsel's responsibilities in regard to the speed of an international arbitration", in *Improving International arbitration, Liber Amicorum Michel Gaudet*, ed. Benjamin Davis, ICC Publishing, 1998, pags. 113-118.

[66] *"Everything should be made as simple as possible, but not simpler".*

[67] Publicação da CCI n.º 843 cit., parág. 52.

convidá-las a preparar em conjunto um dossiê com os documentos principais[68]. Na passividade das partes, pode o tribunal fazê-lo, ou, melhor, pedir ao secretário do tribunal que o faça. Pode ficar estipulado – por exemplo, no Acto Arbitral – que as partes não devem produzir documentos públicos, ou que estejam no domínio público.

(iii) Que se minimize o recurso a cópias em papel aos casos estritamente necessários, recorrendo, ao invés, a cópias electrónicas dos documentos[69]. Reduzem-se assim custos e contribui-se para a preservação do Ambiente.

(iv) Que "[t]odos os documentos apresentados por uma parte [...] serão mantidos confidenciais pelo tribunal arbitral e pelas outras partes e serão usados apenas em conexão com a arbitragem. O tribunal arbitral poder proferir despachos para determinar os termos desta confidencialidade"[70].

(v) Que fique determinado – por exemplo, no Acto Arbitral – que o tribunal irá presumir que todos os documentos produzidos pelas partes são autênticos até o momento em que essa autenticidade seja questionada por uma das partes[71].

(vi) Que fique também determinado – no Acto Arbitral, por exemplo – que o tribunal está autorizado, nos casos em que uma das partes, sem justificação razoável, falhe em produzir certos documentos que estão em sua posse, conforme ordem do tribunal arbitral, a presumir que esses documentos específicos eram prejudiciais aos interesses da parte que não os produziu[72].

Quanto à prova testemunhal, sugere-se nomeadamente:

(i) Que o tribunal, logo que possível, comunique às partes, com o detalhe possível, quais são as questões que o tribunal espera

---

[68] Andrew Rogers, *Improving procedures for discovery and documentary evidence*, Congresso da ICCA, Série n.º 7, Haia/Londres, Kluwer International Law, 1996, págs. 131 e sgs.

[69] Publicação da CCI n.º 843 cit., parág. 58.

[70] Art. 3.º n.º 12 das Regras da IBA sobre Produção de Prova, tradução de Armindo Ribeiro Mendes, *Sumários* cit., págs. 139-140.

[71] Publicação da CCI n.º 843 cit., parág. 60.

[72] Art. 9.º n.º 5 das Regras da IBA sobre Produção de Prova.

A *Prova em Arbitragem: Perspectiva de Direito Comparado*

que a prova testemunhal venha esclarecer. Esta indicação é preciosa para as partes, permitindo-lhes focar melhor a sua produção de prova nos assuntos realmente importantes do ponto de vista do tribunal, e com isso reduzir o volume de prova a produzir. Adverte-se que o tribunal deve ser cuidadoso na formulação das questões para evitar acusações de parcialidade[73].

(ii) Que se minimize, tanto quanto possível, a duração e o número de audiências para inquirição de testemunhas.

(iii) Que as partes produzam depoimentos escritos de todas as testemunhas que apresentarem, o que assiste na redução do volume de prova a produzir na audiência arbitral[74].

(iv) Que nos depoimentos escritos conste a identificação da testemunha, da sua relação – presente e passada – com as partes e, quando for relevante, uma breve descrição do seu currículo, qualificações, formação e experiência profissional. Depois, deve a testemunha descrever, detalhadamente, os factos de que teve conhecimento, bem como o modo em que obteve esse conhecimento. Deve a testemunha concluir afirmando que a informação prestada é verdadeira, assinando e datando o seu depoimento[75] [76].

(v) Que um depoimento escrito não seja tomado em consideração pelo tribunal arbitral se a testemunha que alegadamente o redigiu e assinou não comparecer na audiência, apesar de tal ter sido requerido pela parte contrária ou pelo tribunal arbitral, sem que tenha sido apresentada uma justificação válida[77].

---

[73] Gino Lorchen, *Improving procedures for Oral and Written Witness Testimony*, Congresso da ICCA, Série n.º 7, Haia/Londres, Kluwer International Law, 1996, págs. 145 e sgs.

[74] *Idem*, págs. 145 e sgs.

[75] Art. 4.º n.º 5 das Regras da IBA sobre Produção de Prova.

[76] Sobre a redacção de depoimentos escritos, sugere-se a leitura de Susana Larisma, "A Prova por Testemunhas na Arbitragem Internacional – a Prática internacional, as Regras IBA 1999 e a Oferta Portuguesa", Dissertação de Pós-Graduação em Arbitragem do Laboratório de Resolução Alternativa de Litígios na Faculdade de Direito da Universidade Nova de Lisboa, Lisboa, 2008, em especial a nota de rodapé n.º 98.

[77] Art. 4.º n.º 8 das Regras da IBA sobre Produção de Prova.

(vi) Que, caso as partes acordem na desnecessidade da comparência na audiência arbitral de uma testemunha que já produziu o seu depoimento escrito, tal não seja interpretado como um acordo das partes quanto à correcção da informação contida no depoimento escrito dessa mesma testemunha[78].

(vii) Que o tribunal possa, por sua iniciativa ou a requerimento de uma ou de ambas as partes, "recolher depoimento pessoal das partes"[79].

(viii)Que a audiência arbitral, ao ter de ser realizada em mais do que um dia, seja realizada em dias corridos, sem interrupções.

(ix) Que o tribunal estabeleça um limite máximo de tempo, igual para ambas as partes, para a inquirição das testemunhas em audiência arbitral, e que o secretário do tribunal (ou não havendo um secretário designado, o tribunal arbitral) controle rigorosamente a utilização desse tempo durante a audiência arbitral.

Quanto à prova pericial, sugere-se nomeadamente:

(i) Que o tribunal arbitral e as partes partam do princípio de que não é necessária prova pericial até prova em contrário. Deve-se combater a tendência dominante em muitas arbitragens de se partir da presunção que será necessária a contratação de peritos.

(ii) Que, havendo necessidade de prova pericial, o tribunal arbitral, ouvidas as partes, determine detalhadamente o escopo e a matéria da prova pericial, indicando, com precisão, a forma como esta deve ser apresentada. O tribunal deve procurar impor que os relatórios periciais sejam sucintos, de fácil leitura e compreensão, sem ambiguidades e prolixidades.

(iii) Que pode ser mais eficiente, em certas circunstâncias, a nomeação de apenas um perito – seja pelo tribunal, seja por acordo das partes.

(iv) Que, em certos casos, os peritos nomeados pelas partes se reúnam antes de produzirem os seus relatórios, elaborando

---

[78] Art. 4.º n.º 9 das Regras da IBA sobre Produção de Prova.
[79] Art. 30.º do regulamento do CA/CCIP.

A Prova em Arbitragem: Perspectiva de Direito Comparado   171

uma lista que identifique os pontos em que estão de acordo e as questões controvertidas sobre as quais os seus relatórios irão recair.

(v) Que se considere a acareação de peritos na audiência arbitral – prática que pode ter bons resultados.

Dado o tempo disponível para esta intervenção, é este o elenco de algumas possíveis práticas que podem ser utilizadas para simplificar a produção de prova, reduzindo o seu volume.

5. CONCLUSÃO

Termino esta intervenção, que já vai longa, com a seguinte citação, que deixo à vossa consideração, de Warren Burger, antigo *Chief of Justice*" nos EUA:

"Para podermos cumprir com aquelas que são as nossas obrigações de sempre temos que facultar mecanismos que produzam um resultado aceitável no mais curto espaço de tempo possível, como o mínimo possível de custos e de stresse para os participantes. É disto que se fala quando se fala de justiça"[80].

Muito obrigado pela vossa atenção.

---

[80] *"To fulfill our traditional obligation means that we should provide mechanisms that can produce an acceptable result in the shortest possible time, with the least possible expense and with the minimum of stress on the participants. That is what justice is all about"*. R. Coulson, *Professional Mediation of Civil disputes*, American Arbitration Association, 1994, págs. 6-7.

DECISÕES INTERLOCUTÓRIAS E PARCIAIS NO PROCESSO ARBITRAL. SEU OBJECTO E REGIME

António Sampaio Caramelo*

I. INDICAÇÕES FORNECIDAS PELO PROCESSO CIVIL

1. Embora o tema de que me irei ocupar diga respeito ao processo que se desenrola perante os tribunais arbitrais e não ao que corre nos tribunais judiciais, convém começar por examinar se os conceitos e normas vigentes no processo civil podem fornecer algum auxílio para o estudo do tema que me proponho analisar nesta exposição.

No art. 156.º do Código do Processo Civil (C.P.C.), o legislador procurou identificar, entre as decisões que os tribunais judiciais podem proferir, aquelas que pelo seu objecto devem ser qualificadas como *sentença*, deixando delimitado, por exclusão, o que deve constituir matéria de *despacho* e aproveitando para definir algumas subespécies destes. Dispõe assim esse artigo:

1. "Os juízes têm o dever de administrar a justiça, proferindo despacho ou sentença sobre as matérias pendentes e cumprindo, nos termos da lei, as decisões dos tribunais superiores.

2. Diz-se sentença o acto pelo qual o juiz decide a causa principal ou algum incidente que apresente a estrutura de uma causa [1].

3. As decisões dos tribunais colegiais têm a denominação de acórdãos.

---

* Advogado.

[1] Na redacção anterior deste artigo dizia-se "...que apresente, segundo a lei, a figura de uma causa".

4. Os despachos de mero expediente destinam-se a prover ao andamento regular do processo, sem interferir no conflito de interesses entre as partes; consideram-se proferidas no uso legal de um poder discricionário os despachos que decidem matérias confiadas ao prudente arbítrio do julgador".

2. A verdade é que a terminologia adoptada pela lei processual não se mostra congruente com estas definições legais (nem com outras, uma vez que é flutuante, como salienta a doutrina).

Como notava o Professor João de Castro Mendes:

"O conceito de sentença, e a distinção do outro tipo de acto judicial (o despacho), não é muito claro, apesar da definição do art. 156.°, n.° 2. Podem dar-se de sentença fundamentalmente dois conceitos: por um, sentença será a *decisão de mérito*, ainda que não ponha termo ao processo[2], sendo despacho qualquer *decisão de forma*, ainda que ponha termo ao processo (despacho saneador que absolve o réu da instância, ou mesmo decisão final com idêntico conteúdo); por outro, sentença será a *decisão final,* de forma ou de fundo (...) e despacho a decisão não final" [3].

De seguida, o ilustre processualista confessava a sua inclinação pela segunda das referidas soluções, relativamente à qual encontrava algum suporte na lei processual civil.

Por sua vez, o Professor Anselmo de Castro, depois de assinalar que, não obstante as definições de *sentença* e de *despacho* contidas no art. 156.° do C.P.C., a lei processual nem sempre se lhe mantivera fiel, verificando-se que o legislador não seguira uma terminologia uniforme[4], estabelecia as seguintes classificações: [5]

"Há (...) sentenças de fundo, e de mera forma ou processuais: as primeiras descem à apreciação do mérito da causa, ao passo que as segundas limitam-se a absolver da instância por razões processuais.

A sentença pode ainda ser final (plena ou parcial) ou interlocutória ou incidental.

---

[2] "*A* propõe contra *B* uma acção em que formula dois pedidos, *x* e *y*. O tribunal no saneador condena *B* no pedido *x*, continuando o processo para averiguar de *y*; trata-se de uma sentença".

[3] V. *Direito Processual Civil* – II vol. – 1987– AAFDL, pp. 749-750.

[4] Defeito que não veio a ser corrigido nas posteriores reformas do C.P.C.

[5] V. *Direito Processual Civil Declaratório* – Vol. III – 1982 – Almedina, pp. 93-95.

Sentenças finais são aquelas que decidem, no todo ou em parte, o objecto do litígio, obstando assim a que a matéria litigiosa apreciada na decisão seja novamente examinada na mesma instância. Tanto podem ser de procedência total ou parcial do pedido, como de improcedência.

A sentença final será plena, sempre que dirima *toda* a controvérsia ou *todo* o recurso e será parcial quando se limite a uma parte individualizada, susceptível de apreciação especial (o que só poderá suceder quando a pretensão seja divisível em várias partes equivalentes) ou quando incide apenas sobre uma das várias pretensões ou em relação somente a um dos litisconsortes, ou em caso de reconvenção.

Por seu turno, sentenças interlocutórias são as que decidem um ou vários pontos litigiosos concretos, não recaindo porém nem sobre o objecto de litígio, nem sobre uma parte do mesmo. Tais sentenças não são de admissibilidade, nem de inadmissibilidade da pretensão feita valer em juízo, mas tão somente decidem uma parte da matéria controvertida, assumindo sempre o carácter de sentenças de declaração. Será interlocutória a sentença que resolve uma questão incidental, quer o incidente se dê em relação a terceiros, quer se trate de questões incidentais entre as próprias partes".

Distinguia ainda o Professor Anselmo de Castro:

"Os despachos podem ser decisórios (vinculados ou discricionários) e não decisórios ou de mero expediente.

Despachos decisórios são os que, como o seu próprio nome sugere, *decidem* qualquer dúvida suscitada no processo (...). Os não decisórios ou de mero expediente destinam-se em regra a ordenar os termos do processo, deixando inalterados os direitos das partes (...).

Os primeiros podem ainda ser vinculados ou discricionários, consoante o juiz se têm de orientar por critérios de legalidade estrita ou por padrões de conveniência e oportunidade. (...)

"Os despachos de mero expediente e os proferidos no exercício de poder discricionário distinguem-se dos restantes, pelo facto de sobre eles não se formar caso julgado formal, sendo portanto susceptíveis de reforma por parte do juiz"[6].

---

[6] Compare-se com as definições contidas no n.º 4 do art. 156.º, do C.P.C., citado no texto.

II. DISTINÇÃO A FAZER ENTRE OS VÁRIOS TIPOS DE DECISÕES NO PROCESSO ARBITRAL

3. As indicações fornecidas pela lei processual civil atrás referidas não são directamente transponíveis para o processo arbitral. Isso não impede que nelas se colha inspiração para a construção de critérios mediante os quais se distinga entre os vários tipos de decisões que podem ser proferidas nos processos arbitrais. Mas é um facto que a terminologia usualmente adoptada relativamente às decisões que podem ser proferidas no processo arbitral não coincide com a que se utiliza no âmbito no processo civil.

Assim, quer a Lei de Arbitragem Voluntária (doravante designada por "LAV") quer os Regulamentos de Arbitragem dos dois principais Centros de Arbitragem existentes em Portugal (o da Câmara de Comércio e Indústria Portuguesa/Associação Comercial de Lisboa e o da Câmara de Comércio e Indústria do Porto/Associação Comercial do Porto)[7], com uma única excepção[8], só se referem explicitamente à decisão final que

---

[7] Salvo quando houver no presente texto indicação diferente, nas referências aqui feitas aos Regulamentos dos Centros de Arbitragem da Câmara de Comércio e Indústria Portuguesa/A. C. L. e o da Câmara de Comércio e Indústria do Porto/A. C. P. tiveram-se em consideração as respectivas versões em vigor na data (4 de Julho de 2008) em que teve lugar a intervenção para a qual foi elaborado o presente texto. Vale a pena, no entanto, referir que na versão do primeiro daqueles Regulamentos resultante da profunda revisão a que foi submetido em 2008 e que entrou em vigor em 1 de Setembro deste ano, aumentou significativamente o número de referências (explícitas ou implícitas) a decisões que o tribunal arbitral deve proferir durante o processo arbitral para ordenar a respectiva marcha (v., por exemplo, as decisões mencionadas nos artigos 14.º, 21.º n.º 2, 27.º n.º 3, 28.º n.º 4 e n.º 5, 29.º n.º 1 e n.º 2, 30.º n.º 2, 31.º n.ºs 1, 3, 4, 5 e 6).

[8] A excepção ao quase completo silêncio sobre decisões interlocutórias com um alcance ou relevância maiores do que o da mera ordenação do processo, que se nota existir quer na LAV quer nos Regulamentos de Arbitragem citados no texto, é constituída pela referência que nesses instrumentos normativos se encontra à decisão que o tribunal arbitral pode ser chamado a proferir a meio do processo arbitral, afirmando a sua competência para conhecer da totalidade ou de parte do fundo da causa (v. art. 21.º, n.º 4, da LAV e arts. 20.º, n.º 3, dos Regulamentos supracitados; na nova versão do Regulamento do Centro de Arbitragem da CCIP/ACL, aquela disposição corresponde ao seu art. 27.º n.º 5). Como é evidente, se o tribunal arbitral, ao apreciar nesse momento a questão da sua competência para julgar do objecto do litígio, concluir pela falta total desta, proferirá uma decisão que já não será *interlocutória*, mas sim *final*, terminando então o processo arbitral por uma absolvição da instância.

põe termo ao processo arbitral (decorrendo claramente desses instrumentos normativos que a hipótese neles encarada como *normal* é a de essa decisão final conhecer do mérito da causa), visto que qualquer desses instrumentos só indirectamente fazem menção às decisões proferidas no decurso do processo arbitral, embora de várias das suas disposições resulte logicamente que o tribunal arbitral profere decisões *a meio do processo* – quer estas tenham carácter meramente ordenatório do processo (destinando-se a prover ao andamento regular deste) quer tais decisões interlocutórias se pronunciem sobre questões determinantes para a sorte da instância[9]. Constata-se ainda que quer a LAV quer os supracitados Regulamentos de Arbitragem tendem a não usar o termo "sentença arbitral", mesmo quando têm em vista as decisões mediante as quais se conclui o processo arbitral[10].

Ninguém porá, contudo, em dúvida que um processo arbitral pode terminar, sem que nele seja proferida decisão sobre o mérito da causa. É o que sucede, nomeadamente, quanto aquele se conclui mediante uma decisão absolutória fundada em razões processuais: por exemplo, a incompetência de tribunal arbitral ou a ilegitimidade de todos os demandantes e/ou de todos os demandados. Dúvidas não podem também existir de que, além da decisão final (de forma ou de mérito) da arbitragem, outras decisões de natureza variada são proferidas pelos árbitros durante o processo arbitral.

Mas, apesar de ser intuitivo que os árbitros são chamados a proferir decisões de conteúdo diferenciado em fases diferentes do processo que lhes compete dirigir, o que se constata é que quer nos instrumentos normativos atrás referidos quer na prática das arbitragens realizadas no nosso país (especialmente nas domésticas[11]) reina nesta matéria uma

---

[9] Exemplo de decisão interlocutória pertencente à segunda categoria referida no texto, será a que declare válida a cláusula arbitral e, com base nela, declare também que o tribunal tem competência para decidir o objecto do litígio que as partes lhe submeteram.

[10] As únicas excepções que se encontram naqueles instrumentos normativos ao que se refere no texto, são constituídas pelo disposto no art. 27.º da LAV e nos arts. 19.º, n.º 3, do supra-referidos Regulamentos dos Centros de Arbitragem de Lisboa (na sua versão anterior) e do Porto. Na nova versão do Regulamento do Centro de Arbitragem da CCIP/ACL deixou-se de usar, por completo, o termo "sentença" para designar qualquer tipo de decisão arbitral.

[11] A restrição feita no texto justifica-se pelo facto de, tanto quanto se sabe, a esmagadora maioria das arbitragens internacionais que têm sede em Portugal se desenrolarem

indiferenciação terminológica que em nada ajuda à compreensão da problemática abordada nesta exposição.

Pior que essa indiferenciação terminológica que se constata na prática das arbitragens domésticas realizadas no nosso país, é o facto de a doutrina portuguesa não ter ainda dedicado atenção à análise das diferenças de objecto, de natureza e de regime dos vários tipos de decisões que podem ser proferidas no processo arbitral

4. Na grande maioria dos ordenamentos jurídicos estrangeiros dos quais tenho algum conhecimento relativamente a esta matéria, é muito mais rico e elaborado o panorama apresentado pelas as leis que aí regulam a arbitragem bem como pelas doutrinas e jurisprudências respectivas. O mesmo se diga dos instrumentos normativos e da doutrina e jurisprudência atinentes à arbitragem internacional ou transnacional.

Os capítulos das obras de carácter geral sobre arbitragem internacional em que se trata da temática aqui abordada, começam quase sempre com a menção de que, embora a prolação de uma decisão final ("final award" ou "sentence finale") seja o resultado ou desfecho normal do processo arbitral, o árbitro tem o poder de proferir numerosas decisões no decurso da arbitragem, algumas da quais têm a natureza de sentenças ("awards" ou "sentences")[12].

Após essa advertência introdutória, a doutrina de língua inglesa passa a fazer a distinção, mais ou menos aprofundada, entre "interim awards" e "final awards" e, por outro lado, entre "awards" e "procedural orders" ou "procedural directions".

---

de acordo com regulamentos de instituições internacionais especializadas na administração de arbitragens ou com o regulamento de arbitragem da Uncitral (destinado a arbitragens internacionais *ad hoc),* adoptando-se então a terminologia consagrada nesses regulamentos ou usualmente adoptada no âmbito da respectiva aplicação.

[12] Cfr, por exemplo, Jean-François Poudret et Sébastien Besson – *Droit Comparé de Arbitrage Internationale* – 2002 – Bruylant/LGDJ/Schulthess, p. 669; cfr. também dos mesmos autores – *Comparative Law of International Arbitration* – 2007 – Thomson/ Sweet & Maxwell, p. 631.

Em sentido semelhante, escreveram Craig, Park, Paulsson (*International Chamber of Commerce Arbitration* – 3rd ed. – 2000 – Oceana Publications, p. 359): "Ordinarily, it is desirable to determine all issues and decide all claims in a single award. However, an ICC tribunal has the power to render an award or awards prior to its final award. Such preliminary awards, where required, may deal with such questions as jurisdiction, applicable law, prejudicial issues (*e.g.,* statutes of limitation, validity of contract, liability in principle) and decisions in respect of substantive claims".

Na doutrina e na jurisprudência de língua francesa, faz-se também cuidadas distinções entre, por um lado, as "sentences intérimaires" (ou "sentences incidentes") e as "sentences finales" e, por outro lado, as "sentences" e as "ordonnances de procédure"[13].

Paralelamente, na lei, doutrina e jurisprudência e italianas, diferencia-se (relativamente às formas típicas de "provedimenti arbitrali") entre o que deve ser matéria de "ordinanza", por um lado, e de "lodo", por outro, distinguindo-se também, dentro da categoria dos "lodi", entre os "lodi interlocutori" e os " lodi definitivi"[14].

Por último, no que se concerne ao que se encontra na legislação, doutrina, jurisprudência espanholas, pode referir-se que, embora aí se empregue genericamente o termo genérico "decisiones arbitrales" para designar todos os tipos de decisões que os árbitros podem proferir nos processos arbitrais, usa-se preferencialmente o termo "laudo" (ou, mais precisamente, "laudo definitivo") para designar a decisão final proferida no processo arbitral; é o que acontece na Lei Espanhola sobre Arbitragem de 2003. Ao invés, para referir as decisões proferidas a meio do processo sobre excepções deduzidas pelas partes, rejeitando-as (de outro modo, tratar-se-ia de uma "laudo definitivo" baseado em razões de forma), usa esta lei a expressão "decisión com carácter previo" ou "decisión sobre cuestión previa" (v. artigo 22.º, n.º 2).

5. Seguindo os exemplos acabados de referir, importa ultrapassar a indiferenciação terminológica entre nós reinante relativamente às várias espécies de decisões que podem ser proferidas nos processos arbitrais e, do mesmo passo, pôr em realce os diferentes conteúdos, regimes e efeitos que caracterizam cada uma dessas espécies decisórias.

Assim, para além da separação entre as decisões que são proferidas a meio de uma arbitragem, sem lhe porem termo (que doravante designarei por "decisões interlocutórias"), e as decisões que põem fim ao processo arbitral ("decisões finais"), há que distinguir no universo algo heterogéneo das "decisões interlocutórias" entre, por um lado, aquelas decisões que têm simplesmente por objecto a ordenação do processo

---

[13] Cfr., por exemplo, as duas versões, em língua francesa e inglesa, da obra de J. F. Poudret et S. Besson citadas na nota anterior.

[14] G. Barbieri e Enrico Bella – *Il Nuovo Diritto Dell' Arbitrato* – 2007 – Cedam, p. 276-282.

180 II Congresso do Centro de Arbitragem da Câmara de Comércio e Indústria

arbitral ou a resolução de questões processuais incidentais que se suscitam no decurso da instância e não são de molde a pôr em causa a subsistência desta e, por outro lado, as decisões que se pronunciam sobre questões ou meios de defesa que *podem*[15], dependendo da solução que o tribunal adoptar, determinar a cessação total ou parcial do processo arbitral e, como terceira subcategoria de "decisões interlocutórias", aquelas pelas quais o tribunal se pronuncia sobre parte ou partes do mérito da causa, em consequência de ter decidido fraccionar o conhecimento deste.

Nesta conformidade, proponho para a primeira espécie de decisões interlocutórias[16] a denominação de "ordens" ou "resoluções de processo"[17] (sabendo bem que esta denominação não obteve ainda reconhecimento na prática arbitral portuguesa), enquanto que para a segunda mencionada espécie de decisões interlocutórias sugiro a denominação de "sentenças interlocutórias", de entre as quais merecem destaque particular as "sentenças parciais" que adiante procurarei caracterizar.

Devo esclarecer que o meu propósito não é apenas pôr em realce o facto de serem diferentes o conteúdo ou objecto das referidas espécies de decisões interlocutórias, mas sobretudo mostrar que, em virtude dessa diferença de conteúdo ou objecto, o regime e os efeitos de cada uma dessas espécies de decisões são também diferenciados. É que procurarei mostrar no decurso desta exposição.

III. JUSTIFICAÇÃO DAS DECISÕES INTERLOCUTÓRIAS NO PROCESSO ARBITRAL

6. É fácil compreender que, ao longo do processo arbitral, os árbitros têm de proferir decisões de conteúdo e finalidade muito diferentes.

---

[15] Isto é, são *abstractamente* idóneas a produzir esse resultado, mas, em concreto, determinam a manutenção da instância, porque o não acolhimento pelos árbitros do meio de defesa suscitado tem por efeito a continuação do processo; caso contrário, a decisão não seria *interlocutória,* mas sim *final.*

[16] Que correspondem ao que, como disse, no âmbito doutros ordenamentos jurídicos se designa por *procedural orders* ou *ordonnances de procédure.*

[17] Inspirando-me numa proposta terminológica feita (em contexto e com finalidade diferentes) pelo Professor José Alberto dos Reis – *Comentário ao Código de Processo Civil* – Coimbra Editora – 1945 – Vol. 2.º, p. 166.

A) Percebe-se desde logo, sem a menor dificuldade, que os árbitros devem proferir decisões que têm por fim prover ao regular andamento do processo arbitral: é o caso das que dirigem ou impulsionam o processo, fixam prazos para a apresentação das peças escritas a apresentar pelas partes (*"submissions"*, *"memorials"*), regulam o modo como se fará a instrução da causa *(e.g.,* regulando a admissibilidade e o modo de produção de várias espécies de prova) de forma que as partes sejam tratadas igualmente e lhes seja dada uma adequada oportunidade de defenderem as suas posições, sem se descurar o desiderato da possível celeridade na resolução do litígio submetido a arbitragem.

As decisões[18] que acabo de mencionar têm um regime diferente das outras decisões a que me referirei na secção seguinte, pois são pacificamente consideradas como *modificáveis* pelo árbitros e *como insusceptíveis de revisão* pelos tribunais estaduais, mesmo no âmbito de ordenamentos jurídicos que permitem o recurso de algumas decisões arbitrais interlocutórias para (ou a impugnação perante) os tribunais estaduais. Foi esta categoria de decisões interlocutórias que propus que fossem apelidadas, em português, de "ordens de processo" ou de "resoluções" (v. 5. *supra*).

B) Em segundo lugar, os árbitros podem ter de proferir decisões interlocutórias que, ainda que não se pronunciem sobre a totalidade ou sobre parte dos pedidos (os *claims* ou *issues* submetidos à arbitragem), resolvem, de modo definitivo, uma questão prévia (ou prejudicial) que pode ser determinante para o desfecho da causa, seja tal questão de natureza processual seja de natureza substantiva. As decisões interlocutórias deste segundo tipo[19] são *vinculativas* (isto é, não podem ser modificadas ou revogadas pelos árbitros, tendo força obrigatória dentro do processo) e, por outro lado, nos ordenamentos em que se admite a impugnação de decisões arbitrais interlocutórias perante os tribunais estaduais[20], são passíveis de recurso para estes, visando a sua anulação.

---

[18] Designadas na literatura da língua inglesa por "procedural orders" ou "procedural directions" e na doutrina da língua francesa por "décisions de procédure" ou "ordonnances de procédure".

[19] Designadas, na doutrina de língua inglesa, por "interim awards" e, na da língua francesa, por "sentences intérimaires".

[20] Não parece ser, com mostrarei adiante, o caso do direito português.

182   II Congresso do Centro de Arbitragem da Câmara de Comércio e Indústria

Foi para esta segunda categoria de decisões interlocutórias que atrás propus a denominação de "sentenças interlocutórias" (v. 5. *supra*).

Através de algumas dessas "sentenças interlocutórias" podem até os árbitros decidir, de modo definitivo, parte do mérito da causa (isto é, dos pedidos formulados pelas partes). A estas sentenças – que apelidarei de "sentenças arbitrais parciais" – adequam-se simultaneamente os qualificativos de *interlocutórias* (porque não põem termo ao processo arbitral que continuará para resolução da parte restante do fundo da causa) e de *finais* (porque decidem definitivamente a parte do mérito da causa sobre que versam), sendo portanto imediatamente *enforceable,* isto é, susceptíveis de execução coerciva quanto à parte do fundo da causa sobre que recaem. Esta última categoria de decisões é designada na doutrina e nalgumas leis estrangeiras (bem como em regulamentos internacionais sobre arbitragem) sobre arbitragem voluntária por "partial awards", "sentences partielles", "lodi parziali", "laudos parciales". Delas me ocuparei mais à frente.

7. Convém mencionar alguns exemplos típicos de "sentenças interlocutórias" que um tribunal pode proferir[21], colhidos na literatura estrangeira dedicada à arbitragem comercial, antes de me deter na análise das suas características distintivas.

a) Decisão sobre a <u>validade ou a vigência do contrato</u> de que resultam os pedidos apresentados pelo demandante na acção arbitral e contestados pelo demandado. Uma decisão que declare a validade de contrato ou a sua manutenção em vigor será útil para determinar que, enquanto durar a arbitragem, as partes continuem a cumpri-lo, justificando-se assim que uma tal decisão seja proferida a meio do processo.

b) Decisão com finalidade próxima da que acaba de mencionar-se será aquela que determine o <u>pagamento de dívidas liquidadas e vencidas de uma das partes</u> pela outra parte, não obstante esta ter apresentado um contra-pedido por danos causados pela primeira, com o qual pretende fazer a compensação daquelas dívidas, sendo que o mérito de tal pedido de compensação ou

---

[21] Se o tribunal arbitral as profere ou não depende das circunstâncias concretas de cada processo arbitral.

contra-pedido só poderão ser determinados em fase ulterior do processo, depois da produção de prova e da realização de uma audiência.

Em ambos os casos referidos nas alíneas anteriores, estamos perante decisões interlocutórias que não têm por objecto e finalidade constituírem mera ordenação do processo; trata-se, pois, de verdadeiras "sentenças interlocutórias" ("interim awards") e não de simples "ordens" ou "resoluções" sobre a tramitação do processo arbitral (isto é, não são "procedural orders"), como melhor se verá adiante através da explicação do critério ou critérios que permitem distinguir entre umas e outras.

c) Decisão sobre a <u>inadmissibilidade do pedido</u>, por intempestividade, por caducidade ou por outra razão. Se o réu alega que o pedido do demandante não deve ser admitido pelos árbitros, por ser "prematuro", porque a sua apresentação perante um tribunal arbitral estava condicionada à sua prévia submissão a negociação entre as partes ou a conciliação/mediação durante certo período e segundo certo procedimento, poderá existir aí um fundamento de inadmissibilidade do pedido *(inadmissibility of the claim)*. Similarmente, se o réu alegar que o pedido do demandante, por força da lei ou do que fora previamente acordado entre as partes, deveria ter sido submetido à arbitragem até um certo limite temporal que o autor não observara, deixando caducar o seu direito, poderá existir também aqui uma causa de inadmissibilidade do pedido. Outra causa de inadmissibilidade do pedido será o facto de o autor ter renunciado ao direito material em aquele se poderia basear ou se ter obrigado a não exigir em juízo a sua efectivação.

Nos casos referidos nesta alínea, parece fora de dúvida que o tribunal pode decidir previamente sobre tais excepções (qualquer que seja a natureza que se entenda elas terem), antes de fazer seguir o processo para o autor poder substanciar a sua pretensão, fazendo prova dos seus factos constitutivos e respectivos factos instrumentais. Se o fizer, parece também aqui claro que se tratará de verdadeiras sentenças interlocutórias ("interim awards") e não de meras ordens ou resoluções sobre a tramitação do processo ("procedural orders").

d) Decisão sobre a excepção de caso julgado. Se uma das partes alegar que a questão submetida a arbitragem já foi decidida por um outro tribunal (arbitral ou estadual), estando por isso coberta pelo "caso julgado material" aí formado, justificar-se-á na maioria dos casos, que o tribunal se pronuncie previamente sobre tal excepção através de uma verdadeira "sentença" (*award*). Só assim não deverá ser quando a decisão sobre a existência ou não de caso julgado dependa do completo esclarecimento da factualidade respeitante ao mérito da causa, cuja prova se fará em fase ulterior do processo. É evidente, por outro lado, que a sentença que sobre este ponto for proferida só será *interlocutória* se a excepção não for acolhida, sendo, pelo contrário, *final* (no sentido de através dela se pôr termo ao processo) se essa excepção for considerada procedente.

e) Determinação da lei aplicável ao fundo da causa. Se as partes estão em desacordo sobre a lei ou leis aplicáveis ao mérito de causa, faz sentido que o tribunal arbitral decida previa e separadamente sobre esta questão (que constitui questão prejudicial de carácter substantivo, relativamente ao conhecimento do pedido ou pedidos apresentados na arbitragem), para que as partes não tenham que argumentar, em defesa das suas posições, com referência a vários ordenamentos jurídicos potencialmente aplicáveis ao fundo da causa. Uma tal decisão também será uma verdadeira "sentença interlocutória", com explicarei adiante.

f) Decisão sobre a competência do tribunal arbitral. A questão prévia que, com maior frequência, é objecto de uma sentença interlocutória (com carácter definitivo e vinculativo para os árbitros e para as partes) é a que versa sobre a alegada falta de competência (ou jurisdição) do tribunal arbitral para conhecer do pedido ou pedidos (ou de alguns deles) deduzidos na arbitragem. Se essa sentença for no sentido da total falta de competência do tribunal, o processo arbitral acabará aí (passando então aquela a ser a sentença *final* do processo que termina por uma absolvição da instância), sem prejuízo de os pedidos para cujo julgamento o quais o tribunal arbitral se considerou incompetente serem novamente apresentados perante um outro tribunal (estadual ou mesmo arbitral).

Algumas leis estrangeiras sobre arbitragem tratam expressamente desta modalidade de sentença interlocutória que é proferida quando a falta de jurisdição do tribunal arbitral seja suscitada por um das partes. É o caso da Lei Suíça de Direito Internacional Privado (LDIP), cujo art. 186, n.º 3, dispõe: *"En général, le tribunal arbitral statue sur sa compétence par une décision incidente"*[22].

IV. O CASO PARTICULAR DAS SENTENÇAS PARCIAIS (*PARTIAL AWARDS /SENTENCES PARTIELLES*)

8. A possibilidade de o tribunal decidir faseadamente o mérito da causa[23], mediante "sentenças parciais" que sobre ele versam, merece análise cuidada.

É interessante referir, a este propósito, que na doutrina portuguesa do direito processual civil se discutiu, durante algum tempo, sobre se seriam ou não admissíveis os "julgamentos parciais", isto é, que o tribunal conhecesse só de parte do mérito da causa[24], deixando para mais

---

[22] Os autores suíços (por exemplo, Marc Blessing, citado em Craig Park, Paulsson – *ob. cit.*, p. 263, nota 22) salientam que, apesar da redacção aparentemente rígida do art. 186.º, n.º 3, do LPIP, o tribunal arbitral tem margem de discricionariedade para não proferir uma sentença interlocutória sobre tal questão, *(i)* se considerar que essa excepção foi deduzida apenas com fins dilatórios ou *(ii)* se o esclarecimento de tal questão estiver tão intimamente ligado aos factos atinentes ao mérito da causa, que seja necessário reservar a decisão sobre ela para o fim, sendo então decidida juntamente com o mérito da causa.

[23] Alguma doutrina brasileira designa esta possibilidade a que o tribunal pode recorrer por "fatiamento do mérito".

[24] A maioria da doutrina (José Alberto dos Reis, Manuel de Andrade, Antunes Varela) e a jurisprudência do Supremo Tribunal de Justiça pronunciavam-se no sentido afirmativo. Ao invés, Anselmo de Castro expressou discordância ou, pelo menos, reservas quanto a tal possibilidade.

Importa precisar (contra a crítica demasiado sumária que o Professor Antunes Varela fez à opinião expendida por Anselmo de Castro) que este último autor não suscitava a menor dúvida quanto à possibilidade de, numa acção com vários pedidos (em cumulação simples ou em forma subsidiária), o tribunal conhecer separadamente de qualquer um deles ou só do(s) pedido(s) de alguma(s) das partes ou ainda, na acção com reconvenção, de o tribunal conhecer separadamente dos pedidos do autor e do réu, tal como podia conhecer separadamente de uma excepção peremptória atinente a um dos

tarde o conhecimento do restante. Esta constitui uma questão ultrapassada, uma vez que os processualistas portugueses aceitam hoje pacificamente a possibilidade de um tribunal judicial proferir, separadamente, sentença sobre parte do(s) pedidos formulado(s), sendo ainda de notar que a maioria da doutrina alarga a admissão dos "julgamentos parciais" ao conhecimento parcial não apenas dos pedidos mas também dos respectivos fundamentos ou das excepções que àqueles sejam opostas.

É de notar, aliás, que a própria lei processual civil admite expressamente a possibilidade de, logo no despacho saneador, o juiz conhecer de parte dos pedidos deduzidos na acção (constituindo então esse despacho saneador uma verdadeira "sentença parcial sobre o mérito da causa"), ficando a decisão sobre o restante para a sentença final (v. artigo 510.º n.º 1, b), do C.P.C). Dessa "sentença parcial" cabe recurso de

---

pedidos, quando ela devesse proceder (terminando então a acção com sentença de improcedência desse pedido). Para este autor, em todos esses casos haveria conhecimento (pleno) do pedido em causa.

O que Anselmo de Castro punha em dúvida (opondo-se, neste ponto, a José Alberto dos Reis e a Manuel de Andrade) é o que ele entendia por conhecimento parcial do pedido, *em sentido restrito*, querendo com isso significar o que diga respeito, *v.g.,* a qualquer das distintas causas de pedir do pedido, quando se cumulam várias como fundamento da acção, ou a qualquer dos fundamentos de excepção, se múltiplos também forem; ou seja, um conhecimento parcial do mérito da causa que tenha como nota distintiva – a contradistingui-lo do conhecimento separado de qualquer dos pedidos em que a acção se analise (sobre o que existe acordo unânime pela doutrina) – tratar-se de um conhecimento em que não se julga da subsistência ou insubsistência total ou parcial da pretensão, mas apenas de (parte dos seus) fundamentos.

Anselmo de Castro manifestava-se desfavorável a este "conhecimento parcial do pedido" (*stricto sensu*), na medida em que, em sua opinião, isso punha em causa a unidade de julgamento que a causa deveria ter, para se atingirem os fins principais do processo – a boa justiça, a bondade da decisão –, sem que visse daí resultarem vantagens no plano da economia processual.

Antunes Varela, pelo contrário, entendia que tais dúvidas não tinham razão de ser, pois que a admissibilidade do conhecimento parcial não apenas de um dos vários pedidos cumulados pelo autor mas também de uma entre as várias causas de pedir por ele invocadas (ou ainda de qualquer das excepções opostas pelo réu) resultariam, no seu entender (assim como no de José Alberto dos Reis e Manuel de Andrade) e também no da invocada jurisprudência do STJ, de várias disposições da lei processual civil.

Para consulta dos termos em que esse debate se travou, v. Anselmo de Castro – Direito Processual Civil Declaratório – Almedina – 1982, pp. 255-262 e Antunes Varela – Manual de Processo Civil – Coimbra Editora – 2.º ed. – 1985, p. 384 e nota.

apelação que deve ser interposto imediatamente e que sobe em separado (v. os artigos 691.º, n.º 2, h), e 691.º-A, n.º 2, do C.P.C.).

Ora, embora não se reconheça expressamente na ordem jurídica portuguesa, em contraste com o acontece em leis estrangeiras mais recentes sobre arbitragem[25], a possibilidade de os árbitros proferirem "sentenças parciais sobre o mérito do litígio", penso que se devem transpor para o campo da arbitragem – dada a manifesta analogia do tipo de decisões e situações em causa – as soluções consagradas no direito processual civil relativamente ao despacho saneador que conhece de parte do mérito da causa, de modo a admitir-se que também os árbitros possam proferir, antes da decisão que põe fim à arbitragem, uma sentença que verse sobre parte dos pedidos formulados nesta, "sentença parcial" esta que tem valor igual ao da sentença arbitral que conheça da totalidade do mérito da causa, como se verá melhor adiante.

Ao argumento fundado na analogia com o legalmente disposto relativamente à possibilidade de os tribunais judiciais proferirem "julgamentos parciais", pode juntar-se outro argumento fundado no frequentemente invocado poder dos árbitros de conformarem o processo como melhor entenderem, na ausência de convenção das partes em contrário. Mas como o alcance deste poder é, nesta específica matéria, posto em dúvida por alguns autores, analisarei tal argumento mais à frente.

9. Na doutrina estrangeira sobre arbitragem, enfatizam-se frequentemente as vantagens que poderão decorrer de o tribunal arbitral se pronunciar separadamente, mediante "sentenças parciais" ("partial awards", "sentences partielles", "lodi parziali", "laudos parciales"), sobre algumas questões (*issues*) atinentes ao mérito da causa. Entre os exemplos deste tipo de sentenças que são citados na literatura da especialidade, figuram os que versam sobre as seguintes questões:

(i) Determinação antecipada da <u>lei aplicável ao fundo de causa</u>[26];

---

[25] V. o artigo 37.º n.º 1 da Lei Espanhola de 2003, que dispõe: "Salvo acordo das partes em contrário, os árbitros decidirão a controvérsia num só laudo ou em tanto laudos quanto entendam necessários". V. também o art. 827.º, parágrafo III) do Código do Processo Civil Italiano (na redacção dada pela reforma do regime da arbitragem de 2006: "o laudo que decide parcialmente o mérito da controvérsia é imediatamente impugnável...".

[26] Já mencionei atrás (v. 7. e) *supra*) as vantagens inerentes à decisão antecipada sobre esta questão prévia.

188 II Congresso do Centro de Arbitragem da Câmara de Comércio e Indústria

(ii) Decisão antecipada sobre a alegada prescrição do direito que se faz valer através do pedido;

(iii) Decisão antecipada sobre a alegada invalidade do contrato de que emerge(m) o pedido ou pedidos deduzidos pelas partes;

(iv) Decisão antecipada sobre a validade de uma cláusula de limitação de responsabilidade incluída no contrato em cujo incumprimento se fundamenta o pedido de indemnização pelos danos resultantes[27];

(v) Decisões separadas sobre o princípio de responsabilidade e sobre o quantitativo dos danos indemnizáveis, na sequência da declaração de existência daquelas[28]

É necessário, porém, advertir que, se todas as decisões acima mencionadas são de designar como "sentenças interlocutórias", na acepção já referida nos parágrafos 6, B) e 7., nem todas merecem, a meu ver, a qualificação de "sentenças parciais", como procurarei explicar adiante.

V. ADMISSIBILIDADE DE SENTENÇAS INTERLOCUTÓRIAS, QUANDO AS LEIS E REGULAMENTOS SEJAM OMISSOS

10. Como disse no início desta exposição, a LAV não previu expressamente o poder de os árbitros proferirem "sentenças interlocutórias", com a única explícita excepção daquela pelo qual o tribunal se pronuncie sobre a excepção de incompetência que perante ele fora deduzida, declarando-se então competente (v. art. 21.º, n.º 4).

---

[27] Uma decisão antecipada sobre esta questão permitirá limitar a actividade probatória respeitante aos danos reclamáveis na arbitragem, além de favorecer um possível acordo entre as partes que ponha fim antecipado ao litígio.

[28] Este é seguramente o exemplo que mais frequentemente se cita, quando se faz referência à possibilidade de prolação de decisões parciais sobre o mérito da causa. Além disso, este tipo de decisão dá origem a um especial modo de desenvolvimento do processo arbitral que é conhecido por "bifurcation" e de que me ocuparei adiante. Por agora, bastará chamar a atenção para a clara vantagem que pode existir em o tribunal se pronunciar antecipadamente sobre parte do mérito da causa, visto que uma sentença que conclua pela inexistência de responsabilidade do demandado porá fim ao processo, dispensando a prova dos danos indemnizáveis.

Precisamente o mesmo fez a Lei-Modelo da UNCITRAL (v. o art. 16.º, n.º 3).

A lei francesa (NCPC) nem aquela decisão interlocutória prevê, pois que apenas se refere à decisão final com a qual se esgota a competência (ou jurisdição) dos árbitros.

Pode, por isso, colocar-se a seguinte questão: quando a lei aplicável nada diga sobre a possibilidade de o tribunal arbitral proferir sentenças interlocutórias, deve entender-se que ele tem esse poder?

Não é unânime a opinião dos comentadores que analisam este tema à luz dos direitos estrangeiros que têm reconhecidamente maior relevância no domínio da arbitragem comercial internacional.

Por exemplo, Redfern e Hunter[29] opinam que, se não existir uma disposição, expressa ou implícita, na convenção da arbitragem, no regulamento da arbitragem ou na lei estadual *(lex arbitri)* aplicáveis à arbitragem em questão, conferindo ao tribunal arbitral o poder de proferir "partial awards" ou outros "interim awards", é duvidoso que aquele tenha o poder de o fazer.

Pelo contrário, Poudret e Besson[30] defendem que não pode duvidar-se de que, mesmo perante o silêncio de algumas leis, os árbitros têm o poder de proferir "sentences incidentes" ou "interim awards", "sentences préalables"ou "preliminary awards" e bem assim "sentences partielles" ou "partial awards", se as partes não tiverem excluído tal poder, visto que este decorre do seu poder geral de organizarem o processo como entenderem apropriado, na ausência de convenção das partes em contrário.

A maioria dos comentadores perfilham este última opinião, sendo que, para alguns deles (como Fouchard, Gaillard, Goldman[31]), esta questão nem sequer merece menção específica, dando assim por absolutamente adquirido, mesmo no caso de silêncio das leis ou dos regulamentos aplicáveis, o poder de o tribunal arbitral proferir decisões interlocutórias

---

[29] V. *Law and Practice of International Commercial Arbitration* – 4th ed. – 2004 – Thomson/Sweet & Maxwell, p. 374.

[30] V. *Comparative Law on International Arbitration* – 2007– Thomson/Sweet & Maxwell, p. 632; cfr. ainda, dos mesmos autores – *Droit Comparé de Arbitrage Internationale* – 2002 – Bruylant/LGDJ/Schulthess, p. 670.

[31] V. *On International Commercial Arbitration* – 1999– Kluwer Law International, pp. 736-744.

que não têm carácter meramente regulador ou ordenador do processo arbitral (*i.e.*, para prover ao seu andamento regular), antes decidindo, de modo definitivo (*i.e.*, vinculando as partes e os próprios árbitros), questões prejudiciais de natureza processual ou substantiva que possam ser determinantes para o desfecho da causa.

A verdade é que a maioria das legislações e dos regulamentos aplicáveis a arbitragens internacionais prevêem, com maior ou menor detalhe, o poder de os árbitros proferirem "sentenças interlocutórias" de conteúdo diversificado, compreendendo-se nesse poder a faculdade de os árbitros proferirem "sentenças parciais" sobre o mérito da causa (*i.e.,* sobre uma parte dos pedidos ou uma parte das causas de pedir ou uma parte da excepções que, se proceder, conduzirá à absolvição de alguns dos pedidos).

11. Em Portugal, perante o quase completo silêncio da LAV sobre esta matéria, que entendimento deverá adoptar-se sobre esta questão?

Afigura-me que não só o invocação do supramencionado poder que assiste aos árbitros de, dentro da margem de liberdade que lhes haja sido deixada pelas partes (directamente na convenção de arbitragem ou mediante remissão para o regulamento de um centro de arbitragem), regularem e organizarem o processo arbitral como melhor entenderem, mas também a analogia com o que se passa no âmbito do direito processual civil induzem firmemente no sentido de aos árbitros se reconhecer o poder de proferirem "sentenças interlocutórias"[32], incluindo "sentença parciais" sobre o mérito da causa[33].

Com efeito, se é assim no âmbito de um procedimento tão densa e formalisticamente regulado como é o processo civil aplicado nos tribunais judiciais, em que os juízes podem proferir decisões interlocutórias da mais diversa natureza e conteúdo, incluindo sentenças que, a meio do processo, conhecem de parte do mérito da causa, por maioria de razão

---

[32] Quanto às decisões interlocutórias de carácter meramente ordenador do processo, uma tal questão nem sequer se poderia colocar, visto que o desenrolar de qualquer processo arbitral seria logicamente inconcebível e praticamente impossível sem a prolação de um grande número de decisões dessa natureza.

[33] Relativamente à admissibilidade das "sentenças parciais", remeto para o que disse em 8. *supra.*

deverá admitir-se a possibilidade de, também na ordem jurídica portuguesa (tal como acontece noutras ordens jurídicas), os tribunais arbitrais poderem proferir "sentenças interlocutórias", isto é, decisões interlocutórias sobre questões de carácter processual ou material que podem ser determinantes para o desfecho da causa – incluindo (como mostrei em 8. *supra*) "sentenças parciais", ou seja, decisões proferidas a meio da arbitragem, que incidem apenas sobre uma parte do objecto do litígio (*i.e.,* sobre uma parte do pedido ou pedidos ou das respectivas causas de pedir).

Por outras palavras, parece-me isento de dúvida que também nas arbitragens domésticas sediadas em Portugal[34] se deve admitir o poder de os árbitros proferirem (sem restrições que não sejam as que a partes hajam acordado quer mediante estipulação na convenção de arbitragem quer pela remissão aí feita para os regulamentos de instituições especializadas na administração de arbitragens) aquela espécie de decisões interlocutórias que na doutrina e nas legislações estrangeiras e nos regulamentos internacionais de arbitragem se designa por "sentences intérimaires/ "interim awards" e por "sentences partielles"/"partial awards".

12. Nesta altura da presente exposição, parece-me dever fazer uma referência sumária ao modo como os principais regulamentos internacionais de arbitragem institucional bem como o regulamento de arbitragem da UNCITRAL (que é um regulamento para arbitragens *ad hoc*, embora com particularidades) se referem aos "interim awards" (fazendo a distinção entre estes e as "procedural orders") e aos "partial awards", dada a enorme importância que tais regulamentos assumem enquanto instrumentos disciplinadores das arbitragens internacionais. Vejamos o que sobre esta matéria se encontra nesses regulamentos.

---

[34] A pertinência da questão discutida no texto quase se restringe às arbitragens domésticas realizadas em Portugal, uma vez que (como disse na nota 11 *supra*), quanto às arbitragens internacionais sediadas no nosso país, cabe recordar que elas são, na grande maioria dos casos, conduzidas em conformidade com regulamentos internacionais, pelo que a admissibilidade da prolação de "sentenças interlocutórias", incluindo as "sentenças parciais", se resolve face ao que nesses regulamentos literalmente se dispõe ou ao que generalizadamente se entende ser por eles consentido.

192 *II Congresso do Centro de Arbitragem da Câmara de Comércio e Indústria*

– Regulamento de Arbitragem da Câmara de Comércio Internacional

O seu art. 2.º (iii) dispõe (sob a epígrafe "definitions"): *"Award" includes, inter alia, an interim, partial or final award"*; ou, em francês: *"l'expression "sentence" s'applique notamment à une sentence intérimaire, partielle ou finale".*

Por estranho que pareça[35], nenhuma definição dos termos referidos neste artigo se encontra no Regulamento em questão.

– Regulamento de Arbitragem do *London Court of International Arbitration*

O seu artigo 26.7 dispõe: *"The Arbitral Tribunal may make separate awards on different issues at different times. Such awards shall have the same status and effects as any other award made by the Arbitral Tribunal*[36].

– Regulamento de Arbitragem Unificado das Câmaras de Comércio Suíças (*Swiss Rules*)

O seu art. 32.º estabelece: *"In addition to making a final award, the arbitral tribunal shall be entitled to make interim, interlocutory or*

---

[35] Pois que, no âmbito deste Regulamento, uma definição do que seja um "award" (ou "sentence") ou a determinação de um critério claro que permita distinguir entre um "award" e uma "procedural order" (ou "ordonnance de procédure") teria a maior utilidade, tendo em conta a necessária submissão ao exame prévio do *International Court of Arbitration* da CCI das decisões dos árbitros que sejam de quantificar como "award" (ou "sentence"). A Comissão criada em 1990 no âmbito da CCI, com a missão de encontrar definições de "interim award" e de "partial award" que pudessem ser comummente aceites, veio a concluir os seus trabalhos sem apresentar resultados que pudessem se aproveitados, devido à impossibilidade de entre os seus membros se obter um consenso quanto a tais definições.

[36] Sendo patente a influência que neste Regulamento teve a *section 47* do *English Arbitration Act* de 1997, transcreve-se esta disposição:

1. *"Unless otherwise agreed by the parties, the tribunal may make more than one award at different times on different aspects of the matters to be determined"*

2. *"The tribunal may, in particular, make an award relating:*

   (a) to an issue affecting the whole claim, or

   (b) to a part only of the claims or cross-claims submitted to it for a decision"

3. *"If the Tribunal does so, it shall specify in its award the issue, or the claim or part of a claim, which is the subject matter of the award".*

partial awards" (esta disposição foi decalcada do artigo correspondente das UNCITRAL Rules).

– Regulamento de Arbitragem do *International Centre for Dispute Resolution* (que é divisão da *American Arbitration Association* para as arbitragens internacionais

Art. 27.º, n.º 7: *"In addition to making a final award, the tribunal may make interim interlocutory or partial orders or awards"* (também aqui a influência das UNCITRAL Rules é patente).

– Regulamento de Arbitragem da Corte Española de Arbitraje

Art. 34.º, n.º 1: *"Los árbitros decidirán la controversia en un solo laudo, o en tantos laudos parciales como estimen necesarios"*

Nos artigos 28.º a 33.º, este regulamento faz referência a diversas decisões interlocutórias com finalidade de ordenação do processo, nomeadamente respeitantes à prova a produzir pelas partes.

– Regulamento de Arbitragem da Câmara de Comércio de Milão (versão de 2004)

Art. 26 *1. "Salvo quanto previsto per il lodo, il Tribunal Arbitrale decide com ordinanza.*
2. "Le ordinanza sono pronunciate a maggioranza. Non è necessaria la conferenza personale degli arbitri"
3. "Le ordinanza devonne ser redatte per iscritto e possono essere sottoscrite anche del solo Presidente del Tribunale Arbitrale".
4. "Le ordinanza del tribunale arbitrale sono revocabili".

Art. 37. *1. "Il Tribunale Arbitrale può pronunciare un lodo parziale quando definisce solo una o alcune delle controversie cumulate nel procedimento.*
2. Il Tribunale Arbitrale può pronunciare lodo non definitivo per risolvere una o più questioni pregiudiziali, processuali o di merito o in ogni altra ipotesi consentita dalle norme applicabili al procedimento.
(...)

194 *II Congresso do Centro de Arbitragem da Câmara de Comércio e Indústria*

– Regulamento de Arbitragem da Câmara de Comércio de Estocolmo

O seu art. 38.º prevê: *"The arbitral tribunal may decide a separate issue or part of the dispute in a separate award".*

– Regulamento de Arbitragem da W. I. P. O. (1994)

Art. 62(a): *"The Tribunal may make preliminary, interim, interlocutory, partial or final awards".*

– Regulamento de Arbitragem da UNCITRAL

Art. 32.º: *"In addition to making a final award, the arbitral tribunal shall be entitled to make interim, interlocutory, or partial awards".*

VI. APROFUNDAMENTO DA DISTINÇÃO ENTRE AS MERAS DECISÕES ORDENATÓRIAS DO PROCESSO E AS SENTENÇAS INTERLOCUTÓRIAS

13. Há que reconhecer que a distinção entre decisões de carácter meramente ordenatório do processo arbitral, que são sempre modificáveis ou revogáveis pelos árbitros, e decisões interlocutórias proferidas sobre questões prévias de natureza processual ou substantiva, que, sendo definitivas e vinculativas dentro do processo[37], merecem a qualificação de "sentenças interlocutórias", poderá não ser sempre fácil de estabelecer.

Visando fornecer um critério claro e eficaz para esse efeito, Poudret e Besson escreveram o seguinte:

"O que é que distingue, por exemplo, uma decisão sobre a excepção de caso julgado ou sobre a admissibilidade de um pedido ou contra-pedido, das decisões que ordenam a produção de documentos ou que recusem a nomeação de um perito? É evidentemente o seu objecto: enquanto as primeiras decidem sobre um meio de defesa tendente a invalidar a instância arbitral (ou apenas a reconvenção), as segundas incidem apenas sobre uma dificuldade da instrução, que não põe em causa a sorte da instância. Assim, deve qualificar-se como sentença em

---

[37] Para além das outras especificidades do seu regime que adiante examinarei.

matéria processual (*sentence de procédure*) aquela que versa sobre um meio de defesa que pode invalidar a instância por motivos processuais, a qual, mesmo se tal meio for rejeitado, vincula os árbitros que a proferiram, como qualquer sentença, e adquire força de caso julgado (formal), ainda que não seja passível de recurso imediato. Ao invés, a *ordonnance* ou *décision de procédure* versa apenas sobre uma dificuldade de instrução, sobre a marcha da instância, e não sobre a sua sorte, não adquirindo força de caso julgado, não vincula o árbitro que a proferiu, sendo por isso revogável ou modificável conforme as circunstâncias"[38].

E, mais adiante, pode ler-se na obra destes autores várias vezes citada nesta exposição: "Em conclusão, consideramos que as decisões que estatuem sobre a validade, total ou parcial, da instância, sejam elas finais sejam interlocutórias, são sentenças (*sentences*) e que as que estatuem sobre o desenrolar do processo e as medidas de instrução, sem porem em causa a instância são resoluções de processo (*ordonnances de procédure*)"[39].

Este mesmo critério é defendido por parte da doutrina italiana[40], para distinguir os "lodi interlocutori" das simples "ordinanze".

---

[38] V. p. 678 de edição em língua francesa da citada obra destes autores. Nas págs. 638-639 da edição inglesa da mesma obra, lê-se seguinte: "What distinguishes, for example, decisions on a plea of *res judicata,* or on the admissibility of claim or counterclaim, from decisions ordering the production of documents or refusing to appoint an expert? It is apparent that it is their respective object: while the former decide on a plea aiming at terminating the arbitral proceedings (in whole or in part), the latter only concern a procedural difficulty which does not affect the existence of the proceedings. Thus a procedural award should be defined as one that concerns a plea which might lead to the termination of the proceedings on procedural grounds, which is binding on the arbitrators who made it, like all awards, and which has *res judicata* effect even if it is not subject to a direct challenge. By contrast, a procedural order only concerns a difficulty arising within the arbitral proceedings; it affects the conduct rather than the existence of the proceedings; it does not have *res judicata* effect, it is not binding on the arbitrators who made it and can be revoked or amended depending on the circumstances".

[39] V. *ob. cit.,* p. 682 (da edição em língua francesa) e pp. 642 (da edição inglesa)

[40] V., por exemplo, G. Barbieri e E. Bella – *ob. cit.* – que na p. 278 escrevem: "Rientrano...tra i *"lodi interlocutori"* le decisioni su questioni pregiudiziali di rito (quale la competenza) e preliminari di merito (prescrizione, decadenza etc) astrattamente idonee a risolvere il giudizio, ma che, in concreto, determinino la prosecuzione dello stesso", apontando-se ainda como nota distintiva dos *"lodi interlocutori"* a sua imodificabilidade,

196 II Congresso do Centro de Arbitragem da Câmara de Comércio e Indústria

Trata-se inquestionavelmente de um critério aliciante, não só pela sua clareza e congruência mas também por ser capaz de fornecer resposta satisfatória para a maioria dos casos em que haja que distinguir entre o que deve ser objecto de "sentença interlocutória" e o que, ao invés, constitui matéria de "ordem" ou "resolução de processo" (*procedural order* ou *ordonnance de procédure*).

A meu ver há, porém, casos em que o recurso a este critério não se mostra completamente eficaz para estabelecer a supramencionada distinção.

Pense-se, por exemplo, na questão suscitada no decurso de um processo arbitral sobre a determinação da lei aplicável ao fundo da causa, quando as partes não a tenham previamente escolhido e requeiram ao tribunal arbitral que resolva antecipadamente esta questão (antes da decisão final sobre ao mérito da causa)[41], aceitando este fazê-lo através de uma decisão interlocutória. Todos os autores que encaram a hipótese de o tribunal arbitral resolver tal questão através de uma decisão interlocutória não têm dúvidas em qualificá-la como um verdadeiro "award" ou "sentence", nenhum deles opinando que ela deva tomar a forma de uma "procedural order" ou "ordonnance de procédure"[42]. Mas a verdade é que a decisão sobre questão da lei aplicável ao fundo da causa (que é uma questão prejudicial de carácter substantivo) não é de natureza tal que, seja qual for o sentido da decisão tomada, possa pôr em causa a subsistência da instância arbitral. Por outras palavras, a decisão proferida sobre essa questão nunca poderá conduzir ao termo do processo arbitral. Logo, o referido critério defendido pela maioria da doutrina deixa aqui de funcionar eficazmente para o fim visado.

Outra hipótese em que o referido critério não parece capaz de responder satisfatoriamente encontra-se num caso decidido pelos tribunais franceses (caso *Brasoil*[43]) e que consistiu no seguinte. Tendo sido profe-

---

enquanto as *"ordinanze"* são caracterizadas (v. pp. 279-280 da citada obra) pela sua revogabilidade e pelo facto de o seu objecto serem meras questões de natureza ordenatória ou instrutória que se apresentam no decurso do processo.

[41] Pelas razões indicadas em 7. e) *supra.*

[42] Cfr, Poudret et Besson– *Droit Comparé...*cit., pp. 672, 680, 685 e *Comparative Law...* cit, pp. 634, 640, 645; Fouchard, Gaillard, Goldman – *ob. cit.*, p. 743; Redfern and Hunter– *ob. cit.*, p. 374.

rida, a meio do processo, uma sentença que conheceu de parte do objecto do litígio (*"sentence partielle"*), uma das partes veio depois pedir a revisão da mesma, com o argumento de que factos posteriormente conhecidos o justificariam, nomeadamente, uma alegada fraude que estaria na origem daquela sentença parcial. O tribunal arbitral recusou-se a reexaminar o conteúdo de tal sentença parcial, com fundamento em que a invocada fraude não se provara. Entendeu, contudo, a *Cour d'appel* de Paris que aquela decisão interlocutória pela qual os árbitros recusaram admitir o pedido de revisão da sentença parcial anteriormente preferida, teria carácter "jurisdicional" por haver resolvido um litígio que se enxertara na instância arbitral que àqueles fora submetida, razão por que a tal decisão deveria ser reconhecido o carácter de "sentence intérimaire", devendo, por isso, ter sido sujeita ao exame prévio da *Cour d'arbitrage* da CCI (ao contrário do que haviam feito os árbitros, que a haviam proferido sob a forma de "ordonnance").

Nestes casos acabados de referir, existem dois elementos comuns: *(i)* são decisões interlocutórias proferidas sobre questões controvertidas na instância arbitral e de indiscutível importância para a conformação dos direitos das partes, não tendo, por outro lado, finalidade meramente ordenatória ou instrutória; *(ii)* as questões sobre que versam essas decisões não são de natureza tal que possam pôr em causa a subsistência da instância arbitral, qualquer que seja o sentido da decisão que sobre elas for proferida, pelo que o supra-referido critério proposto pela maioria da doutrina da arbitragem para se distinguir entre "interim awards" e "procedural orders" não tem utilidade, em casos como estes.

Parece-me, no entanto, que nestes dois casos estamos perante aquilo que, para usar o conceito usado no artigo 156.°, n.º 2, do C.P.C., poderíamos qualificar como "incidentes que apresentam a estrutura de uma causa", isto é, pontos litigiosos ou controvérsias concretas que surgem, com alguma autonomia, no desenvolvimento da instância e que, sem recaírem sobre o objecto do litígio ou parte dele, têm capacidade para interferir na decisão ou decisões que sobre este versem, pelo que a boa condução do processo arbitral requer que sejam objecto de uma decisão específica antecipada, com carácter obrigatório dentro do pro-

---

[43] Citado em Poudret et Besson – *Droit Comparé*...cit. pp. 680-681 e *Comparative Law*... cit, pp. 640-641.

cesso[44]. Ora, para a decisão dos "incidentes com a estrutura de causa" manda a nossa lei processual civil que o juiz use a forma de "sentença", em vez da de despacho[45].

Assim, parece-me que, com recurso a essa disposição do C.P.C.[46], se poderá encontrar um critério auxiliar para a distinção entre aquilo que deve ser objecto de sentenças interlocutórias ("interim awards") e aquilo que, por contraste, constitui matéria de simples "ordens" ou "resoluções de processo" ("procedural orders"), do qual se poderá lançar mão quando o critério proposto pela orientação doutrinal dominante mostre não ter préstimo, como se viu acontecer nos dois casos supramencionados.

14. Importa agora analisar, mais detidamente, as <u>diferenças de regime</u> entre o que designei por "sentenças interlocutórias" e o que apelidei de simples "ordens ou resoluções de processo" (*i.e.*, decisões com finalidade meramente ordenatória ou instrutória).

A) Em todas as ordens jurídicas que conheço, entende-se pacificamente que as simples decisões proferidas pelos árbitros com a finalidade de ordenar a marcha do processo ou regular a instrução da causa ("procedural orders", "ordonnances de procédure", "ordinanze") não são definitivas, no sentido de não serem imodificáveis no processo. Com efeito, todos os comentadores admitem que os <u>árbitros podem modificá-las ou revogá-las</u>, se, no seu entender, a boa condução do processo

---

[44] Nalgumas decisões de tribunais franceses, citadas por Poudret et Besson (*Droit Comparé* ...cit, pp. 679-681) a espécie de decisões que me refiro no texto (decisões não susceptíveis de reforma pelos árbitros nem de impugnação perante os tribunais estaduais) são caracterizadas por terem alegadamente carácter "jurisdicional". Mas, como observam estes autores, esta qualificação não traz nada de útil, porque os árbitros exercem uma função jurisdicional sempre que proferem decisões no decurso da arbitragem, seja qual for a natureza destas, mesmo que se trate de meras "décisions de procédure".

[45] Em face deste critério, a questão (debatida no caso *Brasoil* supra-referido) de saber se árbitros deveriam ou não admitir o pedido de revisão da sentença parcial anteriormente preferida, com fundamento na alegada fraude, posteriormente detectada, que estaria na origem de tal sentença, constitui claramente um "incidente que apresenta a estrutura de uma causa".

[46] Fica assim justificado o que disse no início do parágrafo 3 *supra*.

arbitral ou a justa decisão do litígio o exigirem. Tais decisões não fazem, portanto, "caso julgado" formal.

Por maioria de razão, entende-se também que estas decisões <u>não são passíveis de impugnação</u> perante os tribunais estaduais (sendo a todo o tempo modificáveis ou revogáveis pelos árbitros, não faria sentido que essas decisões estivessem sujeitas a revisão pelos tribunais estaduais), mesmo no âmbito dos ordenamentos jurídicos que permitem que se impugnem todas ou algumas das decisões que designei "sentenças interlocutórias". Como salientou Charles Jarrosson[47], "as simples decisões de ordenação processual ("ordonnances de procédure") poderão ser criticadas na medida em que puderam ter uma influência determinante sobre a sentença, mas apenas através dos meios de impugnação que podem ser deduzidos contra esta".

Na verdade, nenhuma das ordens jurídicas que conheço admite que se submeta a revisão pelos tribunais estaduais decisões como as que fixem prazos para as partes apresentarem peças escritas ou apresentarem documentos, as que regulem o modo de audição das testemunhas ou de apresentação de documentos, as que versem sobre a admissão de prova pericial ou o modo de produção desta e outras de natureza semelhante.

B) Diferentes das decisões processuais de carácter meramente ordenatório do processo referidas no parágrafo anterior, são aquelas que designei por "sentenças interlocutórias" (*interim awards*, *sentences intérimaires* ou *sentences incidentes*, "*lodi interlocutori*") e que atrás procurei identificar através da determinação do critério ou critérios que permitem distinguir esta espécie de decisões das anteriormente mencionadas.

As "sentenças interlocutórias" são *definitivas* (no sentido de serem vinculativas), <u>não podendo ser modificadas nem revogadas</u> pelos árbitros, fazendo, por isso, "caso julgado formal" (dentro do processo).

Por outro lado, essas sentenças podem <u>ser impugnadas</u> perante os tribunais estaduais, pelo menos naqueles ordenamentos jurídicos que admitem que algumas decisões proferidas no decurso de um processo arbitral sejam por aqueles anuladas.

C) Deve, por último, salientar-se que, nas arbitragens regidas pelo Regulamento de Arbitragem da CCI, as "procedural orders" não estão sujeitas ao exame prévio da sua *Cour d'arbitrage*, ao passo que os

200　*II Congresso do Centro de Arbitragem da Câmara de Comércio e Indústria*

"interim awards", mesmo que sejam proferidos sobre questões de natureza processual (*awards rendered on procedural matters*) estão sujeitas a tal exame prévio. Note-se que, para este efeito, a distinção deve fazer-se com base no conteúdo ou objecto da decisão interlocutória, sendo irrelevante o nome ("award" ou"sentence" ou "order" ou "ordonnance") que os árbitros tenham dado à decisão proferida.

Com efeito, já por mais de que uma vez aconteceu ter sido considerada inválida uma decisão interlocutória, proferida em arbitragem administrada pela CCI, que os árbitros haviam apelidaram de "order", mas que o tribunal estadual (perante o qual veio a ser impugnada a sentença final do processo ou essa própria decisão interlocutória, no caso de esta ser directamente passível de recurso) requalificou como "award", em virtude de aquele tribunal haver entendido que, por não ter havido o exame prévio pela *Cour d'Arbitrage* da CCI inerente a tal decisão, o processo decorrera em desconformidade com o estipulado na convenção de arbitragem (neste caso, com o Regulamento de Arbitragem da CCI para que aquela remetera)[48].

15. Igualmente nas arbitragens realizadas no nosso país[49], não obstante a circunstância de nem na terminologia legal nem na prática arbitral portuguesas se fazer uma diferenciação paralela à que noutras ordens jurídicas se estabelece entre, por um lado, as "procedural orders", "décisions ou ordonnances de procédure", "ordinanze" e, por outro, os "awards", "sentences", "lodi" ou "laudos", deverão o intérprete da lei e dos regulamentos de arbitragem bem como os árbitros fazer uma cuidada distinção entre as decisões subsumíveis a cada daqueles conceitos, distinção esta que, como acima evidenciei, não tem mera natureza conceptual.

Nesta conformidade, deve entender-se que as decisões proferidas em arbitragens conduzidas ao abrigo da LAV e/ou dos regulamentos de arbitragem portugueses, que correspondam ao que noutras paragens se designa por "procedural orders" ou "ordonnances de procédure", são modificáveis pelos árbitros, não fazendo "caso julgado formal" no processo arbitral em que são proferidas.

---

[47] Citado por Poudret et Besson – *Droit Comparé*…cit. pp. 679-680 e *Comparative Law*… cit, p. 640.

[48] V. citação de exemplos dessas ocorrências em Poudret et Besson – *Droit Compare*.. cit., pp. 678-681 e *Comparative Law*… cit, pp. 639-641.

[49] Atente-se, porém, na reserva feita na nota 34 *supra*.

Decisões Interlocutórias e Parciais no Processo Arbitral. Seu Objecto e Regime 201

O outro traço distintivo caracterizador desta categoria de decisões arbitrais interlocutórias noutros sistemas jurídicos – a insusceptibilidade de revisão pelos tribunais estaduais – já não terá especial relevo entre nós, uma vez que parece resultar da nossa Lei de Arbitragem Voluntária que só a "decisão final" proferida no processo arbitral[50], isto é, a decisão que se pronuncia definitivamente sobre o objecto do litígio ou que extingue a instância sem conhecer do mérito, é <u>impugnável perante os tribunais estaduais</u>, seja por via de recurso (quando este seja possível) seja por via da acção de anulação[51].

É este o entendimento maioritário na doutrina portuguesa[52] e o único que parece ser compatível com a solução consagrada no n.º 4 do art. 21.º da LAV, relativamente à sentença interlocutória mediante a qual o tribunal arbitral declare ter competência para julgar o mérito da causa, solução esta que penso dever ser aplicada, por analogia (*ex vi* do art. 8.º, n.ºs 1 e 2, do Código Civil), a todas as "sentenças interlocutórias".

VII. CONCEITO E REGIME DAS "SENTENÇAS PARCIAIS" PROFERIDAS NO PROCESSO ARBITRAL

16. Procurei mostrar atrás (v. 8. *supra*) que, no âmbito da ordem jurídica portuguesa, se deve admitir que os árbitros profiram "sentenças parciais sobre o mérito do litígio".

Existe, porém, quanto ao âmbito deste conceito, uma divergência na doutrina estrangeira que não é meramente semântica, dado que ela

---

[50] Com a possível excepção das "sentenças parciais" analisadas adiante.

[51] V., neste sentido, João Luís Lopes dos Reis – Questões de Arbitragem ad hoc II – Revista da Ordem dos Advogados -Ano 59 (1999) -Tomo I, pp. 270 e segs.; Luís de Lima Pinheiro – Arbitragem Transnacional – A Determinação do Estatuto da Arbitragem – 2005 – Almedina, pp. 174-176

[52] Há, contudo, quem entenda (como o Professor Luís Carvalho Fernandes, em "Dos Recursos em Processo Arbitral" – *Estudos em Homenagem ao Professor Doutor Raúl Ventura* – 2003– Coimbra Editora, pp. 150-152) que, nas arbitragens internas em que as partes não hajam excluído os recursos, quaisquer decisões interlocutórias proferidas no processo arbitral que forem equivalentes a decisões proferidas em processo civil comum e aí sejam passíveis de recurso, também no processo arbitral serão recorríveis para o Tribunal da Relação e para o STJ. Isto, por força do princípio da equiparação incluído no art. 29.º, n.º 1, da LAV.

condiciona, nomeadamente, a identificação das decisões a que podem ser reconhecidos os efeitos de "caso julgado material" e de exequibilidade (*enforceability*) ao abrigo das legislações nacionais ou da Convenção de Nova Iorque de 1958.

Com efeito, para alguns autores, "sentences partielles" ou "partial awards" são unicamente as que decidem definitivamente sobre uma parte do objecto do litígio, mais precisamente, sobre um dos pedidos do autor ou sobre um contra-pedido do réu; tal denominação já não caberá, porém, às decisões sobre questões incidentais ou prejudiciais, quer estas sejam de carácter processual (por ex., a admissibilidade do pedido, da reconvenção ou da compensação requerida ou declarada) quer sejam de fundo (por ex., a suficiência de poderes para agir, a prescrição, o direito aplicável ou o princípio da responsabilidade, quando este seja apreciada separadamente da determinação dos danos indemnizáveis), uma vez que estas últimas decisões não têm por efeito resolver definitivamente todo ou parte do objecto do litígio (isto é, não versam sobre uma parte dos pedidos deduzidos na arbitragem). Para os autores que defendem tal entendimento, só as sentenças que decidem sobre parte do objecto do litígio parte podem ser assimilados à sentença final proferida na arbitragem e ter, tal como esta, força de caso julgado material. Este entendimento restritivo do que deve entender-se por "partial awards" ou "sentences partielles" é defendido principalmente por alguns dos mais reputados especialistas suíços sobre o direito da arbitragem, como como Pierre Lalive, Claude Reymond, Jean-François Poudret e Sébastien Besson[53] [54].

Para outros autores, também de grande nomeada, como Fouchard, Gaillard, Goldman[55], o conceito de "sentences partielles" ou "partial awards" é mais amplo, abrangendo também a decisão sobre a jurisdição

---

[53] *Cfr.* Lalive, Poudret et Reymond – *Le Nouveau Droit de l'Arbitrage Interne et International en Suisse* (1989) – p. 406-407; e Poudret et Besson – *Droit Comaparé...* – cit, pp. 670-671 e 672-673; *Comparative Law...* cit, pp. 673-674. Segundo estes autores, só as sentenças arbitrais parciais entendidas neste estrito sentido poderiam ser impugnadas perante o Tribunal Federal Suíço.

[54] O entendimento sustentado pelo autores acima referidos no texto parece ter também a concordância de Craig, Park, Paulsson – *ob.cit.,* p. 360.

[55] V. a citada obra destes autores, pp. 739-740, onde se refere que alguns reputados autores suíços, como Marc Blessing, são favoráveis ao entendimento que defendem.

do tribunal (quando este não conclua pela total falta dessa jurisdição), sobre a lei aplicável ao fundo da causa e sobre o princípio da responsabilidade, quando este seja apreciado separadamente da determinação do quantitativo dos danos a atribuir ao lesado. Coerentemente com esse entendimento, estes autores admitem que contra tais "sentenças parciais" (*lato sensu*) se possa logo mover uma acção de impugnação perante os tribunais estaduais. Em favor desta orientação, argumenta-se, por exemplo, que impedir a impugnabilidade imediata da decisão que se pronuncie apenas sobre o princípio da responsabilidade acarretará desnecessários atrasos e despesas, pois que as partes têm um claro interesse em conhecer o desfecho dessa controvérsia tão cedo quanto possível. Referem ainda tais autores que os tribunais franceses admitem a impugnabilidade imediata de tais "sentenças parciais" (em sentido amplo).

Importa fazer sobre neste ponto algumas considerações, para melhor compreensão do tema em discussão.

Ninguém contesta que os tribunais arbitrais podem proferir, separadamente, sentenças (*i,e.*, decisões vinculativas e definitivas) sobre questões como a sua jurisdição para conhecer do objecto do litígio, a lei aplicável a esse objecto ou o princípio de responsabilidade, considerando esta questão independentemente da determinação dos danos. Só que tais decisões não versam sobre o mérito da causa (sendo este definido pelo conteúdo do pedido ou pedidos apresentados na instância arbitral), mas antes sobre questões prejudiciais de carácter processual ou substantivo.

Com efeito, é por demais evidente que uma sentença parcial sobre o princípio de responsabilidade (sem se pronunciar sobre os danos a indemnizar ao lesado, indemnização esta em que aquele pedira a condenação do lesante) não constitui decisão sobre parte do pedido ou pedidos formulado pelo demandante, salvo na hipótese (de ocorrência rara) de este haver pedido na arbitragem que o demandado fosse apenas condenado numa indemnização não quantificada (pedido genérico), a liquidar posteriormente (em fase posterior da arbitragem). Muito menos constituirá decisão sobre parte do mérito da causa uma sentença interlocutória[56] sobre a jurisdição do tribunal (desde que, claro está, conclua

---

[56] Sentença esta que, recorde-se, seria ainda uma *sentença parcial,* na acepção ampla defendida pelo segundo grupo de autores atrás referido acima.

204 II Congresso do Centro de Arbitragem da Câmara de Comércio e Indústria

pela existência desta; se assim não for, tal sentença não será nem *inter-locutória* nem *parcial,* porque fará cessar todo o processo arbitral) ou sobre a lei aplicável ao objecto do litígio.

Por outro lado, só uma decisão antecipada sobre um ou alguns dos pedidos deduzidos nessa acção ("sentença parcial", no sentido restrito atrás indicado) pode fazer "caso julgado material", nos mesmos termos em que tal ocorre com a decisão que decida, no final do processo, sobre a totalidade dos pedidos que formam o objecto do litígio[57].

Por último, só uma "sentença parcial", na sobredita acepção restrita, pode ser apresentada à execução, ao abrigo das leis nacionais aplicáveis e/ou da Convenção de Nova Iorque de 1958. Retomando o exemplo acima considerado, é por demais óbvio que uma sentença parcial sobre o princípio de responsabilidade (sem se pronunciar sobre os danos a indemnizar ao lesado) não é susceptível de ser executada coercivamente (*enforced*). Igualmente quanto aos outros exemplos que os defensores da acepção ampla de "sentenças parciais" incluem nessa categoria (por exemplo, a decisão sobre a jurisdição do tribunal ou sobre a lei aplicável ao objecto do litígio), é completamente desprovido de sentido colocar a questão da sua exequibilidade (*enforceability*).

Assim sendo, pelo menos à luz do direito português, afigura-se-me que, se não há que duvidar da admissibilidade de "julgamentos parciais" em processo arbitral, no sentido que lhe dava Anselmo de Castro (isto é, da admissibilidade de decisão separada sobre uma ou algumas das várias causas de pedir aduzidas pelo demandante ou sobre um ou alguns dos fundamentos de excepção peremptória, se vários forem), certo é também que só se pode falar de "sentença arbitral parcial" quando essa decisão versa sobre uma parte do objecto de litígio, isto é, sobre um dos pedidos deduzidos pelas partes na arbitragem.

---

[57] Claro está que, no caso de os árbitros terem optado por conhecer separadamente do princípio da responsabilidade, abstraindo da quantificação dos danos indemnizáveis, a sua decisão que conclua pela inexistência daquela responsabilidade porá termo ao processo e terá o efeito de "caso julgado material". Já assim não será, porém, se nessa sentença os árbitros se limitarem a concluir pela existência da responsabilidade do demandado, ficando para decidir em momento ulterior a questão da quantificação dos danos produzidos e da consequente determinação da indemnização a atribuir ao lesado.

17. Em minha opinião, é o seguinte o regime da "sentença arbitral parcial" (usando este conceito na acepção restrita que atrás ficou explicada) no âmbito do direito português.

A sentença parcial terá, quanto à parte dos pedidos deduzidos na acção arbitral sobre os quais decida, força igual à que teria a sentença (sentença plena final) que, de uma vez só, conhecesse da totalidade desse pedidos, produzindo, dentro dos respectivos limites subjectivos e objectivos, "caso julgado material".

Se da sentença arbitral final couber recurso ordinário de apelação (por ser proferida em arbitragem doméstica, sem que as partes tenham renunciado a tal recurso – art. 29.º, n.º 1, da LAV), da sentença arbitral parcial caberá igualmente apelação, a interpor imediatamente (isto é, sem ter que se esperar pela prolação da sentença que venha a versar sobre a parte restante do mérito da causa), no prazo fixado no art. 685.º do C.P.C., apelação essa que sobe em separado. É o que resulta da aplicação do art. 29.º n.º 1, da LAV, conjugado com os arts. 510.º n.º 1, b), 691.º n.º 2, h), e 691.º-A n.º 2, do C.P.C., aplicando-se à sentença arbitral parcial, por analogia – como entendo dever fazer-se e expliquei em 8. *supra*) –, o regime da apelação que no domínio do processo civil vale para o "saneador-sentença" que conhece de parte dos pedidos deduzidos na acção.

Diferentemente deverá opinar-se relativamente a uma possível acção de anulação que se queira interpor da "sentença parcial" que, a meio da arbitragem, haja decidido de parte do mérito da causa. Com efeito, penso que deve considerar-se como facultativa, nunca como obrigatória, a imediata interposição de uma tal acção, o que significa que a parte interessada poderá optar por aguardar a prolação da decisão que venha a ser proferida sobre a parte restante do mérito do litígio (sentença final), para só então (nos 30 dias seguintes à respectiva notificação – cfr. art. 28.º, n.º 2, da LAV) interpor a acção de anulação de ambas as sentenças arbitrais que decidiram (fraccionadamente) sobre o fundo da causa.

Esta solução, que é defendida por uma parte da doutrina italiana, mesmo perante um disposição legal tão clara quanto a do art. 827, parágrafo III do Codice de Procedura Civile (segundo a qual, "*il lodo che decide parzialmante il merito della controversia è immediatamente impugnabile...*")[58], parece-me ser a que, por maioria de razão (*v.g.,* o

---

[58] V. G. Barbieri e E. Bella – *ob. cit.,* pp. 328-330.

facto de não existir na nossa lei uma disposição como a do citado artigo do CPC Italiano), deverá adoptar-se entre nós. Com efeito, sem uma tal norma legal, considero inadmissível (por ferir intoleravelmente a legítima expectativa dos interessados fundada na letra art. 28.°, n.° 2, da LAV) ligar à não propositura imediata de uma tal acção – que julgo possível, mas a lei não impõe – a consequência da perda do direito de impugnar a dita sentença parcial.

Por último, não tenho dúvida em entender que uma "sentença arbitral parcial" (*sricto sensu*) é imediatamente susceptível de execução, dado não ver razão alguma para não lhe aplicar o disposto no art. 26.°, n.° 2, da LAV ("A decisão arbitral tem a mesma força executiva que a sentença do tribunal judicial de 1ª instância").

VIII. A CHAMADA "BIFURCATION" DO PROCESSO ARBITRAL

18. Estreitamente relacionado com a possibilidade de, antes de proferir decisão final sobre o mérito da causa, o tribunal arbitral resolver, com carácter definitivo, algumas questões prévias de natureza processual ou substantiva mediante sentenças que versem apenas sobre estas questões[59], está um particular modo de estruturação das arbitragens que na doutrina e na prática das arbitragens internacionais é designado por "bifurcation of the proceedings" e que se poderá traduzir por "bifurcação do processo".

Numa acepção ampla, este termo pode designar qualquer fraccionamento da decisão do objecto do litígio pelos árbitros que dê origem à emissão de várias sentenças interlocutórias, algumas das quais podem ser "sentenças parciais" (*partial awards/sentences partielles*), na acepção em que prefiro usar este conceito (v. 16. *supra*)

Num sentido mais restrito, só se usa, a expressão "bifurcation of the proceedings" quando ocorre um fraccionamento da própria tramitação do processo arbitral, isto é, uma segmentação não apenas do conhecimento pelos árbitros dos pedidos formulados pelas partes mas também

---

[59] Decisões estas que, consoante for o seu sentido, como se explicou atrás, podem ser "sentenças interlocutórias" ou "decisões (sentenças) finais" que põem termo ao processo arbitral.

das alegações, argumentos e provas apresentadas pelas partes, o que, por seu turno, conduz também a que os árbitros venham a proferir sentenças separadas sobre as questões cuja divisão ou separação determinou aquela segmentação do processo.

19. Embora alguns autores que abordaram este tema incluam[60] entre as questões que podem ser objecto de discussão e decisão segmentadas em processos arbitrais, a da jurisdição do tribunal arbitral para conhecer do mérito e a da determinação da lei aplicável ao fundo da causa, parece-me que muito raramente tais questões poderão dar azo à "bifurcação do processo" no sentido restrito acima referido.

Relativamente à segunda das sobreditas questões (jurisdição do tribunal arbitral), se é certo que pode ser objecto de uma decisão interlocutória específica, não é menos verdade que a sua apreciação pelo tribunal arbitral não requer, em regra, qualquer alteração à tramitação normal do processo arbitral, dado que as alegações e argumentos a ela atinentes podem ser apresentados pelas partes, juntamente com as respeitantes à exposição e substanciação da globalidade dos pedidos e respectivas causas de pedir e à respectiva contestação.

Quanto à questão prévia da competência do tribunal arbitral, já poderá conceber-se que, nalguns casos (embora pouco frequentes), a sua apreciação ou, pelo menos, a apresentação pelas partes de peças escritas (*submissions* ou *mémoires*) versando especificamente sobre matéria, bem como a produção de prova direccionada apenas a esse ponto controvertido. No entanto, na maioria das vezes, tal questão será suscitada e tratada pela parte demandada na sua primeira peça de "defesa" ou "resposta" apresentada no processo arbitral e será também versada pela parte demandante na sua "réplica" àquela peça, juntamente com as demais alegações e argumentos de facto ou de direito que usualmente aí se deduzem em reposta às excepções suscitadas pela parte demandada.

20. Pode afirmar-se que, na grande maioria dos casos, a segmentação da tramitação do processo arbitral no que concerne à exposição,

---

[60] V., por exemplo, Thomas J. Tallerico and J. Adam Berhendt – *The use of bifurcation and direct testimony witness statements in international commercial arbitration proceedings* – Journal of International Arbitration – June 2003 (Vol. 20, No. 3), p. 295 *et seqs.*

fundamentação e instrução da matéria atinente ao objecto do litígio e, posteriormente, à respectiva decisão pelo árbitros, em duas ou mais etapas – que é o que usualmente se designa por "bifurcation of the proceedings"[61] – diz respeito à separação entre a decisão sobre o princípio da responsabilidade e a determinação do *quantum* dos danos pelos quais o lesado deve ser indemnizado.

Outras hipóteses de "bifurcação do processo" são decerto concebíveis, mas convém salientar que esse desvio à tramitação normal do processo arbitral só tem aptidão para proporcionar reais vantagens quando as partes e/ou o tribunal acreditarem que a decisão separada sobre uma das questões que formam o objecto da lide, previamente à decisão sobre outra questão ou questões integrantes daquele, puder tornar dispensável a necessidade de os árbitros conhecerem da parte restante da matéria constitutiva do fundo da causa.

Nesta óptica, poderá ser útil fazer centrar, em primeiro lugar, a apresentação das alegações, dos argumentos e da prova produzida pelas partes e, consequentemente, a apreciação e decisão pelo tribunal arbitral sobre a controvérsia respeitante à existência ou inexistência de incumprimento (pelo demandado) do contrato que deu causa ao pedido de indemnização por danos deduzido pelo demandante, passando, seguidamente, após aquilo ter sido feito, as partes e o tribunal arbitral a ocupar--se do apuramento dos danos sofridos pelo demandante e da determinação da indemnização adequada para os ressarcir.

Num caso próximo do anterior, em que se discuta a validade da cláusula de um contrato que tenha por efeito exonerar a parte alegadamente faltosa da responsabilidade pelos danos resultantes do incumprimento contratual, só após ter sido proferida decisão sobre esta primeira questão atinente ao mérito da causa e unicamente no caso de tal decisão

---

[61] Apesar de "bifurcation", etimologicamente, denotar uma divisão em duas partes, este termo é também usado para designar o fraccionamento do processo em mais do que duas etapas. É, contudo, útil referir que no processo civil norte americano, nos *mass tort cases* julgados com intervenção de júri, procede-se, por vezes, ao que se designa por "trifurcation" do objecto da lide, dividindo-o em "causation", "liability" e "damages", com o objectivo de facilitar a apreciação do litígio pelo júri. É de referir que alguns comentadores consideram tal "trifurcation" como muito negativa para uma decisão justa e expedita da causa. V., sobre este ponto, entre outros, Subrin, Minow, Brodin, Main – CIVIL PROCEDURE – *Doctrine Practice and Context* – 2000 – Aspen Law & Business, p. 535-540.

ser no sentido da efectiva responsabilização do demandado, se passará, numa segunda etapa[62], à discussão (pelas partes) e ao conhecimento e decisão (pelos árbitros) sobre o quantitativo dos danos indemnizáveis e o montante compensatório a atribuir ao lesado.

É também mencionada na literatura da especialidade uma modalidade alternativa (e menos usada) de segmentação da tramitação das arbitragens que se designa por "reverse bifurcation" e que consiste em fazer com que o tribunal arbitral aprecie, primeiro, a prova produzida em apoio das alegações do demandante sobre os danos sofridos, a que se seguirá uma audiência em que se procurará demonstrar a existência ou inexistência da responsabilidade do demandado por esses danos, uma vez que a falta de prova dos alegados danos poderá determinar a extinção da instância e/ou envolver uma análise menos profunda e demorada do que a que verse sobre a responsabilidade do demandado[63].

21. Ao enunciarem as vantagens da bifurcação, Thomas Tallerico and J. Adam Berhendt, autores que dedicaram particular atenção a esta matéria[64], defendem que, apesar de os demandantes poderem preferir evitar a "bifurcation of the procedings", especialmente se julgarem que têm argumentos de tal modo fortes relativamente a certos aspectos da sua posição, que poderão compensar as fraquezas de outros aspectos da mesma, um tribunal arbitral deve sempre considerar todas as medidas que mostrem ser mais eficientes (pela economia de meios que permite) para resolver, com justiça os litígios que lhe são submetidos[65].

No entanto, os autores que salientam as vantagens que a "bifurcação do processo" pode proporcionar, não deixam de reconhecer que o tribunal arbitral, ao equacionar o recurso a esta modalidade de tramitação do processo, deve comparar as suas eventuais vantagens – possível encurtamento da resolução do litígio e/ou a redução dos respectivos

---

[62] Que compreenderá nova série de alegações/argumentos escritas das partes, produção de prova (na maioria das vezes, em segunda audiência realizada para o efeito).

[63] V. Thomas J. Tallerico and J. Adam Berhendt – *ob.cit.*, p. 297.

[64] V. os autores e estudo citados na nota anterior, p. 297.

[65] Em apoio da opinião que sustentam, os referidos autores citam a seguinte frase de um eminente especialista americano em arbitragem comercial (Alan Scott Rau)[65]: "quanto mais complexo for o caso, tanto mais se poderá esperar que árbitros experientes ponham em prática e recorram, de modo rotineiro, antes de ter lugar a audiência, a técnicas activas de *case management*".

custos – com os riscos de uma decisão injusta e precipitada. Assim, esses autores admitem que a correcta interpretação de uma cláusula que vise limitar a responsabilidade da parte demandada, possa depender da situação factual a apurar e que, para se apreciar adequadamente essa situação, possa ser necessário indagar completamente todas as circunstâncias do caso, possivelmente com a assistência de peritos apresentados por cada uma das partes.

Outros autores com grande autoridade e vastíssima experiência no campo da arbitragem internacional, como Alan Redfern e Martin Hunter, embora reconheçam que a "bifurcation of the proceedings" pode proporcionar reais vantagens, mostram-se reticentes relativamente à sua adopção sem os necessários cuidados e, sobretudo, à sua imposição pelo tribunal arbitral sem que ela haja sido requerida por, pelo menos, uma das partes[66].

---

[66] A este respeito, escreveram Alan Redfern e Martin Hunter (*ob.cit.*, p. 374-375): "An (...) example of the type of case in which it may be convenient to issue a preliminary award is where issues of liability may be separated from those of quantum. For example, the determination of a particular issue of liability in favour of the respondent may make it unnecessary for the arbitral tribunal to investigate questions of *quantum*.

If it is possible to disentangle issues of principle from issues of *quantum*, it is often worth doing. A decision by an arbitral tribunal on certain issues of principle in a dispute may well encourage the parties to reach a settlement on quantum.

They are usually well aware of the costs likely to be involved if the arbitral tribunal itself has to go into the detailed quantification of a claim, a process that often involves taking evidence from accountants, technical experts and others.

However, there are very real dangers in attempting to isolate determinative issues at an early stage of the proceedings. The nature of the dispute, and the way in which the parties present their cases may change during the course of the proceedings; and it is not unknown for parties to alter their case fairly radically, in order to take advantage of a preliminary award on liability. Where this happens, savings of time and cost will not be achieved and the result will be the opposite of that intended. Moreover, the process of rendering a preliminary award can itself be a time-consuming and expensive one. It is suggested that an arbitral tribunal should not normally decide to issue a partial or interim award on its own initiative, but should only do so following a request by one of the parties. Where both parties agree that an interim award should be made, the arbitral tribunal must follow the agreement of the parties. Where only one party requests an interim award (and the tribunal has the power to make such an award), it should reach its decision as to whether or not to comply with the request only after receiving the submissions of both parties and giving each party a reasonable opportunity to explain its position".

Admitindo algum fundamento para tais reservas, Thomas Tallerico e J. Adam Berhendt também reconhecem que, na origem do pedido de uma parte para que o tribunal arbitral organize o processo arbitral no sentido de haver um "bifurcated hearing", podem estar outras razões que não apenas as de se obter uma economia de meios (redução de custos), pois que a apreciação das questões atinentes ao mérito da causa de uma forma heterodoxa pode ter vantagens de carácter não só estratégico mas também psicológico. Por exemplo, se uma parte se apercebe da fraqueza da sua posição quanto a alguns aspectos e da sua força quanto a outros, a "bifurcation" oferece a virtualidade de uma vitória limitada antecipada que poderá influenciar o tribunal arbitral, de modo a diminuir o impacto dos seus argumentos mais fracos a apresentar mais tarde.

De modo semelhante – observam ainda os citados autores – a "reverse bifurcation" pode alertar o tribunal arbitral para a fragilidade das alegações do demandante quando tiver de conhecer, mais tarde, da questão da responsabilidade. Mas, em contrapartida, essa "reverse bifurcation" pode ajudar as partes no estabelecimento e conformação de negociações visando a obtenção de um acordo, com base no resultado da audiência em que haja sido feita prova sobre o *quantum* dos danos, particularmente porque o tribunal arbitral só poderá, mais tarde, quando tiver de conhecer da questão de responsabilidade do demandado, escolher entre um dos seguintes termos de alternativa: ou decidir que o demandado não é responsável por qualquer dano ou decidir que é responsável pelos danos que, na primeira fase do processo "bifurcado", se concluiu terem aqueles sido causados[67].

22. Segundo T. Tallerico and J A. Berhendt, quando tiver de decidir se o processo arbitral será ou não objecto de "bifurcação", o tribunal arbitral deve tomar em consideração várias circunstâncias, nomeadamente as seguintes.

Em primeiro lugar, deve verificar se as questões substantivas (*substantive issues*) em que se pode desdobrar o mérito da causa são significativamente diferentes umas das outras e suficientemente complexas para justificar a "bifurcação".

---

[67] V. *ob. cit*, p. 297-298.

Além disso, deve o tribunal arbitral ponderar as seguintes circunstâncias ou factos:

a) Qual a quantidade e tipo de prova necessária para suportar cada questão (*issue*).

b) Se a prova necessária para uma fase ulterior da audiência bifurcada será duplicação de produzida na fase anterior ou se mutuamente se excluem.

c) Se a prova necessária para uma fase ulterior da audiência bifurcada terá carácter prejudicial relativamente àquela a produzir na primeira fase da audiência.

d) Se à prova necessária para uma fase ulterior da audiência tem carácter "sensível" ou se há uma razão estratégica para reservar certa prova-chave para uma fase ulterior.

e) Se os custos da arbitragem serão reduzidos pela bifurcação ou se pelo contrário, esses custos aumentarão com o desdobramento da arbitragem em múltiplas fases.

f) Se uma segunda fase da arbitragem será volumosa, em tempo e trabalho a despender;

g) Qual o efeito que a bifurcação pode ter na "discovery" (se esta for admitida);

h) Se a bifurcação poderá resultar, de algum modo, em prejuízo ou em vantagem injusta para uma das partes;

i) Se a bifurcação resultará em maior conveniência para as testemunhas, as partes ou o tribunal;

j) Se a bifurcação terá por efeito tornar o processo mais célere e ajudar a reduzir os seus custos.

São, na verdade, estes os principais factores a ter em conta pelo tribunal arbitral ao decidir sobre se fará ou não a bifurcação do processo arbitral. O recurso pelo árbitros a esta técnica de *case management* deve, portanto, ser cuidadosamente ponderado relativamente às suas possíveis vantagens e inconvenientes, que só em face das particularidades de cada arbitragem podem ser devidamente avaliados, de modo a determinar-se qual o modo de tramitação processual mais capaz de proporcionar uma decisão justa e célere.

IX. SERÁ ADMISSÍVEL A "BIFURCATION OF THE PROCEEDINGS", FACE ÀS LEGISLAÇÕES NACIONAIS E AOS REGULAMENTOS DOS PRINCIPAIS CENTROS DE ARBITRAGEM?

23. Tanto quanto é do meu conhecimento, as legislações nacionais sobre arbitragem dos países europeus e latino-americanos bem como a grande maioria dos regulamentos dos centros que administram arbitragens internacionais são omissos relativamente à possibilidade de uma "bifurcation of the proceedings"[68]. Assim sendo, tem cabimento perguntar se a bifurcação do processo arbitral será admissível perante o silêncio de tais quadros reguladores das arbitragens?

No âmbito dos regulamentos internacionais de arbitragem

A) O único regulamento vocacionado para arbitragens internacionais que sei referir-se expressamente à possibilidade de o tribunal arbitral ordenar a "bifurcation" do processo arbitral é o da American Arbitration Association (melhor dito, da sua divisão para as arbitragens internacionais, o *Internacional Centre for Dispute Resolution*) cujas regras para as arbitragens internacionais dispõem no seu art. 16.º, n.º 3 (sob epígrafe "Conduct of Arbitration"): "The tribunal may in its discretion direct the order of proof, bifurcate proceedings, exclude cumulative or irrelevant testimony or other evidence and direct the parties to focus their presentations on issues the decision of which could dispose of all or part of the case".

O Regulamento de Arbitragem da CCI é omisso sobre esta matéria, preceituando apenas (após admitir que as partes e, na sua falta, o tribunal podem determinar as regras processuais aplicáveis à arbitragem) que o

---

[68] Nas leis e na prática do processo civil nos vários Estados dos EUA, a "bifurcation" é admitida, embora haja quem a critique por desvirtuar a intervenção do júri nos *mass tort trials*. A legislação federal dispõe que esta modificação de sequência normal da instância deve ser usada com grande prudência quando haja lugar à intervenção do júri, para que a adopção dessa medida processual não seja *"outcome determinative"* ou não afecte os direitos substantivos dos litigantes; v., neste sentido, Subrin, Minow, Brodin, Main – *ob. cit.*, p. 539.

tribunal arbitral deverá conduzir o processo de modo justo e imparcial e velar por que cada parte tenha oportunidade razoável de apresentar a sua posição (art. 15, n.º 3). É de notar, contudo, que o silêncio deste Regulamento de Arbitragem sobre a possibilidade de "bifurcação do processo arbitral" não tem impedido que esta tenha tido lugar em arbitragens conduzidas ao abrigo dele.

Nos outros regulamentos habitualmente aplicados em arbitragens internacionais também não se encontram normas que versem directamente sobre esta matéria, embora todos eles façam referência, com maior ou menor ênfase, ao poder reconhecido ao tribunal arbitral de regular a tramitação do processo conforme bem entender (para além do que as partes hajam porventura convencionado) – v., por exemplo, os Regulamentos do L.C.I.A., da Câmara de Comércio de Estocolmo, da Câmara de Comércio de Milão, etc.

O Regulamento de Arbitragem da UNCITRAL, que, como é sabido, é um regulamento concebido para arbitragens *ad hoc* (embora com particularidades), organiza o processo arbitral em termos que diferem algo dos previstos nos diversos regulamentos de arbitragem institucional.

Dispõe este Regulamento, no seu artigo 15.º, n.º 1: "Subject to these Rules, the arbitral tribunal may conduct the arbitration in such manner as it considers appropriate, provided that the parties are treated with equality and that at each stage of the proceedings each party is given a full opportunity of presenting its case". E o n.º 2 deste artigo acrescenta: "If either party so requests at any stage of the proceedings, the arbitral tribunal shall hold hearings for the presentation of evidence by witnesses, including expert witnesses, or for oral argument. In the absence of such a request, the arbitral tribunal shall decide whether to hold such hearings or whether the proceedings shall be conducted on the basis of documents and other materials" (*sublinhados acrescentados*).

Mais relevante de que a referência ao poder dos árbitros de conduzirem a arbitragem da maneira que considerarem mais apropriada, é a previsão que neste regulamento se faz de, a pedido das partes ou por iniciativa do tribunal arbitral, poderem ter lugar várias audiências "at each stage of the proceedings".

Dado que Regulamento de Arbitragem Unificado das Câmaras de Comércio Suíças (*Swiss Rules)* foi redigido a partir do Regulamento da UNCITRAL, o art. 15.º daquele é igual ao art. 15.º deste.

Relativamente a estes dois regulamentos, o que quanto a este ponto mais interessa salientar é que a "bifurcation of the proceedings", com a inerente segmentação da apresentação dos argumentos e da produção de prova especificamente dirigidas às matérias que são divididas por cada uma das etapas resultantes da "bifurcation", dá lugar à realização de, pelo menos, duas audiências de produção de prova[69], donde resultará que a decisão sobre o mérito da causa virá a ser feita também de forma segmentada (através de "sentenças parciais").

Parece, por isso, legítimo concluir que, quando a arbitragem for regida pelo Regulamento da UNCITRAL ou pelas *Swiss Rules*, há razões acrescidas para considerar como admissível a "bifurcação do processo", não só por força do poder geralmente reconhecido aos árbitros de regularem a tramitação do processo do modo que considerarem mais adequado, mas também com base no disposto na regra acima transcrita.

Perante o regulamento do Centro de Arbitragem da CCIP/ACL

B) Penso que a mesma solução poderá defender-se no âmbito deste Regulamento do Centro de Arbitragem da CCIP/ACL, por não encontrar nele e, em particular, nos seus artigos 21.º, 22.º e 23.º, n.º 1[70], nada que verdadeiramente o impeça. No entanto, dado o carácter heterodoxo e inusual deste modo de tramitação do processo arbitral, entendo também que o tribunal arbitral só deverá ordenar a "bifurcação" após ter ouvido ambas as partes e ponderado muito atentamente as razões aduzidas pela parte que porventura dela discorde. Isto, para que esta não venha queixar-se, depois, de que as suas legítimas expectativas quanto ao modo de desenvolvimento de arbitragem ficaram por essa razão frustradas. Devo, contudo, acrescentar que, a meu ver, nenhum fundamento se encontra no art. 27.º da LAV que possa servir para a parte que ficar descontente com alguma das sentenças assim proferidas, vir impugnar uma sentença pronunciada em processo arbitral bifurcado.

(Lisboa, 4 de Julho de 2008)

---

[69] O de três, nos raros casos em que haja "trifurcation".

[70] Correspondentes aos artigos 29.º, n.º 2, 30.º e 31.º da versão deste Regulamento que entrou em vigor em 1-09-2008

ÍNDICE

NOTA INTRODUTÓRIA 9

1º Painel

A arbitragem voluntária em Angola: quadro normativo e perspectivas
Dr. José Semedo 13

A cláusula compromissória à luz do Código Civil
Dr. José Emílio Nunes Pinto 29

A arbitragem voluntária em Moçambique: quadro normativo e perspectivas
Dr. Jorge Manuel Ferreira da Graça 47

2º Painel

Admissibilidade e limites da arbitragem voluntária nos contratos públicos
e nos actos administrativos
Prof. Doutor Paulo Otero 81

A arbitragem na Propriedade Indústrial
Dr. César Bessa Monteiro 93

3º Painel

A constituição do tribunal arbitral: características, perfis e poderes
dos árbitros
Bastonário José Miguel Júdice 103

A prova em arbitragem: perspectiva de direito comparado
Dr. Filipe Alfaiate 131

Decisões interlocutórias e parciais no processo arbitral. Seu objecto
e regime
Dr. António Sampaio Caramelo 173